談話聖經

Miteinander Reden

1

Störungen und Klärungen.
Allgemeine Psychologie
der Kommunikation

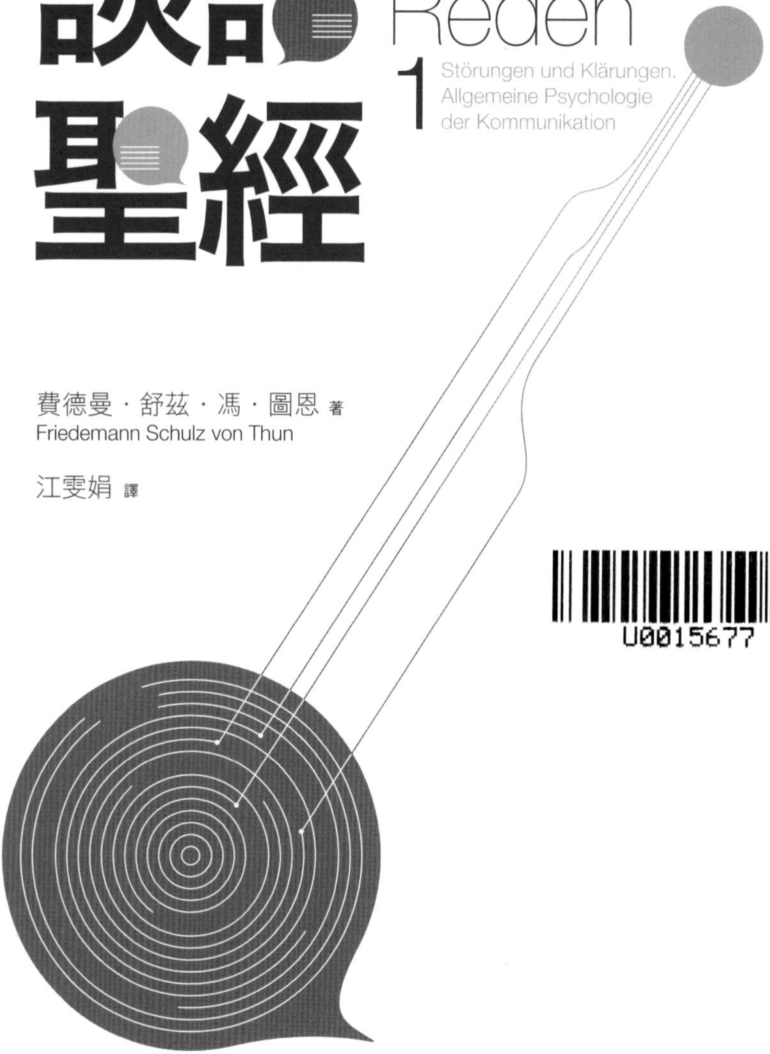

費德曼・舒茲・馮・圖恩 著
Friedemann Schulz von Thun

江雯娟 譯

U0015677

〈導讀〉

溝通不只是溝通：《談話聖經》的溝通「心理學解構」

詹昭能博士

無論是溝通者或溝通對象，甚或是旁聽者，也不管相關當事人是一位或多位，都是「人」，因此都有人的特性。此種凡人皆有的人性或人心，可能是好的方面（例如理性），也可能是負面的（例如犯錯），重點是都會影響溝通的過程與效能。另一方面，無論是哪個學派，或哪一種理論觀點，心理學針對人的特性探究所得，對於理解人與人間的溝通行為，應該都會有實質的「貢獻」。因此，從心理學的角度研究或論述溝通，乃是一種「必要」。

從個人的人生經歷或體驗（例如對於和人相處之道缺乏信心）出發，作者意圖讓心理學走出「象牙塔」。「心理學家討論事務所用的語言，通常無人可以理解」，此項「宣稱」值得商榷；應用心理學的性格與意圖在全書展露無遺，則至為明顯。以本書的前半部來說，針對日常生活的溝通行為或過程，以簡單、（溝通文本結構的）先後順序、簡潔明確和令人為之一震的風格，將溝通的事實、關係、自我宣稱、與訴求四項要素「量化」與模型化，以便安排課程並執行溝通訓練，使成為一種工具書。確實如作者「宣稱」的，「不僅要在學術上澄清訊息發送者與接收者之間的過程，也要對人際溝通改善提供所需的配備與指南」，如此具體的「溝通心理學」行動，誠然有助於減輕心理學經常予人理論和實務落差嚴重之憾。

其次，對於作者來說，溝通顯然不只是溝通。以溝通過程中的「關係」要素論，他強調我們可以也需要透過溝通看待或對待周遭人。換個角度說，溝通對象會感受自己被接納、被看重，還是被貶低、被敷衍應付；在學校，師生溝通「關係」甚至可能進一步影響學生的人格發展。又當「自我宣稱」時，溝通者不只是把話說出來，也透露出關於他本人（自我）的訊息，使得每個訊息都是個人人格的「演示」；例如面對考試或人事甄選時，有些人會透露出自己的緊張焦慮或真誠與否特質。此兩項要素（「自我宣稱」與訴求），甚至還與心理健康或心理疾病密切相關呢。

又以作者的溝通模型論，某次或某項溝通行動是否讓人清楚明白，除了傳達的「事實（例如我打了五通電話給你）」清楚易懂外，關於溝通（或訊息傳達）者本人的訊息（例如失望或熱心），或者他對於溝通對象的想法或感受（例如責備或重視），甚或是此一溝通的用意或目的（例如你也打個電話給我吧），聽在溝通對象耳（或心）裡可能很模糊或曖昧（也就是所謂的「弦外之音」），因而給予他（或她）運用想像力、「添油加醋」，甚至為之擔憂的空間。更何況一次溝通或同一項訊息，可能內涵多種「次訊息」，並且散布在四種要素之中，聽在溝通對象耳（或心）裡，因此就更迷糊了；難怪我們常常在親密伴侶、家人和同事間，看到令人心疼的「越溝越不通」困境。

由此可見，溝通實際上就是一種人際關係，其間涉及豐富的心理學因素。是故，綜觀國內外人際溝通或人際傳播的課程、教學與教科書，我們不難發現與人際關係心理學高度重疊。雖然如此，如同作者的觀察發現，無論學校或職場的「演練」或表現，多只是關注「事實層面」；諸如自我展現與關係發展等屬「人」的非事實層面問題，儘管占據了溝通雙方絕大部分的能量，卻被忽略了。如此深入的洞察與殷切的提醒，真的很值得各界省思，尤其是「升學考試至上，學科教學優先」的台灣社會，除了大學相關課程（包括諮商輔導等專業教育以及人際關係與性別教育等通識課程）授課者，職司群育（人群關係教育）的中小學以及主管機關教育部，更應藉以思考相關教育（諸如性別平等教育、情感教育）與生活輔導（例如班級經營）的「正確方針」。

即便將溝通與人際關係視為獨立自主的「次領域」，溝通不僅影響人際關係發展的過程與結果，人際關係的量與質其實也會紮紮實實地影響人際溝通過程。以現代社會的人際關係為例，拜交通工具進步與網路科技發展之賜，跟傳統社會的比起來，現代的人際物理距離「超級」的近，心理距離卻顯得「異常遙遠」，促成了一種弔詭的「既熟悉又陌生」人際關係。無論是陌生人、鄰居、同事、朋友甚或家人間，我們的溝通過程常顯得「障礙重重」，肇因其實不只是人際溝通不足或不良，更關鍵的可能就是相關人際關係品質不良所致。因此，學校或非學校的（例如企業教育訓練）、專業的（例如諮商輔導）或普通的人際溝通訓練，豈能只是關注人際溝通問題？

進一步就溝通者的「人性」論，人既是理性的動物，也是感情的動物；即使單就「人是理性的」論，多數人日常生活中也經常顯得理性不足，情緒性有餘，面對溝通問題怎麼可能以理性「打通關」呢？作者雖然強調利用心理學改善人際溝通，卻難免於西方當代理性主義當道（例如認知心理學）的「漏洞」。例如儘管溝通多半源自於理性的動機，然而溝通顯然並非只是理性問題，情緒甚或情意（包含動機與意志）也常常是其中的關鍵問題。此一層面雖然作者也給予高度關注，但能否如他宣稱的，透過認知方面的指南就足以引導情緒範疇的走向，甚或理性方面的理解便能引導並促成人格的形成？恐怕很難令人樂觀，放眼四周，包括在西方社會，我們的周遭有很多「知行不一」的人或個人行為表現，不是嗎？我們個人很多的溝通行動，常常面臨「理性行動」的瓶頸，也多半是「知」「行」難以合一的後果，不是嗎？

還有，誠如作者所說，溝通與人格形成堪稱是一體的兩面。以治療過程或情境為例，心理學家面對自己的人際互動，與其個案一樣無助；想要個案擴展自我認同與人際交往能力，心理學家必須確實的從自己開始。換言之，心理學家出以真實的自我以及（對個案、與自己的內在、與他人的關係以及情境）一致性的同理心，心理學專業就不會「變形」成一種操弄工具，也才能促進個案與人的交流，進而擴展其人格。作者給心理學家的此項「溝通訊息」，雖然與 C. Rogers 理論「一致」，卻有著更深一層的提醒，不知心理治療或心理諮商專業工作者有精確的接受到了嗎？

總括起來說，《談話聖經》的「溝通觀點」，明顯有別於純粹就溝通技巧論溝通的論點，真的是「非常」心理學！此外，溝通跟人類的所有行為一樣，乃是在社會情境甚或特定物理環境中發生的；同一個人或同一組人在不同時空環境的溝通行為或過程，勢必有或多或少的差異。面對溝通問題或者安排相關訓練課程時，環境因素當然必須納入考量，作者因而還有「機構／社會條件」方面的「宣稱」與「訴求」，因此《談話聖經》也可以更精確地說就是一本溝通的社會心理學。又基於其工具書的「宣稱」與「訴求」，本書除了可供人際溝通以及人際關係或心理諮商等領域的專業訓練之用外，做為應用社會心理學的參考書或教科書也很合適，身為應用社會心理學因此樂於為之薦。

最後，溝通問題除了涉及人心與人性，既然還有「機構／社會條件」因素，我們如果真的想要徹底加以改善，除了「人人能懂的溝通心理學」，當然還有賴諸如社會學、人類學、傳播學甚或資訊科技等相關專業的跨域合作，不是嗎？總之，「研究日常生活中的溝通行為，應用溝通研究於日常生活中」，團結力量大，大家加油！

（本文作者為世新大學社會心理系副教授）

〈專文推薦〉

讓圖恩教授的魔術方塊，帶你領略溝通的奧義

裘凱宇

每回談到溝通，我總喜歡舉美國大作家馬克吐溫的故事。有一次，馬克吐溫受邀到一所大學演講。回家後，老婆就問他：「講得如何啊？」

馬克吐溫頓了頓，一臉正經的問：「妳問的是哪一個版本？」

老婆被這個反應搞得滿頭霧水：「還能有什麼版本？」

馬克吐溫這才緩緩地說：「有我腦中的版本、我嘴巴說出去的版本，和台下聽眾真正接受到的版本。」

你覺得馬克吐溫在繞口令嗎？不，他恰恰點出溝通中最複雜的真相，那便是「你想的」、「你說的」和「別人聽到的」往往是三件事。

很多人在學習溝通，都只專注在「說什麼」，卻很少探討這句話為何要這麼說？你想達成什麼目的？以及對方會有什麼感受。因此，所學到的溝通知識或觀念都是片面、零碎的。放回真實的關係中，依舊傷痕累累，無法達成自己想要的目的。

我自己在教學時，也發現最困難的一件事情，不是告訴學生該說什麼，而是帶領他們思考這段對話發生在什麼樣的脈絡下？有哪些因素可能會影響談話的結果？跳脫表面的文字層次，探討背後的心理動力。但因為要思考的面向變多了，很多人第一時間仍會覺得有些抽象、模糊。

所以當我讀到《談話聖經》一書時，我馬上被圖恩教授的「正方形模式」所吸引。他認為一個訊息，可以分為四個不同的面向，分別是：事實、自我宣稱、關係和訴求。

同樣的一句「你吃飯了嗎？」，放在不同的情境中，很可能被解讀成截然不同的意思，進而產生不同的行為。

這句話若發生在交情很好的同事中，很可能是一種邀請，兩個人開心地一起去餐廳吃飯。若發生在家庭中，媽媽對著剛補完習的孩子問，可能是一種關心，深怕孩子餓著，趕緊到廚房準備宵夜。

「事實」都是吃飯這件事情，但發問者的自我宣稱（邀請或確認）、兩人的關係（同事或家人），就會暗示出不同的訴求（一起吃飯或我煮給你吃）。

也就是說，如果在溝通中，沒有考慮到這段訊息放在什麼樣的背景中，你很可能會錯判了情勢，做出不適當的反應。你得仔細的判別每一個訊息，背後所要代表的意思，俗稱讀懂「言下之意」或聽出「弦外之音」。特別是在東方文化中，許多話不會說破，那些沒說出口的話才是真正的關鍵。

我就有一個學生很年輕也很認真，就因為太努力，在回答問題時，常常「知道什麼、答什麼」，沒去想別人「想聽什麼」或是「為何這麼問」。

某一次，他接到客人的來電，想調一批貨，偏偏遇到產地罷工，東西運不出來。

客人很著急問：「什麼時候才會有貨？」

他竟然回：「貨到的時候。」氣得客人投訴他長官。

被罵得狗血淋頭後，我問再他：「你知道自己說錯什麼了嗎？」

他搖搖頭，有點委屈地說：「我真的不知道什麼時候有貨啊？難道要騙客人就快到了。罷工又不是我能控制的，我哪裡知道還要多久。」

我花了好大一番工夫，讓他了解客人說那句話背後的動機和意圖。對方沒有說出口的話，其實是希望可以獲得一個保證或安心的感覺，回頭客人也比較好跟自己的老闆交代。

他只要簡單地回：「我和您一樣著急，但我保證貨一到港，馬上通知您，並預先幫您把數量留下來。」完全不用處理時間問題，就能讓客人滿意，願意掛斷電話、繼續等待。

如今，閱讀完圖恩教授的大作，我終於明白原來這個學生在處理訊息時，比較偏向「事實型」的耳朵，以至於他會卡在字義上，無法彈性做調整。透過「正方形模式」，便能協助他開展不同面向的理解。

除此之外，這本書鉅細靡遺地整理許多關於人在溝通中常有的習慣，卻有可能造成更多的誤會，不僅無法達成目標，甚至讓關係惡化。最讓我印象深刻的是，圖恩教授提到人們經常會「用言語隱藏自我」，使用「你的消息」，而不直接說出自己心中的想法。而這樣的人卻常常會把自己的說話習慣包裝成「講話比較直」、「不拐彎抹角」。

像是你可能會聽過有人這麼說：「你那顆頭如果不是連在脖子上，不知道現在還在不在？」

仔細分析這句話，裡頭有很隱微的攻擊和批評，對方透過這樣的話，希望你聽懂他背後的嘲諷，進而改變行為。但真正「直接」說話，其實意圖（訴求）會很清楚，一聽就懂，不需要操弄情緒。例如：「我對於你經常遺失物品，感覺到很擔心。有什麼方法可以避免這樣的事情再發生？」

換句話說，「講話直」和「講話利」是不同的兩件事情，但我們卻經常混淆這兩種說話形式，甚至為傷人的意圖找合理的解釋。這部分值得我們好好深思，並努力的修正。

《談話聖經》和坊間的溝通書最大的不同，在於它有非常完整的理論支持，不只是某位作者的經驗談，或是一些成功人士的誇誇其談。相反的，圖恩教授非常仔細地帶著你去了解語言背後的邏輯。當你能夠撥開層層疊疊的迷霧，抓住溝通核心的關鍵，你就會長出不一樣的「耳朵」，聽見別人的心底話，於是溝通就會變成是一件令人期待且有趣的事，再也不怕說錯話、會錯意。

非常推薦這本書，它將幫助你對「互動」有更完整且深刻的理解。

（本文作者為溝通心理學家）

目次

II 用四個耳朵接收訊息 059

III 面對接收結果（回饋） 089

第二部 人際溝通問題

導論及個人背景

人們總是說，心理學家談眾所皆知之事所用的語言，通常沒人可以理解。一旦著述主題與生活經歷裡的熟悉事物相關，就更容易受到指責。我在本書要翻轉這種想法。

也就是說，本書要談的是每人每天都會遭遇的事：人際間的溝通、相互間的理解與互動。因此你不會體驗到真正的「新東西」，而是「舊事物」，但會讓你對已知事物和熟悉的日常生活經驗獲得新體悟，把過去潛藏不明的東西放到燈光下檢視。但是，心理學的貢獻是否不僅限於在學術上解釋人際溝通，還能讓溝通「更容易」呢？答案是肯定的。到目前為止，沒有人是因為上過大學心理學課程的教學觀點和實驗結果而改善了溝通能力，但是心理學已經為學習者（和轉換學習方向者）準備好了溝通的必備技能與入門指南。

要不是本書談的內容對我個人生活獨具意義，我可能沒有興趣著述立言。在中學畢業領到成績單時，我的溝通強項在於可以使用精鍊博學的語言描述事實情況，本身卻對這些狀況缺乏實際經驗。我們在學校學到的並不是去理解和表達親身經歷，反而是以早熟的態度去評論不曾經歷過的事。對此我不會只是一味指責，也許正是這樣的能力促成我在高等學院的學術生涯，卻不是我在大學裡繼續自我疏離的理由。成績單拿在手裡，卻覺得對人際交往沒有接受過任何教育。中學課程不曾教授「我該如何與自己和別人相處」這樣的課題。肯定是內在的不安推動我下定決心讀心理系，因為我缺乏自信，在暗中摸索我與他人之間到底出了什麼問題。私底下我為大學學業訂定了一個目標：在任何時候都能掌握局面而且思慮周密——最後顯示這個目標不正確。追求此目標讓我遭遇了教訓。然而（正也是因為）本書涵蓋的心理學基本知識幫助我走出難關，教我釐清人際關係。理智上的理解雖然還無法開啟天堂大門，我卻經常體驗到感覺「延滯」的痛楚：思想上的理解已經騰雲駕霧跑在前頭，感覺和行為卻沿用老套路尾隨，一公釐一公釐地以蝸牛速度前進。所以，很多本書中列出的學習目標基本上只能透過自我體驗和行為訓練達成。然而我深信理性上的了解可以引導並促進人格形成。我也有過這樣的經驗，有些（像我一樣的）人在學術領域「專職活動」，比較喜歡透過認知性指南引導進入情緒範疇。本書可算是這一類的入門。

現在要來談難以理解的語言。有兩個經驗促使我大幅從教條式、學術性語言「卸妝」。我的老師萊因哈德．陶須（Reinhard Tausch）教授一九六九年在漢堡市召起一項研究計畫，欲探討一個問題：如何用可理解的方式傳達訊息。幾年後我們有了結果：理解主要有四個基柱：（語言陳述的）**簡單**、（全文構成的）**段落順序**、**簡明扼要**（取代冗長的詳細說明）和**添加刺激**（令人為之一振的風格）。有件事比這項「發現」更重要，我們讓這四個「構成理解的要素」可以測量並且可以訓練。「漢堡理解綱要」（Hamburger Verständlichkeitskonzept）的基本特點會在第二部II—2章以一些例子綜合說明，進一步的詳盡說明（及訓練計畫）請參考我與朗格爾和陶須一九八一年的合著的著作。這個研究計畫影響了我日後的上課方式與學術發表。

再來要提到，在我給家長、老師及各行各業在職者的無數訓練課程中，我很快察覺到學術與教條式的詳細說明並不受歡迎。總之，這些課程的參與者對本書影響重大。我要介紹的人際溝通模型就是在學術與實踐的交流中誕生出來的。

一家漢堡工業公司在一九七〇年找上陶須的團隊，詢問我們是否能用心理學協助提升員工的溝通能力。剛開始我們也不清楚當時還在發展中的「漢堡理解綱要」是否能派上用場，也許萊因哈德和安娜瑪麗・陶須（Anne-Marie Tausch）對夥伴關係的互動形式研究更適用？事實證明兩者都派得上用場。人際溝通具有多面性：保羅・瓦茲拉威克（Paul Watzlawick）當時以一則「定理」來描述：「每個溝通都有內容層面與關係層面……」[1]

我的同事伯恩・費特考（Bern Fittkau）、英哈德，朗格爾（Inghard Langer）和我當時提出了一個問題：如何能將心理學中不同的理論基礎，例如卡爾・羅傑斯（Carl Rogers）、阿爾弗雷德・阿德勒（Alfred Adler）、露絲・孔恩（Ruth Cohn）、弗利茲・佩爾斯（Fritz Perls）以及保羅・瓦茲拉威克等人的著述中找出共通處，用來概觀具體的溝通問題？經過一段時間的抽

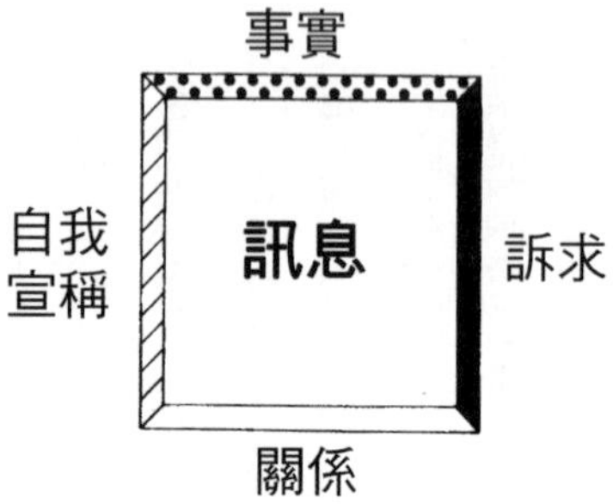

圖 1：訊息的四個面向——人際溝通的模型圖

絲剝繭，我們找出四個問題群組，可以從四個方面探討人際溝通的過程：

1. 事實：如何能清楚且容易理解地傳達事情真相？對於這個層面，當時有「漢堡理解綱要」可供使用。

2. 關係：如何透過溝通方式來對待周遭人？跟對方講話的方式可以傳達出我是如何看待他。相對之下，對方會感受到自己是被接納、被看重，還是被貶低、只是被敷衍應付，且不被當作一回事。也基於這個原因，萊因哈德和安娜瑪麗．陶須在他們的《教育心理學》（*Erziehungspsychologie*, 1977）中針對學校裡的事件做研究，因為他們看到，學生的人格發展首先會受到關係層面影響。

3. 自我宣稱：當一個人把話說出來，同時也透露出**他本人**的訊息。這讓每個訊息都變成一個小型人格示範，因而使得訊息發送者不僅在考試的時候，在與心理學家面對面時也會有擔憂。隨著人本主義心理學在德國的影響日益加深，讓我們更明白，「活在門面後」雖然可以減輕自我宣稱焦慮，卻得在心理健康和人與人之間理解上付出很大的代價。這一方面涉及的是真誠（真實性）問題。

4. 訴求：當一個人把話說出口時，通常也想發揮某種影響力。影響力和操控不只出現在廣告和宣傳裡，也不只在教育與課堂上，也出現在各式各樣的人性特徵裡，甚至精神官能症狀上。我們也是從阿德勒那裡才知道，這會對病人的人際環境產生後續影響力，疾病本質也許就是由這個潛藏的目標追求所引起的。

所有這些問題都放在我腦中，再加上久遠記憶裡卡爾．布勒（Karl Bühler）區分出的「語言的三個面向」（符號、症狀、訴求）[2]，我終於想出在訓練課程中用一個正方形對學員說明什麼是「訊息」，這當中我結合了瓦茲拉威克與布勒的看法（見圖一）。

我必須承認，我非常滿意這個正方形模型的誕生[3]。它不僅適用於分析具體消息，還可以用來發現大多數的溝通障礙所在，並且次序清楚地為整個問題範疇分門別類。本書的核心就是要成為心理學的工具書。

看到這個正方形，我們馬上可以明白三件事：

第一，溝通是否「清楚明白」涉及了四個面向。當一個人對另外一個人說：「我打了五通電話給你！」傳達的**事實情況**清楚可懂。訊息接收者可能比較不明白，發送者到底想傳達什麼有關他本人的訊息（失望？表示熱心？）。同樣不清楚的是，發送者如何看待接收者？也許是責備：「你老是在哪裡鬼混？」」或者是：「你對我非常重要！」他想要達到什麼目的？也許是：「你也打個電話給我吧！」因而訊息接收者容易產生一種感覺：「雖然每個字我都聽懂了，可是他到底想要跟我說什麼呢？」訊息不清楚時，接收者大多會傾向運用自己豐富的想像力、期待與擔憂，試圖從中聽出些什麼。因此他們同時會接收到自身的訊息，在訊息中加入自己的想法。

第二，同一個訊息中可以同時包含很多消息，分門別類地分布在正方形四周。這種情況的影響重大，因為可憐的接收者（在內心）會對所有面向產生反應，很容易就被搞迷糊。當我年紀還小的時候，一次電車上的經歷讓我印象非常深刻而且如墜五里霧中。我坐在爺爺旁邊，有幾個大人沒有座位。一位先生氣沖沖地對我爺爺說：從沒聽過小孩占大人位置的。爺爺用同樣大的音量反擊：「你在發牢騷嗎？」如此一來一往，然後爺爺說了一句讓我非常訝異的話：「你說的有道理。」然後讓我站起來，又說：「可是你也不必因此這樣發牢騷啊！」這是我第一次經歷到人顯然可以在無理中同時有理。就訊息的四個面向來看，爺爺贊同那位先生在事實與訴求的面向，卻無法在關係面向上苟同。訊息接收者無法清楚掌握自己內在的各種不同反應時，也就無法給予外界明確的反應，訊息發送者與接收者將會無可救藥地失控。因此在牽涉眾多的嚴重爭辯中，找一位溝通心理學家幫忙解開環節，像助產士一樣引出明確訊息，並不是件丟臉的事。這樣的需求尤其在伴侶間、家人和工作團隊裡逐漸增加。

第三，我們看到正方形每邊一樣長，這和論點密切相關，原則上四個面向都該被同等看待（即使個別狀況裡常常特別注重某個或某某個面向）。學校與工作場合卻違背了這樣的原則，特別強調事實層面。人們會說，現今的學校在做的是「腦袋轟炸」，傳遞知識的比重過多，社會學習的比重太少。在工作場合中被正式評估的也只有事實。可是自我表達和關係建立問題也很重要，而且這些問題會占去大部分的精神能量，人的事情屬於「非事實」，所以不被處理，它們因此躲藏在事情表象建造的特洛伊木馬裡面，心底暗潮洶湧。溝通心理學的任務是找出這些被忽略之處，並且把溝通從單一面向的事實溝通，變成活生生、有生氣的四面向溝通。我們之中有許多人長年以來只單一地接受事實溝通的訓練，少有機會練習訊息的其他三個面向。這些缺失將可在訓練團隊、自我體驗團隊與治療團隊中補足，讓人格領域方面的缺失能夠迎頭趕上。

利用心理學改善人際溝通？

溝通心理學不僅要在學術上澄清訊息發送者與接受者之間的過程，也要對人際溝通改善提供所需的配備與指南。只是，溝通在什麼時候會變得較好或較差？十年前開始訓練課程的時候，我們認為良好的溝通應該是個「精美包裝」——當時我們對這樣的看法並沒有明確的意識。因此我們認為，當一個人對另一個人說「你別老是說些廢話！」是不恰當的。他要換

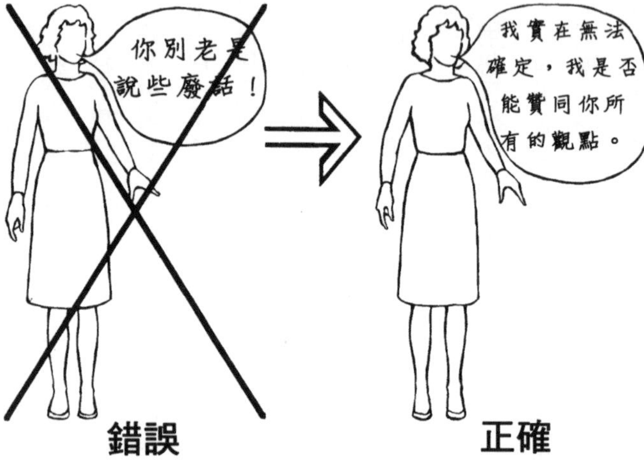

圖 2：改善溝通的潛藏想法準則（十年前的觀點，現今已修正）

個方式說：「我無法確定是否能贊同你所有的觀點。」我們認為這樣的表達才恰當。（圖二）

當時我們認為：如果讓學員對這兩種表達方式間的情感差異更敏銳些，再透過適當的訓練，讓他們熟練期望他們使用的風格，我們便是對改善溝通及精神保健做了重大貢獻。

以現今觀點來看，事情看起來困難多了。在第一種表達方式中，表現出來的不滿情緒是一種心理上的現實。我如何處理這種情況？我如何能察覺自己的不滿？（察覺到我是怎麼了？）我如何辨別這種不滿情緒和我自身有何相干？和你又有何相關？我如何向你透露，又不會把過錯加在你身上？在圖二中，「正確」的方式否認了真正的情緒反應。這種方式適用於不想要有摩擦的快速溝通上，但在人際互動上，這種模式對自己和對別人的心理健康不會有幫助。我反而擔心，沒有表達出來的不滿在情緒底層不斷擴大，對和睦相處造成負擔。當時我們沒有考慮到人際溝通的「深層面向」。也因此，我們很少幫助學員分辨自我的情緒與感受，而是不斷訓練他們做出符合理論概念的表達。我們身為訓練人員，本身就是這種溝通形式的最佳示範。我們有點迴避去察覺與面對自身感受，甚至我們內心世界的告白，反而在訓練課程中帶入「在舞台上要風度翩翩」的概念，這對我們而言，就是可以放上檯面的、自主的、有同理心且具穩定的友好方式。（我希望我是做了過於誇張的描述！）

「精美包裝」是種錯誤方式，取而代之的新評量標準是「清楚」與「一致性」，以此來衡量溝通是否有意義。「一致性」不只代表我在溝通時的內在想法、目標及價值觀之間和諧一致，對方的狀況與「真實狀況」也和諧一致。**後設溝通**（Metakommunikation）被視為有望解決不良溝通的良藥，也就是溝通的溝通，針對我們彼此交往方式的溝通。溝通治療師曼德爾夫婦在一九七一年寫道：「明確的後設溝通十分罕見，人們覺得那是丟自己的臉。除非經過一次演化，我們的下一代才會把這當成一種習慣。」[4]

這本書將教你一些工具，協助你明瞭自己的內心與外在，本書也是後設溝通藝術的入門書。雖然一開始是為了心理學家和準心理學家的工作需求而寫，對他們的工作如團體領導、溝通訓練、對伴侶、家庭和工作團體中彼此相處的方式提供支援。當然也歡迎因為各種理由而想一探究竟的人。他們可以認識一下，我們這些溝通心理學家和溝通治療師是帶著什麼樣的「眼鏡」來看待人際溝通過程；我們如何解決障礙與差錯，用什麼知識來提供改變現況的建議。這本書中的許多工具人人都能上手，有些老師已經開始將書中方法傳授給學生。我非常希望能將心理學傳授給你們，而非如露絲．孔恩所言，「把它鎖在一個小密室」。我也知道，心理學有時會落入「有心人手中」，被用來操弄他人，淪為非人道工具，我知道會有這樣的危險。我看到學術上致力於人際關係研究，可能將人與人間的相處導向科學化，導致一種過度表現的新語言出現，這也很危險。最後一章裡的嘲諷故事對這可能畸形發展提出了預警。越是這樣越讓我堅信，學會清楚表達和相互更好的理解有助於人格發展與人際關係。

這裡還要稍微說明以下章節的適用範圍。想要改善人際溝通的人，可以從三個不同地方著手：

1. **個人**：也就是說從我個人開始，也針對個別個體諮商與訓練。一方面能讓發展不完全的人格範圍有機會完全發展，讓個體越來越有能力成為自己的主人（人本主義心理學的訴求）。另一方面，如果只是從個人身上尋找溝通障礙的原因也會有危險。偶爾會有學生被認為「有障礙」而轉診給心理學家，因此被貼上病理學的標籤（比較第二部III—5第二三八頁），卻沒有注意到，學生「有障礙」也許只是師生間或同學間出現關係障礙的最顯眼症狀。這一項可以進一步拓展到第二項。

2. 彼此交往方式：這裡的「病人」不是唯一的「黑羊」，而是整個團體中的互動方式[5]。這裡的特點是「在系統中思考」，基本上是針對夫妻和家庭治療[6]以及現代學校諮商[7]。

這種溝通治療法要注意，特定的互動方式很有可能並不完全建立在（但原則上應該是）溝通者彼此間的自由互動，可能是「上層」事先安排好的。更進一步可以拓展到第三項。

3. 機構／社會的條件：這裡要改變的顯然不是個人，也不是眾人之間的互動，而是大家聚在一起的情境；也正是這種情境，讓大家不由自主地表現出特定或至少相近的交往方式。在一個有階級劃分的工作場合只有少數人有升遷機會，卻被要求彼此互相合作，導致「兩種立足點」的溝通：表面上是合作，暗中卻是趨向於競爭[8]。

學校這樣的機構也會擬定「台面下的教學計畫」，從一開始就造成師生間和學生彼此之間關係的負擔，注定造成「溝通障礙」[9]。從這個觀點出發，我們可以有根據地評論，上述治療方法（學校的心理輔導、老師的溝通訓練、師生關係的互動治療）只是短期介入，真正的弊端卻沒有被連根拔起。我們迫切需要機構的改革措施取而代之，如果證實了機構符合了社會系統中的必然邏輯，就必須在基本社會政策上重新定向，在政治層面上解決問題。

每當我說明這本書主要是為第一項與第二項所用，一些學生就已經覺得這本書「過時了」。他們看到問題被（市民心理學中常見的）「心理學化」，只針對症狀治療，不關注真正造成弊端的原因，讓致病的系統繼續存在。我也看出，盲目地把心理學基礎和第三項中強調的因素及關聯性相互結合有其危險，盲目地將第三項和前兩項提出的因素和關聯性結合在一起也同樣危險[10]。有人為了改變社會站出來，卻不從自己和周遭的小生活圈開始做起，人們會覺得他有信服力、值得信賴嗎？

想要完成「整體工作」的人，必須將這三個基礎結合在一起。如果心理學的貢獻是使第一項與第二項更完善，卻也意識到整體工作尚未完成，我認為這已值得讚賞。

第一部　基礎理論

I 訊息的解剖學（當有人發出訊息……）

要描述人際溝通的基本過程很容易：有個**訊息發送者**，他想告知什麼。他把關切的事物轉譯成可辨識的符號傳送出去。發送出去的東西，我們稱之為**訊息**。**訊息接收者**則負責解讀他可以察覺的產物。原則上，發出的訊息應該或多或少和接收到的訊息相吻合，如此才可能產生相互理解。訊息發送者和接收者經常利用這種可能存在的一致性，檢驗相互間的理解是否存有善意。透過接收者的回報可以得知，他是如何解讀訊息、訊息是以什麼樣的方式傳達到、訊息對他產生了什麼影響。發送者可以在回報過程中或多或少檢驗出，他傳送訊息的意圖是否與接收者的結論一致。這種**回報**也被稱為**回饋**。

我們再來仔細檢視「訊息」。對我而言，訊息是個很迷人的「發現」，我也是在它的影響範圍中慢慢辨認出，**一個訊息而且就是這同一個訊息總是同時包含很多消息**。這是生活的基本事實，身為發送者也是接收者的我們無法避免。每個訊息都像是放進很多消息的完整包裹，所以人際溝通才這麼複雜，容易產生障礙，卻又會讓人感到興奮、期待。

為了整理出一個訊息裡包含的各式各樣消息，我區分出四種明顯的心理面向。舉一個日

圖 3：日常生活中有關訊息的例子：
妻子正在開車，丈夫（坐在駕駛座旁）是訊息發送者。

常生活例子（圖三）：

丈夫（訊息發送者）對正在開車的妻子（訊息接收者）說：「嘿，前面是綠燈！」這項訊息裡面包含了什麼？訊息發送者（有意或無意地）在訊息中夾放了什麼？訊息接收者可以從中拆解出什麼？

1. 事實內容（我要告知的事）

首先，訊息裡面包含了一項事實。我們在例子中可以知道，這指的是紅綠燈狀態——正好是綠燈。常常在「涉及事實」時，訊息這個面向就顯得特別重要，或至少應該很重要。

在眼前這一刻，我在這一章要傳達給各位讀者的也是非常多的事實資料，你會學到溝通心理學的基礎理論。不管怎樣，這只是在我（訊息發送者）和你們（訊息接收者）互動之間所發生的一部分事件而已。接下來讓我們來看訊息的第二個面向：

2. 自我宣稱（我要表明的事）

每個訊息中包含的資訊不僅只是傳達的事實內容，也包含了訊息發送者本人的資訊。從例子中可以拆解出，訊息發送者顯然會說話，能夠分辨顏色，重要的是他清醒著，腦袋也很清醒，此外也許在趕時間等等。總之，每個訊息都包含一部分屬於訊息發送者的自我宣稱。使用自我宣稱這個概念，不外乎是想和有意的自我表達和非自願的自我揭露相呼應。我們會看到，訊息在這一面向上在心理學備受爭議。

同樣的，你現在在讀的時候，獲知的也不只是事實資訊。還獲知了關於我，本書作者的種種，關於我如何推演出一個想法、找出特定事項為重點。如果我以此題目對你們做口頭報告，你們也許可以從我表達的方式中解析出有關我的能力與內在感受的資訊。不管我願不願意，身為訊息發送者的我肯定意識到，我也不斷在說出自我宣稱的消息，我的內心感到不安，想要採取行動。我身為作者要怎麼辦？沒錯，我想要傳達事實資訊，我還想給你們一個好印象，想讓自己的表現是個提供者、知道自己寫什麼、想法上和語言上也都在「持續更新」的人。

訊息的這一面向和許多人際溝通問題密切相關。我將會在稍後章節中（第一三二至一三三頁）說明訊息發送者如何解決這個問題，如何用各種自我擴張與自我掩飾技巧來呈現自己最好的一面——但這些方法並不一定對他有益。

3. 關係（我怎麼看待你，我們如何對待彼此）

從訊息中可以進一步得出，發送者對接收者抱有什　看法，他看待對方的方法會表現在他選擇的措辭、語調和其他非語言的伴隨訊號裡。接收者會對訊息這個層面特別敏感，因為他從中感覺到自己被以特定方式看待（或被糟蹋）。在前面的例子中，透過這位先生的提醒，我們看出他不太信任他太太，少了他幫忙，他太太就不能把車子開得盡善盡美。

他太太可能對這種「管束」產生了防衛心，因此毫不客氣地回答：「是你開車還是我開車？」這裡要注意：在這件事情中，她並不排拒事實內容（她是贊同的！）。她抗議的乃是針對接收到的關係消息。

一般而言：訊息傳送當中通常也會表達出與對方的特定關係。嚴格來說，這自然屬於自我宣稱的特別部分，但是我想要把關係層面分開來處理，因為接收者的心理狀態不同：在接收到自我宣稱的消息時，他可以是一個不將自身涉入的**診斷者**（你的表達裡告訴我哪些有關你的事？）；接收關係面向的訊息時，他則是「涉入其中」（betroffen 有雙關意思，通常也代表「吃驚」）。

仔細來講，訊息的關係面向集合了兩種形式的消息，第一種是發送者如何對待接收者，如何看他？例子中這位先生覺得他太太需要幫忙。第二種消息形式則是關於發送者如何看待**他與接收者之間的關係**（我們是這樣對待彼此的）。當某人問另一個人：「說吧，你的婚姻生活怎樣？」這個詢問事實的問題也隱含著關係的消息：「我們的關係可以詢問這種（親密）的問題。」當然也可能會出現接收者並不贊同這種**關係定義**，覺得問題不恰當而且受到侵犯。於是對話雙方使盡全力對關係定義展開拉鋸戰，這種情況並不算少見。（參考第二部III－4第二二一頁）

也就是說，在自我宣稱面向上（從訊息發送者角度來看）包含了關於**我的消息**，在關係這一面向上，一方面包含了關於**你的消息**，另一方面也包含了關於**我們的消息**。

你在讀這段文章時，訊息的關係面向正在做些什麼呢？我寫出這份文稿並且公開發表是要說明，我認為你們會需要這個主題的資訊。我把學習者的角色分配給你們。你們透過閱讀（和繼續閱讀）表現出你們目前接受了這樣的關係。當然，在讀過我如何推展這觀點的描述後，你們也可能會覺得「已經受到教誨」。你們心裡想：「他寫的那些東西（訊息的事實面向）或許是對的，但是我無法接受他傳授的方式。」我曾經遇過，當我用誇張但容易理解的方式來描述事實消息時，許多訊息接收者會產生過度反應。感覺就像是：「他一定覺得我很笨，才會用如此簡單、近乎是白痴的描述來傳達資訊。」你看到了，在事實取向的闡述中，訊息的關係面向是如何參與決定。

4. 訴求（我想讓你做什麼）

說出口的話不可能「只是說說而已」，所有訊息都具備了**影響**訊息接收者的功能。我們例子中的訴求也許是：「踩點油門吧，我們要趕在綠燈時過馬路。」

訊息（也）用來促使接收者執行或放棄某些特定的事，讓他去思考、感受。這種意欲產生影響力的企圖，或多或少是公開或隱藏的。在例子中，我們談到了操弄。想要操弄的訊息發送者肆無忌憚地也推動訊息的其他三個面向，以達成他的訴求，卻使得事實面向變成片面並帶有某種傾向，自我宣稱也朝向企圖對接收者產生特定影響（比如讚賞或樂於助人的感覺）；關係面向也可能被這隱藏目標決定，要其他人「保持好心情」（比如透過卑躬屈膝的行為或透過讚美）。當事實、自我宣稱和關係這三個面向同時指向訴求面向所欲達成的效果時，就會變得功能化。也就是說，訊息中不會反應出訊息所指，只是達成目標的工具。第二部IV—1第二六〇至二六一頁會有詳細說明。

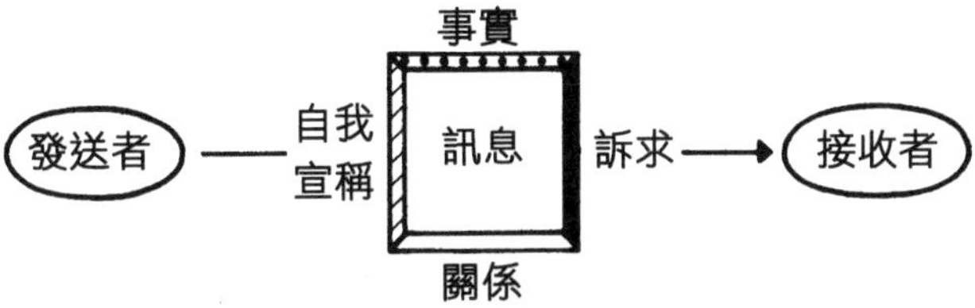

圖 4：訊息的四個面向——人際間溝通的心理學模型
這個模型乃受到布勒和瓦茲拉威克等人[11]的啓發而來。布勒區分出「語言的三個面向」：描述（＝事實內容）、表達（＝自我宣稱）、訴求。瓦茲拉威克則從訊息中區分出內容與關係面向。「內容面向」相當於模型中的「事實內容」；他對「關係面向」相對做了進一步定義，而且基本上完全含涵蓋了「自我宣稱」、（狹義而言的）「關係」和「訴求」三者，也包含了訊息中的「後設溝通」成分，提示訊息該如何被理解。我個人認為這裡介紹的模型有個優點，可以將各式各樣可能的溝通障礙與問題分門歸類得更好，也能讓我們注意到各種改善溝通能力的訓練目標。

同一個訴求可能會跟完全不同的關係組合一起，所以訴求面向應該和關係面向區分開來。在例子中，太太覺得訊息中的訴求算合理，卻對先生的管束敏感。或者相反的，她可以視訴求為不合理（開車不能超過時速六十公里），但她先生以這樣的方式對她的開車行為提出建議，並不造成問題。

當然，本書也有若干訴求，會更清楚顯現在接下來的章節中。這裡略舉出一個非常重要的訴求：試著在危急的（溝通）情況下，直接說出（一點點）自我宣稱、關係和訴求面向的消息或更進一步詢問清楚，以達到「四個面向都清楚明白」。

訊息的四個面向我們已經談了很多，現在以上方圖解綜合說明。

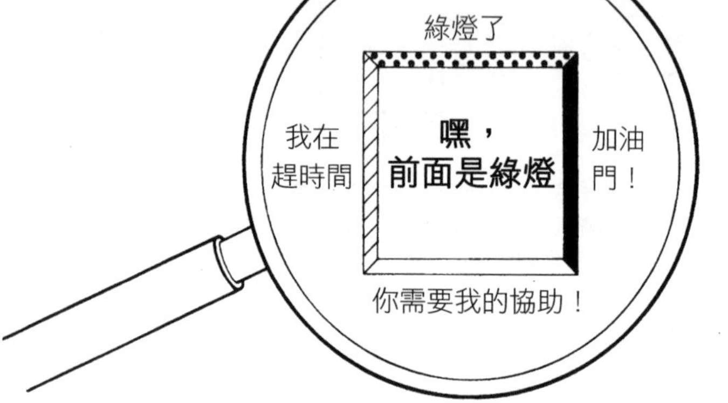

圖 5：把訊息放在溝通心理學的放大鏡底下，可明顯看出訊息中的消息網。

5. 用訊息做溝通診斷的工具

要牢記：同一個訊息中可以包含非常多的消息；不論發送者願不願意，他總是同時在四個面向上發出。消息的多樣性可藉正方形歸類。這些消息的相關種種決定了一個訊息的心理學品質。為了說明溝通心理學的工作方式，我們再來看一次先生放出的訊息：「嘿，前面是綠燈！」把它放到溝通心理學的放大鏡下檢視：

到目前為止，我都是把消息的種種相關當作單義來解讀。情況卻恰恰相反。我們將會看到，發送出和接收到的消息網可能會有顯著的不同（參閱第一部II—3第八十至八十二頁）。

★練習題

請把以下訊息放到溝通心理學的放大鏡下檢視：

a. 夫妻倆晚上坐在電視機前面，先生說：「老婆，啤酒喝完了！」

b. 老師走在走廊上，要去班級上課。一個十歲學童走到老師前面，口氣憤怒地說：「老師，芮絲把她的地圖亂丟到角落裡。」

c. 最近和某個人的對話，讓你想起了某件事？靜心回想你和對方各自說出的**一句話**，用溝通心理學的方式去分析。

d. 以下片段來自一段電話諮商[12]。來尋求諮商的是一位二十六歲的時裝模特兒，未婚，懷孕第三個月，她訴說她的內心衝突：她應該或允許墮胎嗎？請從溝通心理學的角度思考諮商師的反應：

諮商師：「我必須實話實說：我不是基本上反對墮胎，有些情況是應該更支持墮胎，不是嗎？但是那個胎兒也符合人類定義，而您剛剛告訴我，如果我正確理解的話，您雖然愛這個小孩的父親，但是不會跟他結婚……」

尋求諮商者：「不是這樣的，我根本不打算結婚，我覺得我現在過得非常好。」

諮商師：「是的，您知道，您雖然現在享受某些自由，但是這份自由很快會誘使人去——我不想說是變得毫無責任感，這樣不正確。人會，嗯，這種生活當然會過得很好——我不知道，或許您還沒有把這件事從頭到尾徹底想清楚，當人用責任感去認定某件特定事情，他就會為那件事付出——我是說，您現在有自己的事業，不是嗎？但就像剛剛說的，工作——我不清楚人到哪個年紀會開始乏人問津，但我猜想，可能再過四、五年，到時您就無法笑得這麼開心，您現在必須……」

5.1 訊息與消息

我按照以下方式使用這兩個概念：「訊息」是個完整、多面向的包裹，包含語言和非語言。一個訊息同時包含很多消息。將消息的相關種種置於放大鏡下，訊息就是診斷溝通的物件。但分析的單位該是什麼？跟訊息相關的只有一個句子，還是可能有兩個或多個句子？答案是：這並非固定不變，要視實際目標而定。可能只有簡短的一個字，比如說「滾！」，或是個「意味深長」的目光，也可以是一段完整演說或一封信。

明確消息與暗示消息

消息可以很明確，或是隱藏在一個訊息中。明確就是指使用清楚明白的措辭，暗示則表示不直接說出，夾帶其中，或至少是「被放進去」的。

明確與暗示的區分獨立於四個面向外。訊息的四個面向都有可能包含明確或暗示的消息。因此我可以（明確地）說：「我來自漢堡。」或（暗示地）透過方言使用洩露我是漢堡人。同樣的，我可以（明確地）對他人說，我如何看待他，或（暗示地）在語調、措辭中「傲慢地」說話，用這種方式讓人明顯辨別出我如何看待他。同樣道理，我可以把訴求明確地（老婆，去拿啤酒！）或暗示地（老婆，啤酒喝完了！）發送出去。

大家可能傾向做如下假設：明確的消息是真正的主要消息，而暗示的消息是旁枝末節，比較沒那麼重要。絕對不是這樣。「真正的」主要消息常常會用暗示的方法傳送。有些發送者精於此技能，把要表達的內容以暗示的消息發送給他人，好在必要情況下有機會否認（我沒有說過這樣的話！）。

非語言的訊息

暗示的消息常常藉由非語言管道達成：透過聲音、語調、口氣，透過伴隨的臉部表情和肢體語言，把部分特立的和部分「評定的」消息傳達出去。「評定」是指這些消息會提示訊息的語言部分「表示什麼意思」。例如：「這件事我饒不了你！」決定這句話意義的關鍵，在於那些非語言的伴隨訊號看起來如何、聽起來如何（參閱第五十二頁）。「非語言溝通」在近來

我很傷心
請疼我、安慰我！
哭泣
你實在太過分，你這混蛋！

圖 6：非語言訊息的三個面向

已發展成極具價值的研究領域和（特別對溝通治療）重要的觀察場域。

這個模型也適用於純粹的非語言訊息嗎？答案是可以的。當然，在這種情況下，事實面向大多是空的。假設有人在哭。這個訊息除了事實面向以外，其他三個面向可能都包含了重要消息。自我宣稱：也許是傷心、精神上的痛苦，也可能是高興，無論如何都是情緒上的變動。關係：也許是對接收者的懲罰（你看看你闖了什麼禍，你這渾蛋！）。訴求：也許哭泣也（有意地）被當作一種策略，為了獲得關心與疼愛（圖六）。

「人不能不溝通。」

這句溝通的「基本法則」[13]提醒我們記得，每個行為都有告知的特性。我不一定要開口說話才能溝通，每個沉默都「說了話」，而且至少表達出三個面向的訊息。假設狀況：我走進一節車廂，有個人坐在裡頭，我友善地跟他打招呼。

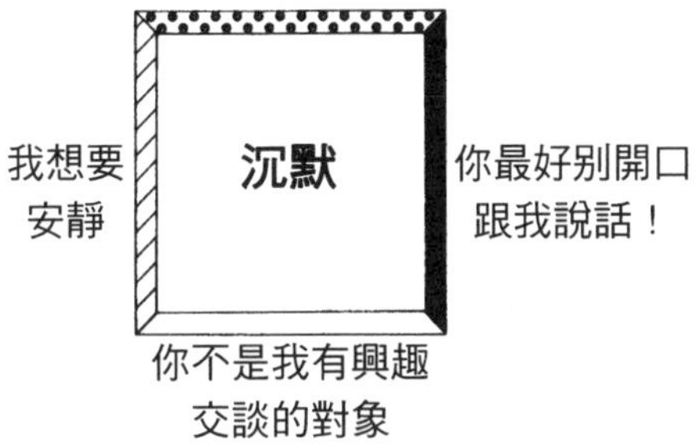

圖7：每個行為都有告知的特性。例如車廂裡的沉默。

他毫無反應，繼續讀他的報紙。我「聽到」這個訊息，如圖七，我們把它放在溝通心理學的放大鏡下來看。

每個人在與人相處的情境下所表現出來的行為，都可用一個正方形來解讀，而且這樣被接收。

5.2 一致性訊息與非一致訊息

同時接收到語言和非語言的訊息時，一方面可以讓它們彼此互補與支援，另一方面在它們相互矛盾時，可能會造成疑惑。

當所有訊號都指著同一個方向而且內涵一致時，我們稱這個訊息有**一致性**。所以，憤怒的眼神和大聲吼叫適合搭配這樣的句子：「我不想再見到你，混帳東西！」

相對的，在最近的溝通心理學文獻中有個地方特別值得注意：**非一致性**的訊息在語言和非語言的訊號上彼此不搭調，矛盾地並存。因此當某人問：「你怎麼了？」得到的回

圖 8：非一致性訊息的例子。

答是：「一切正常。」卻在語調和臉部表情上明顯表達出應該是有什麼事不對勁。我們可以想像實情跟表面上完全相反，而且是八九不離十（圖八）。

根據赫萊[14]的看法，現在我們應該針對事實情況，以更理論性和系統性的方式再次觀察。直至目前為止，我們的人際溝通之所以如此糾結，是因為每個發送出來的訊息就像一整面由各種消息編織成的網。現在我們要把事情的複雜度加上一級：發送者在溝通時——不管他願不願意——總是同時表現在兩個層面上：告知層面與後設層面。兩個層面的消息相互「評定」，也就是說，互相協助說明另一層面的消息所指。人不只是說些什麼，也要評定所說的東西。

消息可以用一致性或非一致性的方式來相互評定。告知會用什麼樣的方式評定？赫萊區分出四種可能：

透過情境評定

丈夫看到黏了鍋的菜捲說：「我佩服你的烹飪技術！」是情境在評定這句話的非一致性。也就是說，這裡並不是訊息本身的某一部分和其他部分不一致，不一致的是情況中顯而易見的實情。

透過描述方式評定

一個人用真實情況描述評定說出來的話。比如說，一個人在胃不舒服後被問到，現在他覺得怎麼樣。他回答：「我快病死了！」這種誇張描述是以非一致性的方式評定所說的內容。或在討論判決執行是否應該更人道的問題，某個人說：「我會贊成把監獄改成療養院，因為犯罪行為可以證明那可憐的罪犯有病，這不能怪他。他必須接受治療和照料。」訊息接收者聽到這樣的說法，會無法確定那是他的意見，還是他在諷刺與嘲弄某種他自己完全不願苟同的立場。這種過度描述（療養院）表達出一種可能的非一致性評定。

透過身體動作（臉部表情與肢體動作）評定

譬如示好的關係陳述（我喜歡你）卻伴隨拒絕的身體動作。（其他例子請參考圖八）

透過聲調評定

女侯爵乾巴巴地說：「我們會很高興見到您。」母親聲調中的冰冷讓凱蒂覺得不好意思，不得不對這破壞行為進行善後。她回過頭來帶著微笑說：「再見！」這讓托爾斯泰《安娜．卡列尼娜》的年輕人列文好過了些。他當然清楚，訊息中的語言內容（我們會很高興……）是為了符合貴族社交禮儀，「真正的」消息往往只能從語調中獲悉。溝通治療師對此都訓練有素，會注意到這種不一致性，並且會提醒發送者注意（你說你很難過，可是你卻在笑？）。被指出的人常常會覺得被逮住、受到指責，並且會說他「絕不再犯」。然而非一致性並不會被視為「愚蠢的習慣」。更重要是去找出什麼隱藏在後面。接下來要談訊息發送者的心理動力之前，我們要先換到訊息接收者的角度。

進退兩難的訊息接收者

訊息接收者自然會被非一致性訊息迷惑——他該相信告知層面還是後設層面？如果把訊息的訴求面向也加入觀察，他是完全走投無路了。以圖八左邊那張圖為例，訊息的語言部分似乎在說：「你不要再管我了！」非語言部分卻像在求救，而且近似以下訴求：「請你關心我！」這種矛盾的請求（圖九）讓訊息接收者處於不利。不管他做什麼反應，別人都有機會陷他於不義。他要是上前關心，可能會遭受拒絕（我已經說的很明白，我很好。你煩不煩！）

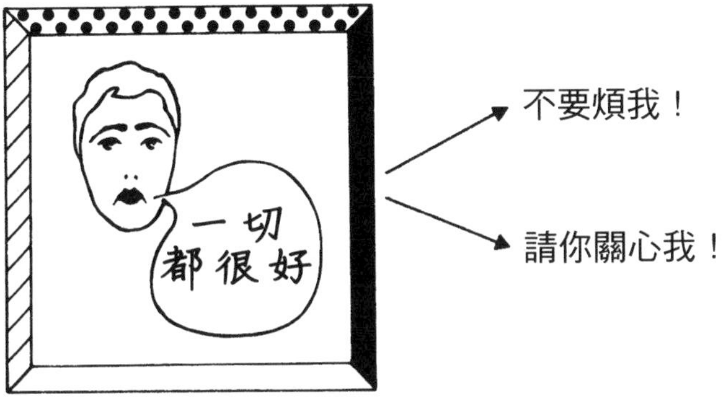

圖 9：非一致性的訊息包含互相矛盾的請求，因此產生讓人精神錯亂的雙重約束。

要是他不關心，對方又表現出受傷害的模樣，用這種方式來「懲罰」他。

這種精神錯亂模式被放入專業概念「雙重約束」（英文 double-bind，參考注一）下研究，他們發現到，這和接收者的精神分裂行為有關連。當接收者對發送者相當依賴時，他沒有機會逃離這樣的情境，也沒有能力使用後設溝通，這時，非一致性的訊息可能是主要的致病原因；跟父母同住的小孩尤其符合這情況。依據這樣的觀點，精神分裂乃是一種解決急難的形式，用來應付「令人錯亂」的情況。

內心混亂的訊息發送者

到底是什麼原因促使訊息發送者製造這種令人困惑的訊息？第一個要問的問題經常是：這樣的行為對他自己有什麼好處？非一致性訊息對還在六神無主的訊息發送者有利；在必要時他可以否認，並且說他沒

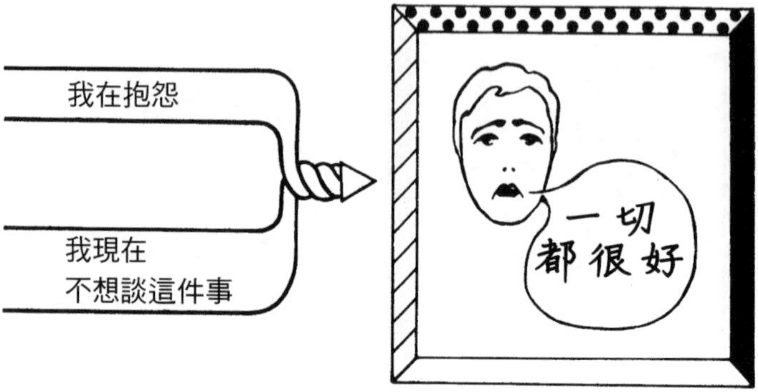

圖 10：非一致性訊息由兩種內在狀況混合後的妥協結果。

有那樣的意思。

並且還對《安娜．卡列尼娜》裡的女侯爵有利：她可以將她真正的消息（您別來糾纏我們）傳達給那位男士，仍不違反符合其身分地位的禮儀規範。有句話說：去做吧，但事後當作沒發生過。（怎麼了？我應該表明得很清楚，我們會很高興見到您！）這種兩面溝通有部分是發送者自己沒有意識到。這種潛意識裡不想負擔責任的願望，卻經常藉由非語言管道表現出來。

以下要描述的情境也是同樣情況：發送者「內心有兩個靈魂」，沒有完全取得一致。他想要這樣，卻也想要那樣，不同的追求與感覺沒有朝向同一目標，內心被混亂掌控。只要發送者對此不加以歸納整理，就會向外透露出亂七八糟的東西。非一致性訊息就是混合兩種消息產出的結果。

因此在圖九的例子中，發送者的兩種內在狀況很

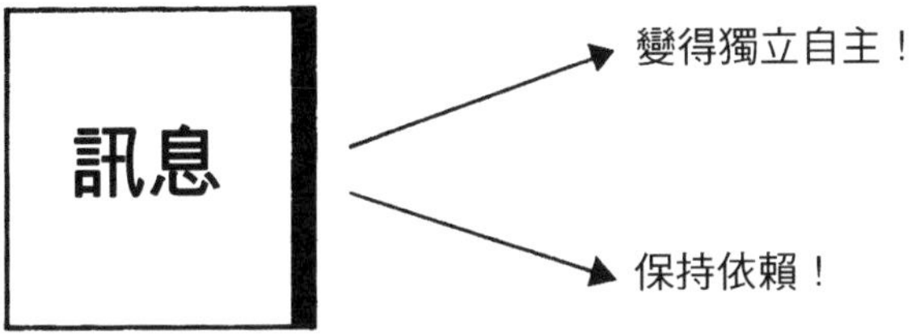

圖 11：父母對成長中孩子的典型雙重訴求。

可能是：一、我在抱怨，二、我現在不想談這件事。這兩種內在狀況共同形成了非一致性訊息混合後的結果。

非一致性訊息特別容易出現在發送者的**自我澄清**還沒結束時，他還覺得有必要再說些什麼。

另一個例子是父母心中常見的矛盾[15]：

◇「我想要你獨立自主，未來像個成人一樣靠自己生活，不用再依賴我。」

◇「我想要你總是需要我，不要離開我，像我依賴你一樣一直依賴我。」

成長中的孩子經常會接收到訴求層面發出的兩面消息（圖十一）。

因此常常會聽到父母中一方對剛成年孩子說：「我想要你去做對你自己最有益的事，孤獨感我自己會解決。」哈爾彭恩（Halpern）寫道：「孩子接收到『去做對你自己最有益的事』和『你做了，會把我置於難以忍受的孤獨中』兩種消息，會因此陷入雙重約束。」[16]

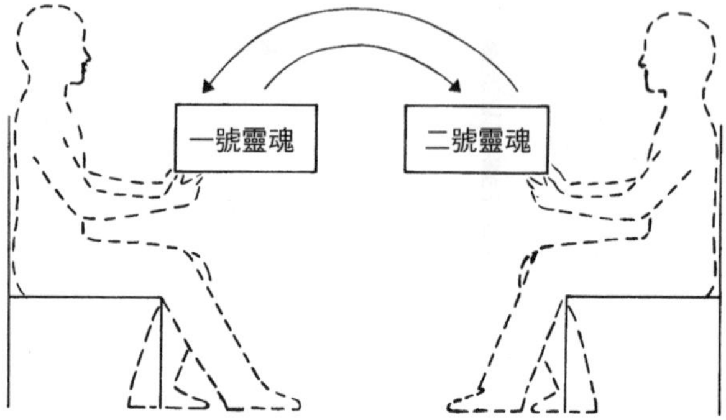

圖 12：完形治療法中的對話技巧：讓兩個靈魂對話。

我們可以說，父母身上出現兩種主事人格，同時說出了他們的意見。一個主事者是成熟的成年人格，認為孩子獨立自主和找到自己的路是個值得追求的目標。另一個主事者是父母身上的小小孩，害怕被拋棄與分離，他們透過策略喚起罪惡感，企圖扼殺在小孩身上生長的獨立自主幼苗。

要做些什麼才能理清這種內在混亂？接收者可以把他的迷惑回報給發送者，讓他可以仔細地「深入感受」是什麼在促動他，並且恍然大悟。與人交談會比把自己關在「靜悄悄的斗室」裡更容易獲得領悟，談話治療也是建立在這樣的觀點上。無論如何，發送者必須是自己想要搞清楚才行，若是硬要他去做，只會讓他「關起門」，在太陽底下使勁捍衛自己內心的模糊地帶。

要處理內在兩個靈魂，完形治療法[17]既有系統又讓人印象深刻：發送者用兩張椅子進行內在對話。他先坐在一張椅子上，然後換到另一張椅子上，兩邊不斷地輪流，讓他感受到的兩位主事者交替發言、彼此交談（圖十二）。一張椅子上也許坐著成熟的成人人格，希望小孩能成長；坐在另一張椅子上的是「小時候的我」，追求完全相反的目標。

在這樣的對話中，不少時候會引發強烈的情緒反應。發送者會意識到他內心真的有兩個靈魂存在，全都屬於他，但他可以分開來感受，不再像過去一樣不明確地混合在一起。

經過這種自我澄清以後，發送者現在可以把兩個消息分開來傳送，取代原先只有一個消息，如此達到溝通的一致性：「一方面我想要你獨立自主，另一方面看到你自己剪斷臍帶長大，留下我一個人，這也撕裂著我的心。」兩個消息如此清楚呈現在眼前，發送者現在也比較容易決定，在這衝突中他想要什麼樣的結果。接收者現在也清楚了原因。

★練習題

1. 在工作上或私人生活上有沒有什麼事情，讓你覺得「內心有兩個靈魂」？它們對你的溝通有什麼影響？

如果你們是兩人一組或在團體中練習：先扮演你的典型行為，並且誇張地表現出來！

2.（最少兩人一組）輪流做一段口語表達，同時用非口語的方式傳達與其衝突的消息（舉例：口頭上說「我非常有興趣做這個練習！」臉上卻陰沉地好像下了七天的雨）。

一次次地使出渾身解數來！

3. 一位太太問她先生：「有興趣和我一起去看電影嗎？」得到的回答：（用悶悶不樂、感到厭倦的聲調）「好—吧！我—隨—便！」請推測他內心在糾結什麼？他明確的意思是什麼？請注意在你身上與對話環境中不一致的消息。

II 用四個耳朵接收訊息

我們偏重從訊息發送者的角度來看訊息正方形：他告知事實資訊，同時表露自己，表達他如何看待訊息接收者，接收者感覺到自己是被這種或那種方式看待；發送者也試圖影響對方的想法、感覺與行動。

因為四個面向總是一同參與，因此可以說，具備溝通能力的發送者必須要能全面掌握。只掌握單方面會造成溝通障礙。比如說，在事實方面合理，關係方面卻亂七八糟，這對溝通沒有多大用處。同樣的，在自我宣稱方面能給人好印象，譬如表現出自己的才智博學，傳達的事實卻令人費解，這一樣沒有幫助。

我們來從接收者的角度觀察這個四方形。不論他刻意去聽取哪一面向，接收到的會是他想了解的事實內容。從自我宣稱面向對訊息「叩門」，他會開始做個人診斷（他是個怎樣的人？甚至是：他現在是怎麼了？）接受者會在關係面向覺得訊息在針對他個人（他如何看我、他覺得我是怎樣的人、他覺得眼前的人究竟是誰、我覺得我被如何對待？）。評估訴求面向最後會出現以下問題：「他到底要我怎樣？」尤其在考慮利用情報的時候（我現在知道了，

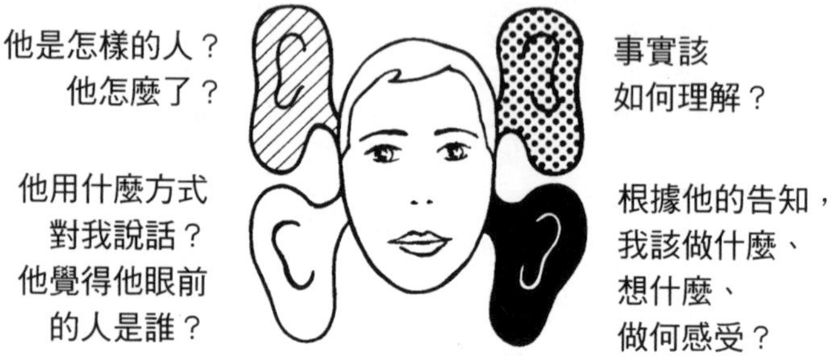
他是怎樣的人？
他怎麼了？
他用什麼方式
對我說話？
他覺得他眼前
的人是誰？
事實該
如何理解？
根據他的告知，
我該做什麼、
想什麼、
做何感受？

圖 13：四個耳朵的訊息接收者

接下來最好該做什麼？）。

接收者生理上具備兩個耳朵，如此裝備不全。基本上他需要「四個耳朵」，每一面向用一個耳朵（圖十三）。

端看接收者當下啟動四個耳朵中哪一個優先接收訊息，談話過程將會有很大的不同。接收者通常沒有察覺他關上了其中幾個耳朵，因此影響到人際間的事件發展。以下我要更仔細地研究這些過程。

1. 訊息接收者的「自由選擇」

人與人之間的溝通如此複雜，是因為訊息接收者基本上可以自由選擇他想要回應的訊息面向。舉個學校的例子：老師沿著走廊前進要去教室，十一歲的阿斯特里走到他面前說（圖十四）：「老師，芮絲把她的地圖亂丟到角落裡！」

圖 14：阿斯特里和老師。老師會對訊息中四個面向的哪一個有反應？

老師反應如何？在教師訓練課程中，我觀察到幾種典型差異：

◇有些老師反應**事實內容**：「那她是故意丟的嗎？」（注意到事實資訊，並要求進一步的事實資訊。）

◇有些老師反應阿斯特里的**自我宣稱**：「阿斯特里，你真的很氣這件事？」或是：「你真愛打小報告！」

◇有些老師反應**關係**：「你為什麼跟我說這件事？我又不是警察！」或是：「我很高興你信任我……」

◇大部分老師回應他的**訴求**：「我現在就去看看到底怎麼一回事！」

我們再回到開車的例子（圖三）。丈夫說：「嘿！

前面是綠燈！」我們假定妻子的回答有點惱怒：「是你開車還是我開車？」這應是對關係的反應。她以此回應抗拒她在訊息關係面向上感受到的管束。

她也可以針對事實內容反應，比如說：「這裡都是綠燈，開起來真過癮。」或者用自我宣稱，比如說：「你在趕時間嗎？」或是回應訴求（比如說踩油門）。

接收者的自由選擇會導致某些障礙，好比說，接收者接收某一方面，而這方面根本不是發送者的重點所在，或是接收者只偏重使用某一個耳朵，完全沒聽到（或者故意聽不到）其他同時傳送到的消息。四個耳朵並用應屬於接收者在溝通心理學方面的基本裝備。根據情境來決定用哪一方面反應。

2. 習慣單方面接收訊息

很多接收者已經訓練有素，他們無視情境需要，即使要在其他面向付出代價，還是只用一個耳朵聽話。以下我們要逐一觀察每個「耳朵」，並檢視只接收單面向訊息會得到的後果。

2.1 事實型耳朵

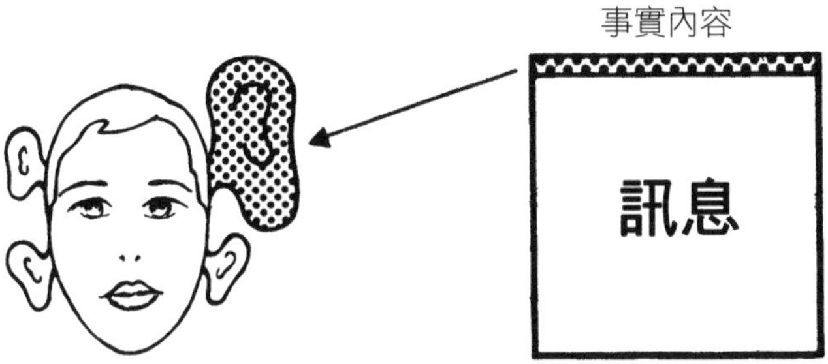

圖 15：帶著「事實型耳朵」的訊息接收者

很多訊息接收者（特別是男人與學界人士）都擅長關注訊息的事實面向，藉由事實討論來尋求解決之道。但如果問題根本所在和分辨事實沒有多大關係，而是在人際層面時，每次的結果都相當淒慘。

下面例子雖然是一則諷刺笑話，但各位對其核心一點都不陌生。

妻子：「你還愛我嗎？」

丈夫：「是這樣，妳知道的，我們必須先給『愛』下一個定義，因為可以有許多不同的理解……」

妻子：「我只是想知道，你對我有什麼樣的感覺……」

丈夫：「既然這樣，感覺——可說是一種隨時間變化的現象，對此沒有普遍的說法……」繼續說個不停。

夫妻倆牛頭不對馬嘴。在這情境中，雙方要以事實論戰來解決關係問題的意圖並沒有那麼明顯。因為這裡涉及到人

圖 16：母親和女兒

際溝通常見的基本錯誤，我們舉另一個例子來詳細討論：

母親和女兒。女兒十六歲，正準備要出門和朋友聚會。母女出現了以下對話（圖十六）：

母親：「多穿一件外套聽到沒？外面很冷。」

女兒（有點煩躁）：「為什麼？根本就不冷！」

母親有點生氣。不僅是因為女兒煩躁的口氣，也因為女兒如此不理智，因此她更加相信，自己必須對女兒的行為多加留意：

母親：「但是，莫妮，外面不到十度，而且刮著冷風。」

女兒（語氣強硬）：「妳去看一下溫度計就知道，外面不只十度，是十一度半！」

在這個訊息中，除了糾正事實之外，還包括

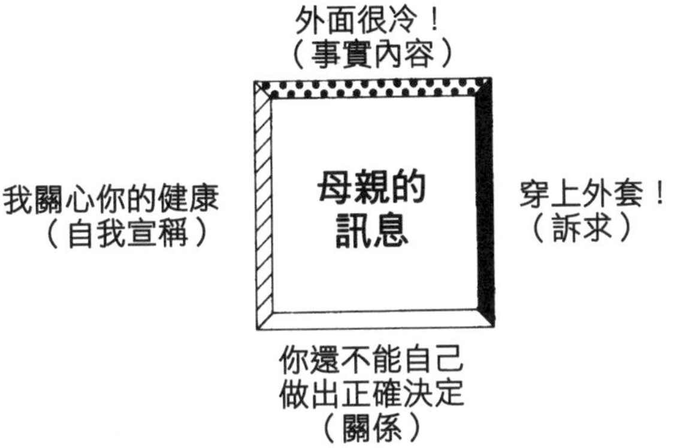
外面很冷！
（事實內容）
我關心你的健康
（自我宣稱）
母親的
訊息
穿上外套！
（訴求）
你還不能自己
做出正確決定
（關係）

圖 17：在溝通心理學的放大鏡下檢視母親的第一句話。

關係面向的反擊。因此母親也對女兒的「放肆」語氣和「固執」，還有女兒吹毛求疵的自以為是非常生氣。她決定結束這種「無意義的討論」：

母親：「妳聽到我說的話了，現在去把外套穿上！」

女兒：（被命令語氣激怒，氣沖沖地離開家，當然是沒穿外套。）

為什麼溝通失敗了？為什麼氣氛在這麼短的時間內變得如此僵？我們用溝通模型來分析這樁小意外。這次交談從母親開口說的第一句話開始，四個面向裡大約涵蓋了圖內的消息（圖十七）。

女兒對這樣的訊息做何反應？我們在這裡來到一個關鍵點。女兒覺得自己「被當成小孩子」

對待，對媽媽這種管束保護方式反應相當敏感。重點是，女兒抗拒的是關係面向的消息，不是反對事實內容，也許她完全不反對母親的訴求（可能自己也打算加穿外套）。女兒的實際反應卻針對事實內容，在這點上面唱反調（根本一點都不冷）。彼此衝突在完全沒有衝突的點——事實層面上——爆發。她們對氣溫的爭論，其實是母女關係上的爭論。為了防止這樣的錯誤，女兒可以在她的第一次反應中這樣回答：

「我覺得妳的建議沒錯，但不要再給我這種指令。我覺得妳把我當成小孩子。」

這是一個很好的「多面向」溝通例子。如果女兒可以表達出，她並非在意「穿不穿外套」的問題，而是她希望不要被管束，可以對自己的事情做決定。如果事情都可以在正確的問題點上討論，世界就不會有衝突了。

★練習題

1. 以下是在一個實業中學十年級班上上課時的師生互動：

老師：「赫穆特，你不覺得不停嚼口香糖很不健康嗎？」

學生：「不會啊！我倒覺得這對牙齒很健康！」

老師：「對，尤其是裡面的糖份！」

學生：「它完全不含糖份啦！」

老師：「當然有糖份了！嚼了半小時後自然不會感覺不到，你這個自以為聰明的傢伙！」

學生：「我才嚼了二十分鐘而已呢，無所不知先生！」（班上出現了怪裡怪氣的笑聲）

a. 請根據溝通心理學的觀點分析老師的第一句話！

b. 老師和學生之間有哪種類型的溝通障礙？

c. 你會建議老師用什麼樣行為取代他的第一句話？（也請用對白表達！）

2.（兩人一組）請兩人一組進行簡短對話。不管A說什麼，B總是只聽到事實部分，而且只反應事實面向。這對你們的交談產生了什麼作用？你有沒有「似曾相識」的感覺？

2.2 關係型耳朵

有些接收者在接收關係方面的消息時，耳朵會特別大而且過度敏感，因而認為很多關係中立的訊息與行動和自己有關或過度強調自己。他們把所有事情與自己聯想在一起，所有事情都在指涉自己，覺得自己容易受到攻擊與冒犯。有人發怒，他覺得自己被指責；有人笑，他覺得是在嘲笑他；有人看他，他覺得被人不禮貌地打量；有人不看他，他覺得對方在迴避與拒絕他。他在關係層面上總是不懷好意。

★練習題

（兩人一組或在團體中）每人分配一個角色：一個訊息發送者和一個訊息接收者。發送者的任務是和接收者攀談，談些無關緊要的事。接收者要在關係層面上伺機而動，查出每個訊息裡針對他的惡意。例如：

發送者	接收者
我不喜歡這個練習。	如果你比較想和其他人一起做的話……
今天天氣真好。	我知道我很膚淺，但我也不喜歡只談天氣。
你今天看起來好有朝氣！	是啊，我知道，我平常看起來總是垂頭喪氣的。
我覺得你這個人真好！	現在你要安慰我了！

用以上例子類推。（這種反應的背後心理請參考第二部III—5.3第二四〇至二四一頁）

前一節裡描述的溝通失誤之所以出現，是因為當事人把關係上的爭論錯置在事實面向上。接收者如果有個過度敏感的關係型耳朵，則會犯下相反的錯誤：對事實避而不談，卻跳

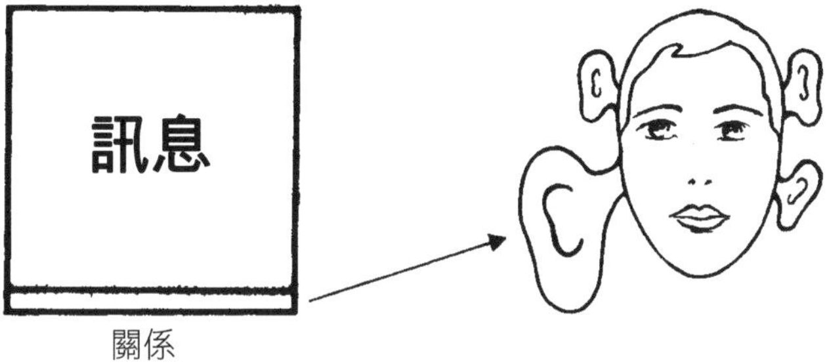

圖 18：帶著關係型大耳朵的訊息接收者

到關係層面上。我們假設老師在上課時提議要做一個練習，有個學生反應厭惡：「哎，又來了！這個我們已經做上百遍了！」老師不容許這種放肆的語氣，斥責了學生，然後繼續上他的課。老師從訊息的關係面向來看上課受到的干擾，在這裡「並不是所有事情都能容忍」，他這麼做完全可以理解，而且理所當然。但是他只能在一個面向上站得住腳；被批評的事實核心（訊息的事實面向）呢？面對與批評連成一氣的訴求，老師要如何反應？這裡的訴求並不是說：如果關係消息與你有關，就厚起臉皮，冷靜地反應。應該是：看清楚，是不是你的關係型耳朵還沒高高豎起，你卻什麼風吹草動都聽到了。一個訊息裡常常有自我宣稱的特性（參考第六十八頁練習中的第一句），那裡應由另一個耳朵管轄。

訊息裡強調的是自我宣稱還是關係？

在許多案例中，發送者與接收者的溝通中斷，多是為了澄清以下問題：訊息中主要強調的是自我宣稱還是關係？舉個例子：夫妻之中一人走回自己的房間。這個行為的主要消息是自我宣稱（我需要安靜，想要獨處，這跟你與我們之間的關係都不相干）還是關係（我現在無法忍受你）？兩種都有可能（圖十九），而且兩種訊息接收出錯的機會一樣頻繁。

1. 把行為視為關係的表達（他不再喜歡我了），即使那只是反應發送者的特性與需求（我需要安靜一下）。

2. 把行為視為發送者的特性（他就是有怪癖），即使那是關係導致的（我不喜歡你靠太近）。

此外這個例子證明，心理學模型把自我宣稱面向和關係面向分開來談是有用的。

2.3 自我宣稱型耳朵

和過度敏感的關係型耳朵相比，正常成長的自我宣稱型耳朵更有益於心理健康，在這觀點下聽到的訊息是：「訊息告訴我哪些你的事？」（圖二十）

一旦有明確的關係消息傳到，用這種接收方式會比較恰當。舉一個家庭裡的例子：爸爸帶著怒氣回家，看到玩具散了一地就罵小孩：「這裡怎麼跟豬圈一樣，還有這裡的垃圾。你這個髒鬼！」（圖二十一）

只要小孩還沒滿五歲，他一定會以關係型耳朵來聽這個消息。他會覺得自己很差，有罪惡

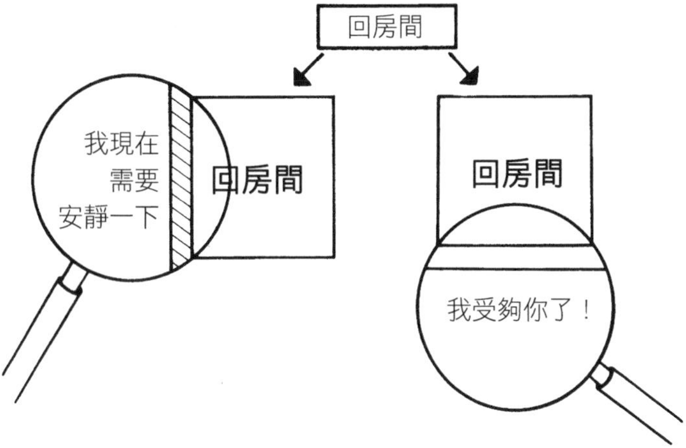

圖 19：同一個行為可以理解成單純的自我宣稱或是發出關係訊號。

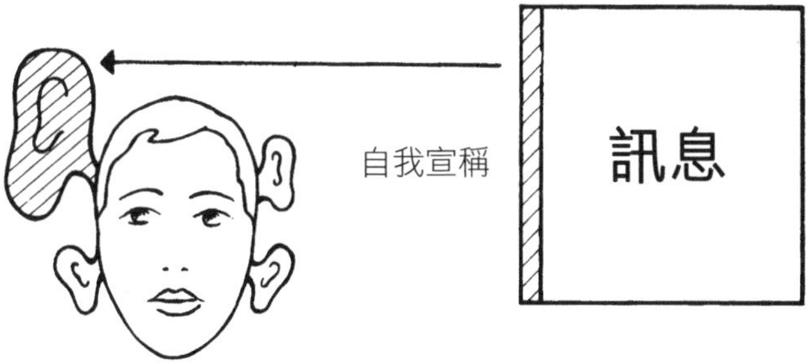

圖 20：帶著自我宣稱型耳朵的訊息接收者。

圖 21：對個人的控告可以用與自己有關的方式或以診斷方式來接收。

感，沮喪地得出結論：「原來我是這個樣子！」稍後我會證明，一個人的**自我概念**（也就是他對自己的印象）是年幼時關係消息的產物。年紀較大的小孩也許有能力用「診斷式」的耳朵聽：「他一定是在辦公室裡受了氣，才會把氣出在我身上。」這個小孩不會去承擔爸爸憤怒訊息裡的責任，把它用自我宣稱面向註銷掉了。通常容易自動產生的結論「原來我是這個樣子」在此已無效，被「原來你是這個樣子！」取代。

如果我們能夠把周遭人的情緒宣洩、指控和譴責多用自我宣稱型耳朵來聽，事情會簡單許多。如此一來，我們可以認同對方，特別是認同他的感受，我們可以讓自己平靜地參與，不會為了是否「問心無愧」以及自己的心理健康而愁思苦慮，不需要多花力氣為自己復健，反而能聽清楚別人的心聲，弄清楚別人究竟出了什麼問題。

兩面刃：只用診斷型耳朵聽

上面建議的訊息接收方式當然也有風險：掉入對立的極端，一切事情都與自己無關。假設某人給我回饋，告知我是如何影響他。如果只用關係型耳朵去聽，就在任憑自己被周遭人的評價擺布：我自動覺得那是在說我，並且把評價納入自我形象（原來我是這個樣子）。先前提過，高高豎起的自我宣稱型耳朵可能會促使人把回饋也視為回饋施予者的自我宣稱。有些人對此求好心切，習慣只用這個耳朵聽：「怎樣的人會對我說出這種評論？」重視心理分析的舊學派治療師保留了這種訊息接收方式。假設有個案主憤怒地攻擊他，並且說：「你是個騙子，看著我垂頭喪氣卻不伸出援手！」治療師會關閉關係型與訴求型耳朵做以下反應：「我想我們必須再一次好好處理您的父親情結，您現在把情結轉移到我身上了。」

以托爾斯泰《安娜．卡列尼娜》為例：「對不起，醫生，但是這樣真的沒有用。同樣的問題您現在已經問我第三次了。」享有盛名的醫生對此評論完全不覺得不舒服。當凱蒂走出去時，他對侯爵夫人說：「異常的激動不安。除此之外，我已經做出了我的診斷……」

在極端情況下，接收者可僅僅透過自我宣稱型耳朵避開各種牽連。自我宣稱型耳朵能在真正的平衡中促使人傾聽與有建設性的溝通，卻也可能在極端情況下淪為獲取優勢的技巧，不把他人視為夥伴以誠相待，卻將對方貶為診斷的對象——而且依憑這種想法：誰生我的氣或是和我意見不同，就在說明他的腦袋有毛病。

心理學化

心理學化類似於濫用（唯一的）自我宣稱型耳朵。這裡指的是事實說法只用來研究與「揭發」，是什麼心理動力在背後推動（你會這樣說，只是因為……），卻沒有肯定這說法在事實上的價值。假設有人批評資本主義的經濟體系，大致會產生以下心理學化反應：「提出如此批評，基本上只顯示您在童年備受寵愛，長大後卻無法調適，因為生活不再只是童話樂園。因為您無法應付，只好怪罪體系！」有件事很重要：每個事實評論也包含了發送者的自我宣稱。單單使用自我宣稱型耳朵聽取此類評論，而且不對事實表態，這樣是不合理的。

前蘇聯時期的人都知道，與異議人士交往並不只是會被心理學化，甚至會被貼上精神病標籤：批評體系被視為精神疾病的自我宣稱，會遭到適當「治療」。

積極傾聽

我們回來談自我宣稱型耳朵。對談話治療師[18]和教育工作者[19]而言，重要的溝通能力就是積極傾聽。這裡會特別訓練自我宣稱型耳朵，但並非用來做診斷與揭發（原來你是這樣的人），而是致力於不去評論發送者的感覺與思考，設身處地去體會。接收者可以透過這種方法幫助發送者找回更多的自己。在談話心理治療中，治療師等人總是感同身受地去發掘藏在事實描述裡的感覺，像是在替它們回返原貌：

女案主：「……而且我先生也無法照顧，他大多很晚才回家……」

治療師：「您覺得自己被放著孤獨一人面對整個問題？」

女案主：「是啊，但他真的有好多工作要做，也要做出成績來。」

治療師：「您是打算對自己說：他無法照顧，而妳要體諒他？」

在積極傾聽中，治療師的基本態度是用溝通心理學的方式表達：

◇即使傳送出來的主要是事實面向，我也會發掘出在你訊息中的自我宣稱成分（藏在背後的感覺與態度）。最重要的是我試著聽出這部分，並把它回饋給你；它會更直接出現在你眼前，你可以進一步面對它，讓你更深一層了解自己。

積極傾聽除了用在治療情境外，對於改善每天的人際溝通也很重要。如果接收者在加入自己意見之前，可以先置身對方的處境確切地感受，像是用他的眼睛看他的世界（同理心），溝通上會獲得很大的進展。

佩克[20]分析了已公開發表的談話治療法，發現到[21]治療師幾乎僅對案主在自我宣稱方面的消息有反應，反而「沒聽到」其中的關係和訴求方面消息。她批評這種溝通「被簡化」和「去除關係」，主張應使用四個耳朵積極傾聽。

積極傾聽有時候會導致溝通障礙。正在接受此訓練的人容易傾向將之機械化運用，即使和自己的情緒狀態、對方的關切點都不一致，也會「使用」這種行為。每一種可以訓練的行為都有其危險，會重蹈「精美包裝」覆轍（參閱第二十九至三十頁，詳細說明請見後記第三一三至三一四頁，積極傾聽請見第三二一頁）。

2.4 訴求型耳朵

「站在訴求跳板上」的訊息接收者

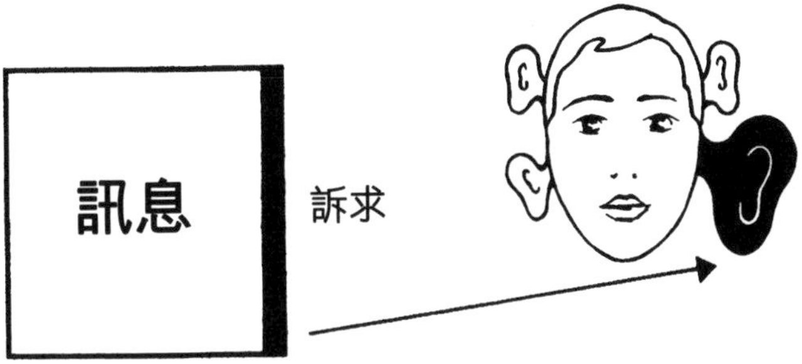

圖 22：帶著「訴求型耳朵」的訊息接收者。

把事情做得合乎所有人心意，並且符合周遭人沒說出口的期待——有些接收者就帶有這種精神，時間一久，他身上就長出過大的「訴求型耳朵」。他們聽取訴求層面就像在聽所有的風吹草動，一直站在「訴求跳板」上。

即使最小的訊號，他們都要用訴求元素研究。一位客人正四處看看，主人反應說：「你在找什麼？菸灰缸嗎？等一等，我去拿。」

如果小孩的表現「有禮貌」，經常會得到稱讚，也就是說，他會得到受大人喜歡的感覺。但這對伴侶之間的清楚溝通並不是很好的預習。帶著過大「訴求型耳朵」的接收者大部分很少關注自己，他身上沒有裝置可接收自己要什麼和感覺什麼的「天線」。我從學校畢業的時候，已經專精於注意到別人期待我做什麼反應，因此我能在每個玩笑式評論結束後，在正確的地方大笑。我如此費心地去發掘「正確時機」，因此沒有精力去發覺這評論到底有不有趣。這完全不構成我的困擾！只要察覺到訴求，就算聲音非常輕微，訴求反應也會自動開啟，不需要個人人格介入。因此，人本主義心理學關切的主題是要我們從已成為習慣的、陳腔濫調的、常規式的快速反應中釋放出來，讓反應不僅可以由外界引導，也能讓內心引導，像是把個人人格的全部重量都加上去。這對發送者來說不一定比較容易，但也許他會重視在眼前的是一個人，不是一台機器。（關於帶有期望訴求的交往方式，請參閱第二部IV—5第三〇〇至三〇五頁。）

★練習題

就像第六十六頁的練習一樣，不同的是這裡的接收者要「暗中傾聽訴求」，因此反應也必須充滿訴求。以下幾個例子：

發送者	接收者
你有興趣做練習嗎？	哦，我們可以跳過練習！
壺裡還有咖啡嗎？	我馬上再煮一些！
今天天氣真好！	是啊！我們喝完咖啡還可以去散步。
我們也可以帶著咖啡一起去散步！	（開心地笑）

終極的觀察方式

我們會在終極（針對其目的）的觀察方式中看到訴求型耳朵一種完全不同的使用方法。阿德勒的心理學一直在對引人注目的行為方式與疾病症狀提出「為何如此」的問題：「為何你會有偏頭痛？你想要周遭環境達成什麼？」阿德勒這個方法為我們打開了眼界：有些行為像是可以揭露「障礙」（自我宣稱），這些行為在一開始並不具有明顯的訴求，卻產生一種（潛意識中期待的）效果。一個「高高豎起的終極訴求型耳朵」可以讓你意識到這種過程，並且保護訊息接收者不被操弄，不必因為要適當反應訴求而被迫去玩邪惡的遊戲。這種想法將在第二部IV—3章第二七三至二七四頁中繼續詳細說明。

功能性懷疑

如果訊息接收者過度使用終極式的訴求型耳朵，他會假定每個訊息和每種行為方式中都有一個隱藏起來的「算計」。有人哭了，接收者解釋：「他在討人憐憫。」在事實、自我宣稱和關係面向的消息同時指向訴求效果時，我們稱為「功能化」。原則上每個訊息都會被懷疑其功能性。我會在訴求這一章（第二部IV第二五九至二六〇頁）的開頭回到這個問題上。

3. 傳達到的消息：訊息接收者的「製品」

我們已經看到，訊息「沒有那麼簡單」：四個面向都包含各式各樣的消息，有些明顯，有些隱藏，有些是發送者故意放進去的，有些卻是「不小心溜進去的」。整件「包裹」都傳達給接收者。和郵局寄送的包裹不同，這裡收到的內容並不等同於送出來的內容。我們也看到，光是開啟了不同接收強度的四個耳朵，接收者已經可以對訊息「為所欲為」。

現在還要加上，接收者可能因為對訊息某些面向理解錯誤而惱怒。那是怎麼發生的？

為了要溝通，發送者必須要把傳達的想法、意圖、知識——簡言之，一部分他的內在狀況——翻譯成聽得見的符號。這樣的翻譯行動我們稱為「編碼」。這些符號都在準備被送往接收者的「旅途中」，無法一起踏上旅途的是發送者賦予符號的意義。接收訊息的大腦必須能夠重新解讀符號代表的意義。這種接收行動我們稱為「解碼」。接收者有很大部分要靠自己授予意義，解碼的結果和他的期待、害怕及先前經驗有關，簡言之，和他整個人有關。因此很可能會有許多消息根本沒有傳送到，譬如接收者對「悶悶不樂的口氣」完全沒感覺，或是他對訊息「穿鑿附會」，比發送者安插的還多，比如說接收者從關係面向聽到「責備」，但這不是發送者的意思；或者他覺得自己受到攻擊，即使發送者只是想找一個「有趣的」話題。

我們做個結論：接收者像是把整個人投入傳達到的訊息裡，訊息有一大部分是「他自己的作品」。

下一頁的圖說明，發出與接收的訊息如何得出完全不同的結果：

吃午餐時先生問：「湯中綠色的東西到底是什麼？」太太回答：「天啊！你如果覺得這裡不好吃，可以到別的地方去吃啊！」

我們假設，先生只是想提出一個單純的資訊問題（他不知道那是什麼）。我們把傳送的與接收到的訊息放在一起對照來分析（圖二十四）。

妻子當然只能**反應**接收到的訊息，她的回答是針對訊息中的關係部分，誤解馬上顯而易見，但基本上可以修復。另一種情況是，妻子內心很生氣而且受到傷害，但仍然努力地留在事實層面，簡單地回答：「那是續隨子。」那麼先生、妻子、甚至局外人顯然都會明白這裡沒有產生誤解。也許先生過一段時間會察覺太太心情不好，他或許會問：「發生了什麼事嗎？」如此還有機會做事後的後設溝通。只是人們常常不會把這種**潛藏的誤解**解釋清楚，讓祕密阻礙了日後關係。潛藏的誤解是因為（訊息四面向中）單面向溝通而產生（圖二十五）。

誤解是世界上最自然的事，從訊息交會的四面向來看，產生誤解幾乎是無可避免。發送者與接收者在事後要對誤解攤牌與談論時，不應從需要證明自己是無罪的尷尬意外下手。到底誰「有理」，這問題既無法判定，也不重要。一個說了這些，另一個卻聽到那些——雙方都對。

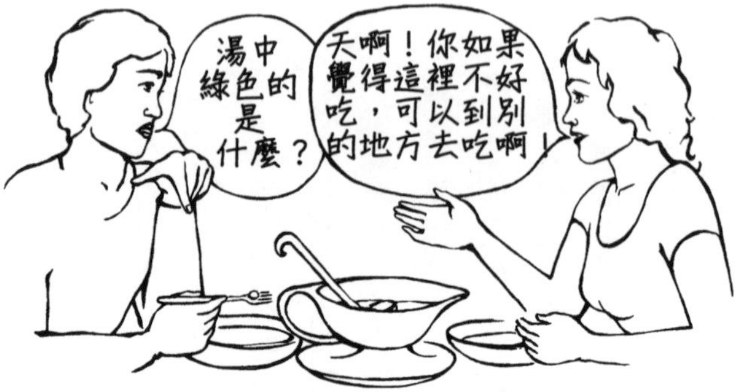

圖 23：一起用午餐的夫妻。

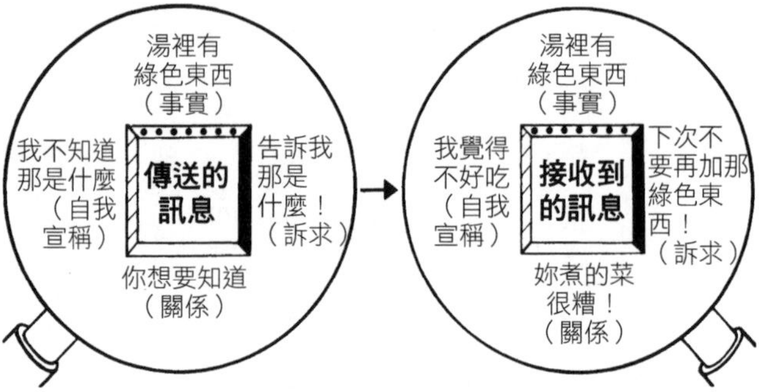

圖 24：傳送與接收到訊息的四個面向放在一起對照

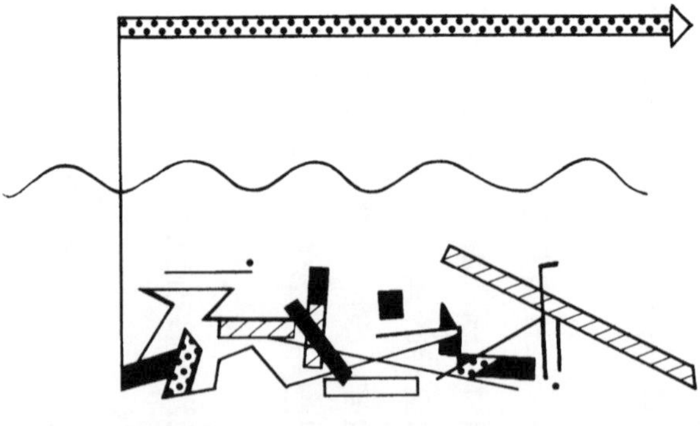

圖 25：潛藏的誤解：清楚的事實對話（在表層上）繼續進行，較嚴重的誤解（表層以下的「斷裂」）仍沒被發現。

3.1 接收錯誤的幾個原因

當傳達到的訊息與原意大異其趣，可能是由於截然不同的原因造成的。如果發送者和接收者來自不同的語言環境，出現理解錯誤就容易理解。特定階級的語言習慣會有礙此階級的人與不同階級和不同次文化人士來往，不僅在事實層面，關係層面尤其顯著。

從這個觀點出發，我要提出經常造成障礙的三個原因：接收者看到的自己（自我概念）、接收者對發送者的印象，以及相關聯消息的現象。

接收者的自我概念

我們在高度敏感的關係型耳朵中已見過，接收者如何使用他的自我形象來解讀接收到的訊息（比較第六十七至六十九頁）。自我評價不高的人，即使收到可接受且無傷害的消息，也傾向用來證明負面的自己。這樣便形成一個惡性循環：負面的自我形象不斷讓擁有者獲得負面經驗，這負面經驗又證實並鞏固他的自我形象（參考第二部III—5.3第二三九至二四〇頁）。

接收者對發送者的印象

「我很清楚他指的是什麼，因為我認識他。」認識一個人越深，就越容易發覺他說話的含

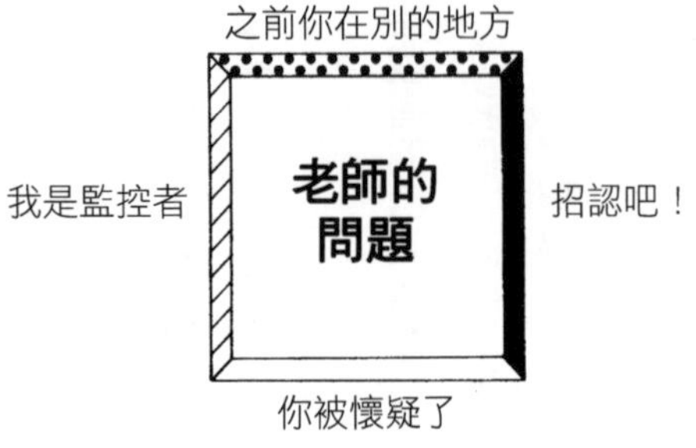

圖 26：學生接收到的訊息。

義。他人的印象通常建立在較單薄的訊息上，基於衣著、性別、年齡和一些生活中的外顯因素形塑的圖像並不完整，因此我們傾向去補充這圖像。這些許資訊透露了，我們該把他放進哪個「抽屜」，這個抽屜中還包含了補充的資訊與推測，讓圖像變完整。

如此對他人產生的印象，提供鑰匙給我詮釋他的訊息。我知道那代表什麼意思，因為我（表面上）知道他的脾氣。

舉個例子：在班級旅行時，老師問一個他在自由活動時間碰到的學生：「你是從哪裡來的？」老師覺得提這個問題是出於關切，而且相當友善，很適合做為輕鬆聊天的話題。可以想見，如果問題是由一個同學提出的，這個學生也會如此理解。可是在他腦中閃過的念頭是：「這是老師，一個成年人！」他接收到的訊息如上圖。

依據他和成年人及教師來往的經驗，他習慣這類問題通常帶有審訊和控管的意思，隨之而來的通常是批評與禁止。因此他帶著不信任與「防衛」回問：「為什麼？」老師心灰意冷地想：「我就是接近不了這些小孩！」

相關聯的消息

細微的誤解有時會這樣產生：接收者正確接收到訊息中某一面向的消息，卻也聽到其他面向傳來的消息，那些經常與核心消息連結在一起（相關聯的消息）。

舉例：因疏忽而遭到的指責（關係面向上有關聯的消息）經常會和請求（核心消息）連結在一起。「你可以整理一下你的房間嗎？」這種訴求經常帶著責備意味「你早就應該……」這就是為什麼訊息接收者經常用惱怒來回應。

基於這種關聯性，發送者只想針對訴求，不想傳送出對疏忽的譴責，是一件很難的事。

一個大學生搭乘地鐵坐在一位女士旁邊，女士帶著一隻狗。那隻狗在大學生的腿上嗅了嗅，眼看就要舔他。大學生對此神經過敏，請這位女士讓狗離他遠一點。這位女士覺得受到傷害。她從話語中也聽到了關係面向的消息：「妳怎麼可以如此粗魯，讓妳的狗靠我那麼近！」

另一個例子：負面感覺（自我宣稱面向的核心消息）是透過他人行為引發出來的，經常

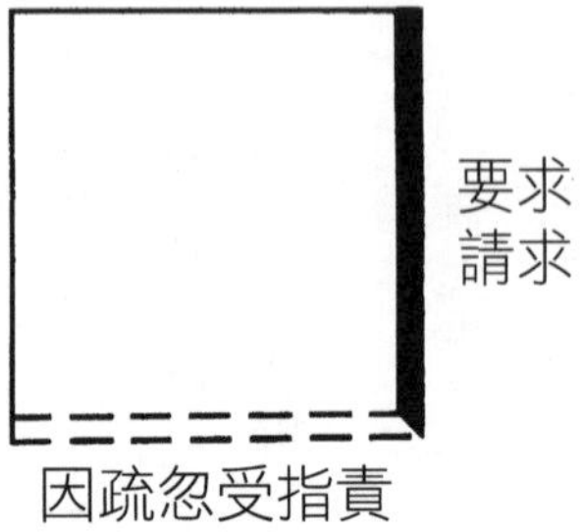

圖 27：在請求中有相關聯的關係消息（虛線部分）

和關係面向的罪行指派連結在一起。「我很氣你」（＝你怎麼可以欺負我，你這個壞蛋！）

這種連結很常見，即使他沒有這樣的意思，接收者還是會自然而然地一起聽到關係層面上的罪行指派，這並不奇怪。「你沒來，我很難過！」應該只是單純的自我宣稱，不含有任何指責。接收者能對這訊息用自我宣稱型耳朵接收嗎？他能體貼地接受這訊息嗎？但是他也聽到了相關聯的消息：「你怎麼可以這樣對我？」因此他的反應是惱怒且帶著防衛：「哦，天啊，我的日子又不是過得很閒，你到底怎麼想的？」

最後一個例子：負面情緒表達通常也會與訴求結合：「做點什麼設法補救吧！」、「我覺得好孤單」經常伴隨著「不要離開」的要求。相對之下，接收者面對負面情緒表達時，經常覺得被要求給予建議或設法補救。如果他覺得要求過度，反應裡會稍微拒絕或者給予廉價的安慰：「根本沒那回事，根本沒那麼嚴重！」這裡假定的訴求壓力阻礙他用自我宣稱型耳朵「積極傾聽」。相關聯的訴求通常不是要說「設法補

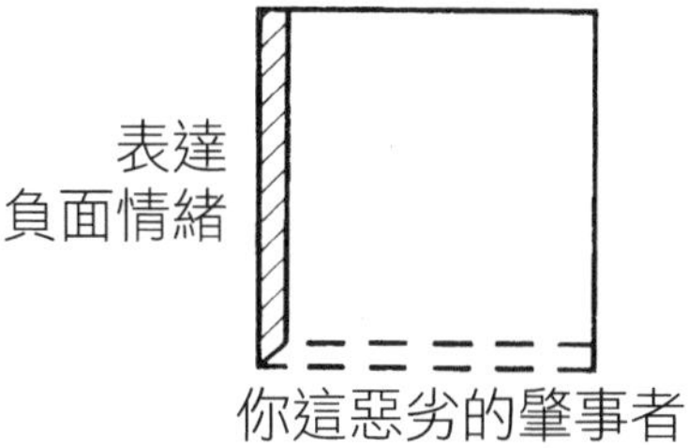

圖 28：表達負面情緒時，罪行指派成為相關聯的關係消息。

救！」，而是「聽我說！」

發送者想破除這類常見的關聯，卻也因為這類關聯，使得相互理解非常困難。沒有後設溝通是不可能的。

一個後設溝通的例子：「如果我說我很失望，我的意思不是因為你有過失。我只想說，我目前就是這樣的狀況。」經過多次這類後設溝通，伴侶間偶爾可以破除常有的關聯。當一個人說出自己的感覺時，另一個人才有可能不用敏銳且高高豎起的關係型耳朵來聽。

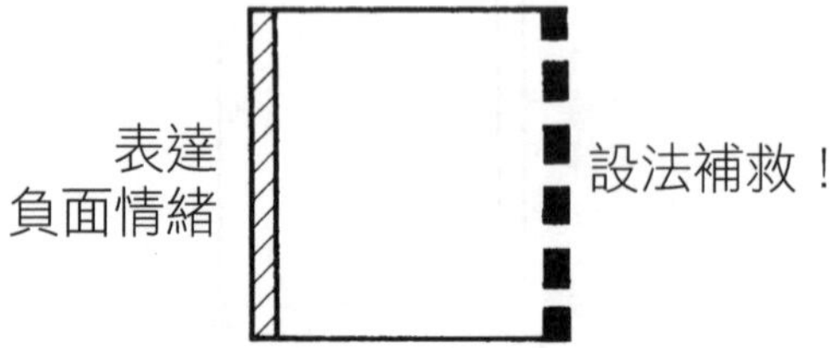

圖 29：想像的設法補救訴求是負面情緒表達的相關聯消息。

III 面對接收結果（回饋）

我們看到了，接收到的訊息已經是接收者加工後的製品，也因為這樣，這才是他對接收到訊息所產生的真正內在反應。以下我們要談論這一點。

我們給出的訊息是如何傳送到，在接收者身上「引起什麼」，我們發送者得在黑暗中摸索。當然這並非適用於每個我們給出的微小訊息，即便這裡描述的問題都可以回溯到溝通上以及單一訊息上的最小單位。但是當我們和一個人溝通了一陣子，我們的整體行為在對方眼中可總結成一個超級單位，而我們原則上無法確切知道被接收的超級單位看起來如何。在某種程度上，我們可以將訊息比喻成菇類，看它是被拿來生吃還是煮熟才吃，以決定它是美味還是有毒。發送者的我們並不知道，接收者會煮熟吃還是生吃。

1. 心理化學反應

訊息會「引起什麼」，有一部分是接收者自己造成的。發送出的訊息像種子一般，掉落在

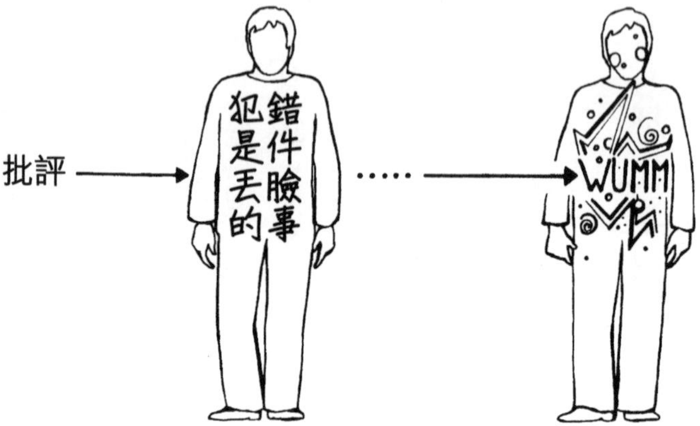

圖 30：訊息接收者的內心世界產生「心理化學反應」的例子。

接收者的心田；訊息引發的內在反應，呈現出訊息種子與心理土壤交互作用的結果。我們再用另一種比喻。在化學中有種現象很少見，大家卻都知道：把兩種沒有危險的元素加在一起，起作用時卻變成有高度爆炸性。我們可以用同樣方式來說明溝通過程：訊息「引起的反應」就像某種「心理化學反應」，發生在兩種「元素」碰到一起時。舉例來說（圖三十）：如果接收者有很強的信念，覺得犯錯是件很嚴重的事，甚至會損害到自我價值，那麼當他受到批評時，出現的心理化學反應可能是他受到傷害，甚至產生攻擊，即將「爆炸開來」。

同樣的批評在另一個人身上，但他覺得他有權利犯錯，而且不會因此覺得自我價值受損；他的反應不會有傷害性，而是有建設性。

艾利斯[22]特別指出這種內在信念扮演的角色。像是圖三十，如果這類句子存在「我們心中」，那麼它也會強有力地決定我們對遭遇之事的直覺反應。身為一個心理治療師，艾利斯首先指出，我們每個人或多或少都被灌輸了非理性的信念，因而導致神經官能性的反應。以下是這種錯誤信念的例子[23]：

「每個成年人在實際上都絕對需要得到周遭的人的喜愛或認同。」

「只有在每一方面都很在行、能幹且熟練，人才會覺得自己有價值。」

艾利斯將他的治療目標設定在解開人身上的錯誤信念，以切合實際的信念取而代之，讓「內心的自我對話」置於理性基礎上。

隱藏的信號刺激

有時候接收者會做出讓人——包括發送者，偶爾也包括他自己——驚訝且無法理解的反應。發生什麼事呢？心理化學反應當中包含了某種訊息元素，是發送者在自己訊息中完全沒有預見的，或是在他的表達中，根本無意把重點放在那裡。

舉個例子：我還記得當我還在青春期時家裡發生的事。叔叔要請我抽菸，而我是個堅決不抽菸的人。在我回應他之前，母親介入了且（對叔叔）說了話：「拜託，別這樣！我們很高興他不抽菸！」不能替自己說明讓我憤怒，而且像受到了屈辱。儘管我和母親的意見是一致的，我不想抽菸，而且會回絕。但因為我不能「依照邏輯地」表示自己的感受，我不讓自己親口說出來。以現今角度來看我當然很清楚，一個在關係面向上小小的附帶消息，變成引發我的反應的「信號刺激」，也就是關係型消息：「少了我的協助，你無法對抗這充滿誘惑的世界！」她的介入原是出於好意，卻奪走了我一部分的自主性。

克勞斯拉赫等人[24]的「酒吧與監獄裡的青少年工作」研究結果與此十分類似，那些青少年對「和平市民」看似「無動機」的攻擊，往往是由細微的訊號引發：頭或手的動作，或是一個短暫的「輕蔑」眼光，常常讓青少年覺得冒犯：「民眾的肢體語言和臉部表情都是訊號，讓青少年最真實地『爆炸開來』，它們是連結攻擊電路的火星。」單單「衣著講究」也是種挑釁，會喚起青少年的自卑感。

這裡我們了解到，溝通心理學關切的所謂精神官能症及行為障礙，不能（僅僅）以個人特點或性格特徵來理解；應是互動之後——人與人之間交互作用下的結果。放在溝通心理學的放大鏡下（比較圖五）觀察，能讓隱藏的信號刺激現形。

2. 區分訊息接收的三階段

從例子當中可得出，接收者的內在反應有三個不同階段：

知覺

↓

解釋

↓

感受

為了能讓接收者心中明白，也為了讓他能回饋，這樣的區分有重大意義。

知覺表示：看到什麼（比如一個眼光）或聽到什麼（比如一個問題：「湯裡面綠色的東西是什麼？」）

解釋表示：對知覺到東西的賦予意義。比如說，一個眼光被認為是「輕蔑的」，或者把詢問湯裡綠色東西視為批評。

解釋有可能正確，也可能是錯的。該注意的是，這裡並不是迴避解釋；那既不可能，也不是我們的希望；因為只有在解釋過後才有機會了解「真正的意思」。更確切來說是意識到詮釋後才會有正確或錯誤的問題。

感受表示：用自己的感受來回答知覺到和解釋過的東西，自己的心理狀況會決定要引發什麼樣的感受（譬如因為「輕蔑眼光」而引發的怒氣）。感受不該評斷其對錯，它是一種實際

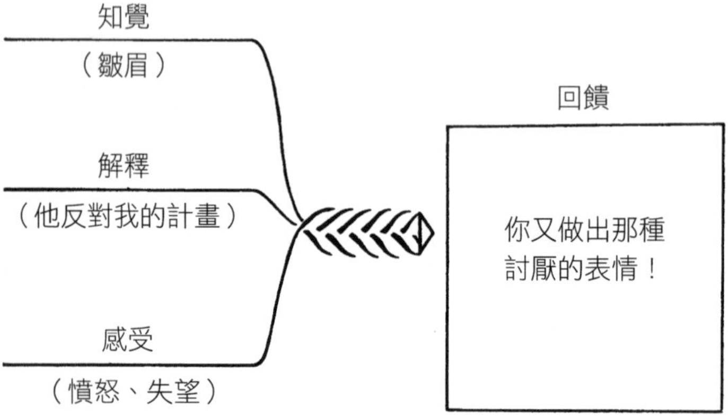
知覺
（皺眉）
解釋
（他反對我的計畫）
感受
（憤怒、失望）
回饋
你又做出那種
討厭的表情！

圖 31：回饋是訊息接收三個階段混合後的產物。

情況。

原則上我們很少區分這三個階段：它們融合成了一個混合體。

舉例來說：一位太太正在跟她先生說她的計畫時，先生稍微皺了一下眉頭，她因此憤怒起來：「你又做出那種討厭的表情！」

她的回饋乃經由知覺、解釋和自我感受互相混合後產生（圖三十一）。

為什麼區分這種內在過程很重要？藉此，接收者將更加清楚，他的反應常常是**他本身的反應**，絕大部分來自他個人。由此他將看到起始點，有機會的話還可以檢驗自己：「你皺了眉頭，是因為你不喜歡我的計畫？」

現在他可以**證實**：「是的，我想到這一點，還有那一點……」或是**修正**：「當然，當然！剛剛我只是想到我們需要用車，而我還沒有約好車檢的日期。」或是也**自我省視**：「我皺眉是完全不由自主的，是啊，也許我有一點失望，你沒有事先和我……」

我認為，要常常把「內在三階段」從頭到尾演練一次，這會是很棒的練習。

我看到你皺了眉頭

←

我猜我做的計畫你不喜歡，而且

←

我很失望而且很生氣，因為我希望你支持我。

米勒、奴納利和瓦赫曼[25]提到，這裡描述的三階段是「意識化輪軸」最重要的元素。他們的看法是有理由的，因為內心清楚明白是人際溝通最重要的先決條件，因此他們把重點放在「人自身內在的溝通」：

溝通的第一個步驟，在於找出我要到底要告訴別人什麼。在（個人方面的）人際溝通往往涉及對自己的了解，人們卻經常付出相當大的努力才有辦法清楚得知，他們對自己到底知道些什麼。

★練習題

（兩人一組）：甲乙兩人面對面坐。第一回合中甲有一分鐘時間，他只要說出他察覺到的乙。比如：「我看到你的眼睛往下看。」但不要說：「我看到你的眼神很憂傷。」接著輪到乙，同樣有一分鐘的時間。

第二回合：甲說出他的察覺與解釋。比如說：「我看到你在笑，我猜你應該有點尷尬。」然後輪到乙，雙方都有一分鐘時間。

第三回合：請依照三個步驟：知覺—解釋—感受自己的反應。比如說：「我看到你的髮線分這麼直，我推測你相當重視外在的準確，而且我感覺我有點排斥，卻又想看。」甲和乙同樣有一到兩分鐘的時間。

最後是經驗交換時間。

3. 想像的真實性檢驗

過些時候我才發現，通常我根本不是針對他人的表現而反應，而是針對我自己對他人的想像：「他看起來很累，我現在不應該再用這種問題煩他。」「我最好現在不要打電話給她，她一定會覺得受到干擾。」

前面描述的三個步驟，在第二步驟（解釋）中，我對別人的想像一起決定了我接收到的訊息。我提到「想像」（而不是「解釋」），用於我不能清楚察覺他人想法與感覺的時候。

想要有良好的溝通，並不是要盡可能避免這種想像：這不但不可能，也不是我們所希望的。我覺得更有益的是知道想像存在，並且知道如何應對：

◇對別人的想像是從**我自身**來的。

◇它們可能**符合或不符合**實際情況。

◇應對想像有兩種可能：保留在心中不說，之後透過行為表達出來。或者把它說出來，**檢驗它與實際情況是否相符**：「我想你應該是累了，現在不想談經濟問題，是這樣嗎？」

這是人際溝通的重要轉折點。這裡定向為清楚溝通，但是要不要去接觸，我卻是唯一做決定的人。我認為我的想像符合實際情況並且保留不說，因此導致溝通中斷，而我被隔離在自己塑造的想像密室裡。很多人被囚困於這樣的密室而不自知，飽受人際關係「表面化」之苦（圖三十二）。

這個「方法」的宿命是，不符合實際情況的想像沒有機會被修正，而且似乎每次都可以

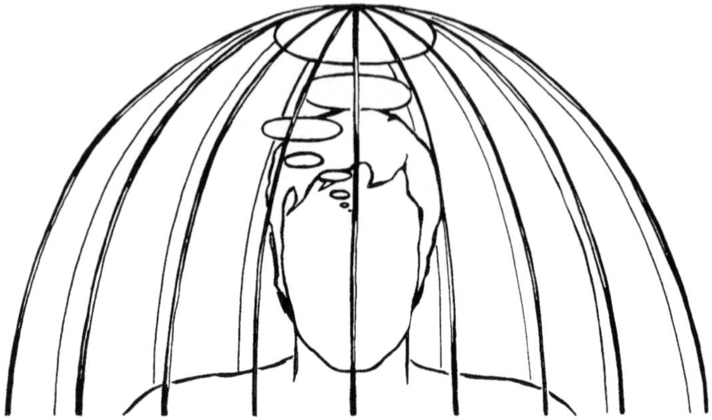

圖 32：很多人都囚禁在自己想像的密室中，孤立於人群外。

獲得證實。更甚者：有時他們會傾向依循**自證式預言**的模式，塑造出一種不幸的事實。舉例來說，某人想去鄰居家走走，卻又在推測：「我一定會打擾別人！」這樣的想像影響了他的行為：在他的短暫拜訪中，他內心忐忑不安而且心不在焉，因此氣氛愉快不起來。如果這種情況重覆發生，鄰居最後肯定會覺得受打擾，因為他們無法將他的來訪和愉快的聚會連結在一起：自證式預言導致了這種惡性循環。如果我們發現，我們在自己命運中扮演了多大的**幕後導演角色，讓自己成為命運犧牲者**——那會多令人激動。

想像是溝通的橋樑

奇妙的是，我們與想像的互動可以如此完全不同，同樣是建築材料，想像可以用來建構密室，或是建造一條溝通的橋（圖三十三）。

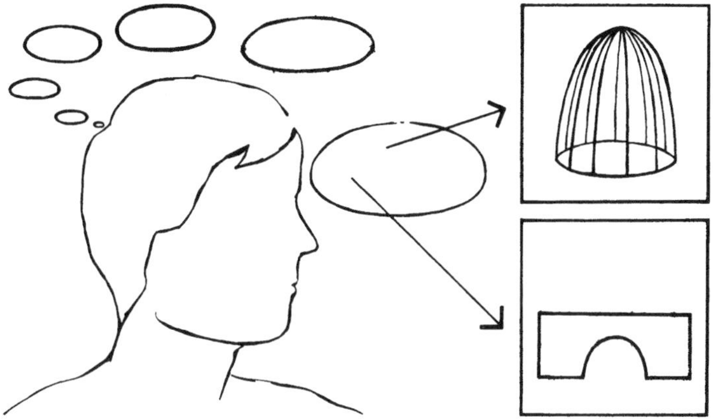

圖 33：想像交談對象的內心過程，可能讓人用來建構「牢籠」或「溝通的橋梁」。

有一次遭遇讓我印象十分深刻：一位來自瑞士的同事到漢堡來找我，我們約好共同帶一堂課。為了規劃這課程，我們到易北河邊散步。他突然說：「我很想把我的想像說出來，把我對你的想法、感覺，還有讓我感到不安的種種都說出來。然後我要你說有哪些是真的。」接著他把自己轉換成我的角色，然後開始了：克里斯多夫（現在扮演我）：「克里斯多夫來了。我們是約好了沒錯，但那是很久以前的事，現在我倒覺得被約定綑綁。其實，把我的概念透露給他還得顧及他的觀點，讓我覺得很麻煩，因為我不能再全權作主。他會把我的學生帶往另一個航道嗎？」他這樣邊「想像」邊說了一陣子，也說出很多他的期待與擔憂。

我聽得入迷，覺得說中了有些連我自己都沒釐清的事，有些沒說中。不用多說，這個「練習」

把我們的關係拉得更近了。

有時候我會聽到反對的聲音：「如果已經證實那是有害的想像，對我究竟還有什麼幫助？坦白說出一切只會讓事情變得更糟！」即使這只是想像，卻會建構出「牢籠」。這種經驗教會我三件事：第一，**沒說出口的話會對溝通造成更多負擔**（讓氣氛緊張）；第二，沒表達的感覺會變成毒藥，從內部攻擊身體和心理；第三，表達出的感覺可以真正改變情緒：人只有將他的憎恨、憤怒、厭惡表達出來，才有可能再感受到愛。沒有表達的負面感覺像軟木塞，密封住裝著愛的容器，軟木塞必須拔出來，裡面的東西才會流動，事情才會順水流。

還有第四個與想像互動的原則：我的想像是否符實，只有對方可以決定。**我並非他心裡的蛔蟲**，所以我不知道他「真正的」感覺、他「真正」想要什麼。「我比你還清楚你是怎麼了」這樣的消息只對溝通有害，而且近似精神暴力。

★練習題

想一想有什麼人，您曾對他有一些「不好的感覺」！

a. 把自己換到那個人的角色中，用第一人稱（我）的方式，說出他對你的可能想法與感覺。讓你的想像力自由發揮。

b. 想一下，你的想像是否屬實？如何想像才恰當？

c. 如果你「很敢」想：在這個對話中你獲得了什麼經驗？

4. 接收者對自身反應的責任

在目前的說明中，我們應該很清楚：接收者對訊息的反應，有相當大部分是他自己的反應。因此，接收者要對自己的感覺和反應負起部分責任，而不是完全諉過於發送者，這樣才恰當。有句話說：「你看看你做了些什麼！」承擔責任不只事實上合宜，還可以讓溝通變得非常容易。如果接收者把發送者視為邪惡的犯罪者，自己只是可憐的受害者，人際關係會很容易變成以下問題的裁判法庭：誰有錯？誰是對的？因此，如果訊息能有高度的自我宣稱成分，回饋裡就有改善溝通的機會。當我們說：「你冒犯了我！」或者說：「我覺得受到傷害！」兩者是有差別的。在第一種表達中，接收者把自己假設成惡行之下強制的受害者，否認了自己的感覺。在第二種表達中，他只是做了確定。他受傷害是個事實，並且讓發送者知道。「這和我跟和你有什麼關係？」這個問題暫且保留未答。

有關我的消息

我們稱帶有高度自我宣稱成分的訊息為「我的消息」[26]。我的消息洩露出個人的精神生活。我的消息相對於「你的消息」，後者是對於其他人的說法。在大部分情況下，這裡會形成閃電般快速的翻譯過程，自己的感覺（比如「我覺得自己受到冷落」）轉換成**對他人的描述**（比如「你什麼都不管」）。這樣不但有壞處，別人覺得受到攻擊，無法有建設性地解決問題，無法預期復建工作實現，也拉遠了發送者對自己的距離，心中也更難把事情看明白了。

和「我拒絕你、我覺得被吸引了等等」比較起來，「你很笨、你很好、你低能、你精神分裂、你很合作」這樣的句子較少能表達出我本身以及我對別人的態度，如果我知道這道理，自我知覺會變得容易些。談話中經常會澄清，表達出來的說辭中有哪些部分「屬於我的」，哪些部分屬於他人的。[27]

涉及診斷和解釋時，就特別不適用「你的消息」。舉例來說：「你築起一道保護牆，避免自己受傷害，但是你也阻擋自己與人建立關係。」

這類心理診斷可能正確，也可能錯。無論如何，這種「我知道你怎麼了」的附帶消息，大多會讓其他人感到不舒服。我的消息的概念也可參考第一三九及三一九至三二〇頁。

很顯然，回饋和訊息一樣也有四個面向：接收者（回饋者）指出實情，尤其告知了一些自己的消息——他如何反應訊息，他在裡面加了什麼，在他身上引發什麼（自我宣稱）。他表達出他是如何看待發送者（關係），回饋中經常有很清楚的訴求特徵，包含了要求發送者去改變或保留什麼。

★練習題

想出三個你認識的人。

a. 對每個人找出用兩個適當的形容詞，一個是正面的，一個是負面的。譬如：叔叔：友善、不準時。

b. 現在把形容詞（你的消息）一個個轉換成「為自己說話的」我的消息。譬如「友善」改成「我覺得叔叔是接納我的」，「不準時」改成「好幾次他都比約好的時間晚到，這讓我很生氣。」

現在把回饋加入原先的正方形模型，並且區分出發送與接收的訊息，溝通模型就完成了（見下頁）

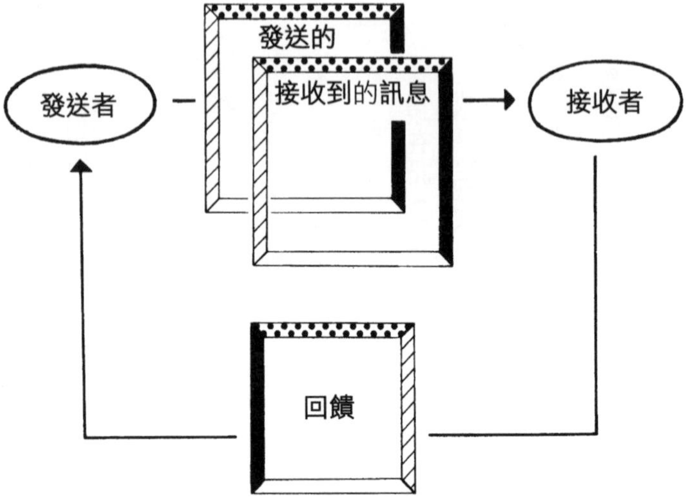

圖 34：完成的人際溝通模型。

IV 互動（發送者與接收者的遊戲）

截至目前為止，我們把訊息放在溝通心理學的放大鏡下觀察，觀察到溝通的最小單位。我打算在這一節裡擴大視角。因為溝通並不是在一個人發出訊息後，訊息抵達另外一個人就結束了，而是在此刻才真正開始！接收者的反應會傳送給發送者，然後再傳回來，互相影響。這種過程我們稱為**互動**。

1. 個性造成的互動結果

根據我們平日對事物的看法（心理的日常生活理論），我們會在個體身上尋找並發現決定行為的區塊。我們會說某人目中無人，說另一個人很合群，恩斯特老是愛說個沒完，瓦勒陶獨裁，咪咪徬徨、依賴。在心理學影響下，我們已經知道，這些個人個性是他們過去溝通經驗造成的結果，並不是與生俱來或遺傳來的。因此我們並不奇怪下面的觀點：咪咪如此徬徨與依賴，因為她父親很有威嚴，總是在壓抑她，讓她沒有機會成長。現代溝通心理學更往前跨了一步，將個性解釋成目前溝通關係的表現。這是說：當一個人在人際方面表現出這樣或那樣的行為時，至少一定跟兩個人有關。咪咪顯得如此徬徨與依賴，一定跟某個共同參與的人有關，這個人應該很有能力而且喜歡保護他人，行為也許像個父親一樣。因此溝通心理學家在處理單一個體的困難時，往往會先去找出共同參與者。

讓我們借一些例子來練習交互影響的想法。某個人愛講個不停，那些沉默又能耐心去聽的人在哪裡？因為其他人的行為與他有極大反差，他才嘴巴停不下來。某個人相當獨裁，誰又是那些甘心接受壓迫的人？還有一種人「厚顏無恥」，顯然一定有人願意供給他所需的一切。

我們常常抱怨周遭人的個性讓人感到不舒服。「你說說看，就因為我請他，他竟然可以這麼厚顏無恥地把他的狗一起帶來。他明明知道我新鋪了新地毯，而且還對狗毛過敏！」別人「厚顏無恥」，通常可以從我無法說「不」以及無法表達出我個人的需求中，發現到配對的點。

現代溝通心理學是這樣看人際溝通的歷程：溝通是一種至少包含兩位參與者的交互作用。個人特性與個體行為方式都經由互動決定。（至少）都會有兩個。

這樣的看法可以，一、去個人化，和二、去道德化。就去個人化而言，人與人之間的行為方式不再只以個人特性，而是以現正互動的不成文規則來解釋。就去道德化這點來說，過去認為總會有一個「邪惡的作案人」和一個「可憐的受害者」（那個講不停的人講到我快煩死了）。但是因為壞人只能使壞，可憐的受害者又已經表明願意受害，這時就不適合做道德評斷。這是一場角色已經分配好的演出，而且很多時候是可憐的受害者自己願意留在他的角色中。

目前的想法可以用下一頁的流程來表示。

我們談了「周遭難相處的人」，這裡也正可以看到棘手的關係，並且從這裡去找屬於自己的部分：

他講個不停。	為什麼我不敢中斷他？
他很獨裁。	為什麼我願意受他壓制？
他顯得徬徨且依賴	為什麼我總會上他的當，幫他解決事情？

有些人可能會不習慣這樣的觀點，而且覺得不舒服，因為以前他們只看到別人壞的（有障礙的、病態的）地方，現在他們應該把自己也「有錯」納入觀察，說得更明白點：自己對此也有貢獻。這在剛開始會是額外的精神負擔，溝通理論的心理學家在消除「他人病態行為」[28]的工作上必須面臨一些反對聲浪。把「行為障礙」的孩子轉診給心理學家的父母與師長，並不樂見到心理學家沒有先在小孩「身上」，而是從「系統」中去尋找行為障礙與治療。因為照這樣的觀點，並不是「有症狀的人」生病了，問題出在整個相關群體的互動網路[29]。

除了「精神負擔」，交互作用的觀點也包含了一個機會：認清自己的貢獻，我也因此獲

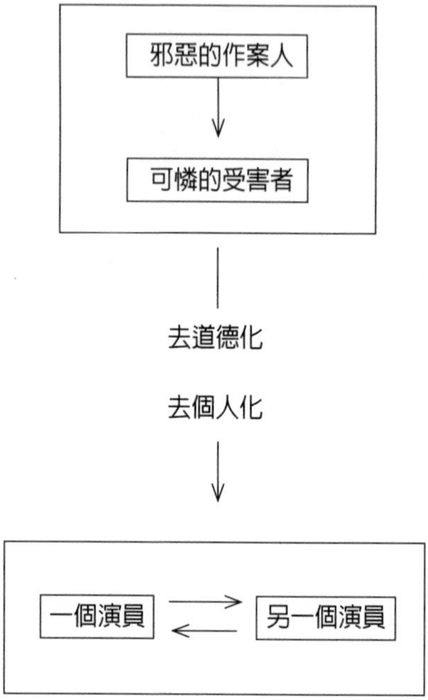

圖 35：過去（個人化和道德化）的看法，以及新的溝通心理學的互動觀點。

得更大的力量，再也不聽任「麻煩對手」（講不停的人、獨裁者、徬徨無助的人、厚顏無恥的人）擺布，讓自己走出受害者角色。受害者角色雖然減輕了我的責任，確保了我的道德優勢，卻也讓我受到折磨，無法成長。

這種看法如何看待實際的依賴關係？比如說，我在專橫的老闆底下工作，難道不是一個必然的受害者嗎？可以對互動產生影響的機會在這裡並沒有公平分配。從更近的距離來看，會發現這幾乎有規律：哪裡有人踢了一腳，那裡就會有一些被迫的人跳出來，提供更多的「踢腳板」。

2. 癥結的起點（是誰先開始的？）

就算我們已經抽離獨立觀察，檢視了自己在這場共同遊戲裡的貢獻，有個問題還是經常被提出來：「是誰先開始的？」瓦茲拉威克有個知名例子[30]：有對夫妻經常吵架，太太對先生抱怨，先生總是退縮迴避（圖三十六）。

太太和先生對這裡發生的事有不同解釋。先生說：「**因為**她總是在抱怨，所以我退縮。」太太卻說：「**因為**他老是退縮，所以我抱怨！」雙方都把自己的行為解釋成在**回應**對方的行為。瓦茲拉威克如此描述造成事件結果不同的癥結點：（任意）把一個行為當作原因，把另

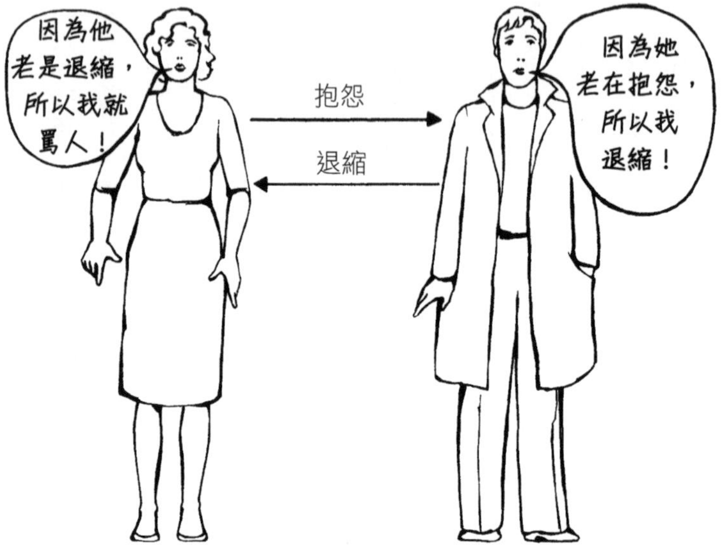

圖 36：太太和先生對彼此互動有不同的解釋。

一個行為當作結果或回應來解釋。

總是把自己的行為視為對某事的回應，看起來是人類的特色。這樣就大致能解釋，為什麼大部分人在高衝突情境下都覺得自己是有理的。這裡再舉一些典型例子：

一位新來的女同事犯了許多錯誤，對她的工作部門造成不利影響。部門裡充滿爭議，氣氛惡化。同事的衝突癥結點：「因為她不徵詢我們的建議，把事情都做錯了，我們當然說她的不是。」新來女同事的癥結點：「因為他們排擠我，讓我不敢問他們，免得被他們當面潑冷水。」

工作團體中會有主動、勤奮的成

員，還有比較被動、懶惰的成員。主動的人說：「因為你們這麼懶，所有事情都落到我們身上。」被動的人說：「因為你們事情一把抓，我們只好死了心，並且對自己說：『就交給他們辦吧。』」

某個班上的氣氛相當不好。老師很常罵人，學生都興致缺缺。老師說：「因為你們什麼都不關心，老是心不在焉，所以很多事我必須罵。」學生說：「因為他『嘮叨』不停，搞得我們都沒興趣。」

問題是誰先開始的很難回答，就跟雞生蛋還是蛋生雞的問題一樣。根據系統理論的看法，溝通是一個圓形，沒有開端。因此後設溝通不該提出是誰先開始還有誰有錯這類問題，應該去辨認出這是場共同遊戲，要共同訂定的新的協定：「這樣和那樣會讓影響我們彼此，每個人都在回應他人，並藉此影響他人。我們要如何改變，才能讓彼此對合作比較滿意？」

3. 一加一等於三（總結系統理論觀察方式的基本特點）

基本上，系統理論的觀察方式有這樣的假設：「障礙」並不是很能夠反映出個人特性，而是和爭執情境中系統性失敗的形式有關。「一加一等於三」的等式表示，「每個溝通會有一

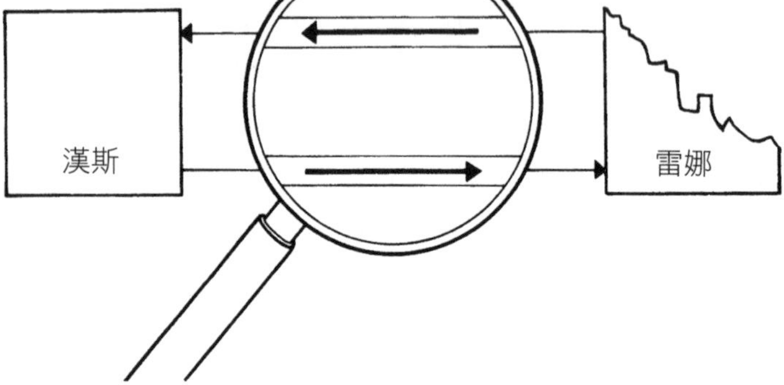

圖 37：系統理論的出發點：當單一個人出現障礙，應該把彼此交往的方式「置於放大鏡下」，並且從此處改變，而不是單一個人改變。

種盈餘、一種自我動能，無法只用加總參與溝通者的數目來解釋」[31]。簡單點表達：漢斯和雷娜開始交往，兩人的個性「碰撞在一起」，很可能會發生一些事，即便我們分別認識他們兩人也預想不到。當兩人中有一人「病了」，或變得憂鬱、讓人難以忍受，若只把一人置於放大鏡下，把他的行為當作他們之間的互動方式，是他們潛意識的「遊戲規則」，並不能全然解決他們之間的問題（圖三十七）。

藉此可以證明，一個人的「障礙」可以是用來維持關係的「有用」方法。

事實上，在一個內部環境趨於平衡的系統中，特定成員的「病」是繼續保持平衡的必要條件……[32]

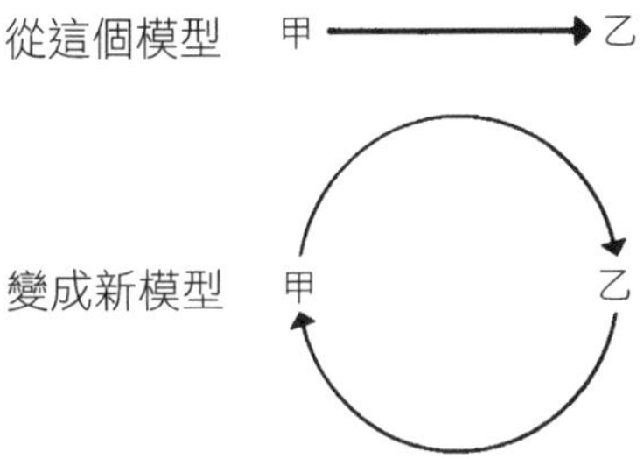

系統理論的觀察對於組成元素彼此之間關係的關注更多於元素的特性，而且更進一步假設了一個**圓圈**，一個交互發揮影響的圓，問開端在哪裡沒有意義，只需要任意尋找詮釋點。相對之下，道德的觀察角度被去除了，也不去問誰對誰錯。以下是個學校班級的例子[33]：

> 班級中每個同學間的關係是個圓圈，互動系統中的所有關係也一樣：反應與接續事件在彼此之間無法分開，因此可以完全隨意去詮釋行為方式的原因與效果、挑戰與被挑戰等。班級中主張甲的行為引發乙的行為的人，是不想承認乙的行為影響了甲。我們必須更進一步，而且在這模型中根本不可能說明兩人之中誰先「開始」的。

當然，系統理論的看法不應成為絕對。個人如何溝通及行為表現，會顯出什麼樣的特性與「精神官能症狀」，也是受到互動條件的影響，但不可能僅受此條件影響。我們可以這樣假設：

某些個人特徵與人格配備幾乎可在每個互動機制中「所向無敵」。「一加一等於三」的等式指出，總數中也包含了左邊兩個項目在內。

★練習題

想一個在你常相處的人中某個「難搞」的人，這個人也許已經讓你受到些傷害。

1. 試著找出你對別人不當行為有做出什麼貢獻，你是如何「參與」？
2. 認不認識有「黑羊」（「有障礙」或舉止「不像話」的人）的家庭（或團隊、群體）？

請用系統理論的觀察方式，尋思如何在關係網絡中理解這樣的行為。

V 後設溝通——下個世代的習慣？

針對「病態」、有障礙的溝通，沒有別的方法比（明確的[34]）後設溝通更令專家推崇。這裡指的是關於溝通的溝通：探討我們的交往方式，也探討我們傳送出訊息的意義與解讀訊息的方式，還有回應的方式。要做後設溝通時，雙方得先走到所謂「統帥山丘」上，以便和「廝殺叫囂的陣營」保持相當距離，因為他們已經走入絕路，無法繼續（或者只能舉步維艱地）前進（圖三十八）。

統帥山丘的圖不該讓我們誤解發送者與接收者對發生事件只用保持距離的學術高點來分析，就像是：「我想，我只反應了你有點不一致的訊息中的非語言部分，我在發生事情的關係層面上的解釋，和你的解釋有所不同。」這樣的後設溝通只能算是學術遊戲，不用期待會產生什麼好結果（參考第三一三至三一四頁）。

雖然我們從訊息的四個面向、區分接收階段、系統導向的觀察方式裡，獲得了後設溝通所需的優良裝備。但是，要讓這些裝備發揮最大助益，我們必須要利用這些裝備來幫助我們提高知覺，讓我們更有意識地領會，在我身上及我們之間出了什麼事，不該發展一套過度表

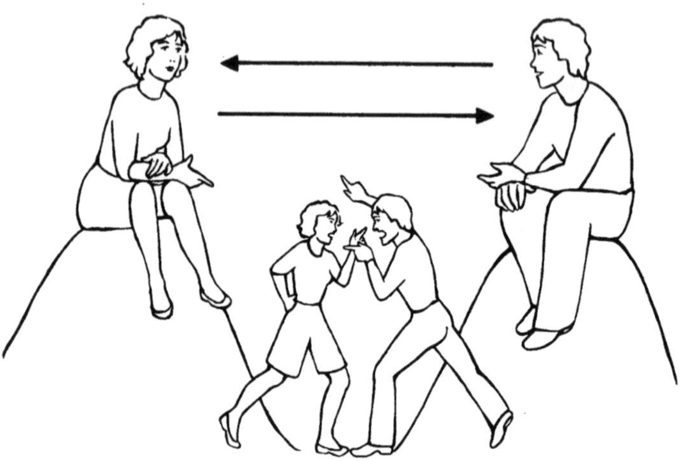

圖 38：後設溝通的「統帥山丘」：
發送者與接收者把他們交往的方式當作交談主題。

現的新語言。良好的後設溝通第一步要求更深入瞭解自己的內在世界，還要有自我宣稱的勇氣。「當下我的心裡想什麼？我聽到、感受到你什麼？我們之間出了什麼事？」大部分人對這些主題難以啟口，避免直接面對通常很難堪的真實情況。無論如何，這份勇氣能讓我們從那些沒說出口的話所引發的緊繃中釋放，讓我們有機會穿越重重障礙走出來。

這裡列出一些後設溝通的名言：

具備後設溝通的能力是……所有成功溝通的必要條件……[35]

看來似乎沒有一種溝通行為類別像談論關係、明確的後設溝通一樣，可以讓大多數人那麼不習慣，那麼害怕，卻可以獲得如此解放的感覺。36

明確的後設溝通十分罕見，人們覺得那是丟自己的臉。除非經過一次演化，我們的下一代才會把這當成一種習慣。37

我們認為（學校裡的關係障礙會破壞知識傳遞，要解決這種危機的）唯一方法可引用格言來形容：「不入虎穴，焉得虎子。」我們必須走入有問題的關係才能改變它，也就是說，我們必須學習去認清關係的定義及障礙，並且談論它——這就是後設溝通——這樣就不會無助地任其擺布。38

只要曾經有把障礙說出來的經驗（即便是擔心害怕！別人會不會嘲笑我，或是把我「撕成粉碎」？），使得「狀況真相」出現，便能引發釋放壓力的密集討論，再也不用像過去一樣，溝通上感到「不舒服」時完全不出聲或逆來順受；這樣的人可以理解上述段落所表達的狂熱。大部分時候大家都是承受，只是沒人知道別人也一樣。

另一方面，在後設層面上無法保證不會犯同樣的錯誤，障礙可能只是轉換到另一個層面。此時就很適合引進一位協助溝通的人士。可以把這個人視為促生清楚訊息「正方形」的助產士，也是掌握互動規則且有同理心的律師（參閱第一五七至一五九頁）。

最後再舉一個工作團隊後設溝通的例子。出發點是「功能性的懷疑」（比較第七十九頁）：

團隊中已形成一種慣例：要分配不討人喜歡的工作的時候，就隨便抓一個人來做。在半嚴肅半戲弄的氣氛中，「傻瓜」會獲得讚美：「你正好具備了執行這份工作的特殊能力。」

同事甲：「對於你們的讚美，我真不知道該不該感到高興。我懷疑，是不是每次我們找到一個傻瓜，大家都會給予高度讚美。」

乙（笑著）：「是不是因為你自己這麼想，所以認為別人也一樣？」

甲：「你不這麼認為嗎？」

乙：「啊，我從沒把這些事情看得這麼死。當然，當我們對某人說『你是這項任務的最佳人選』時，大家都知道，這是在鼓勵他。說話時眨眨眼，好像在說：『我覺得那只是玩玩。』」

甲：「也許是我看得太嚴肅，可是有個東西還是困擾我。」

丙（對甲）：「我很高興你說出來。我覺得，事情很棘手時，我們經常會用這種方式開玩笑。即使我感覺也不太對，但我常常也這麼做。比如說最近的……」

★練習題

這是一個後設溝通的預習：下次在交談時有任何讓你「深受感動」的事，請你把事情記下來，要大約依照以下幾點：

談話時我有什麼感覺？什麼啟動這個感覺？我是否清楚我的關切點、我的「消息」是什麼？我有機會傳達嗎？如果要用「清楚語句」表達，我會怎麼說？有什麼阻攔我？交談結束了，我現在還想擺脫什麼？在我的想像中，別人現在會對此記下什麼？

這是後設。
它該讓我們……

……在走錯路的情境中

以及某次緊張氣氛
中記得，

退一步來看，並且談論
我們對待彼此的方式：
這就是後設溝通。

第二部　人際溝通問題

我們在第二部要把四個面向的每一面向分別重新看一次，並且就幾個挑選出來的心理學問題，討論它們與這四個面向分別的關連。與第一部的系統性架構相比，第二部可以由需求引導，依個人喜好的順序閱讀。第二部的架構可用下圖說明：

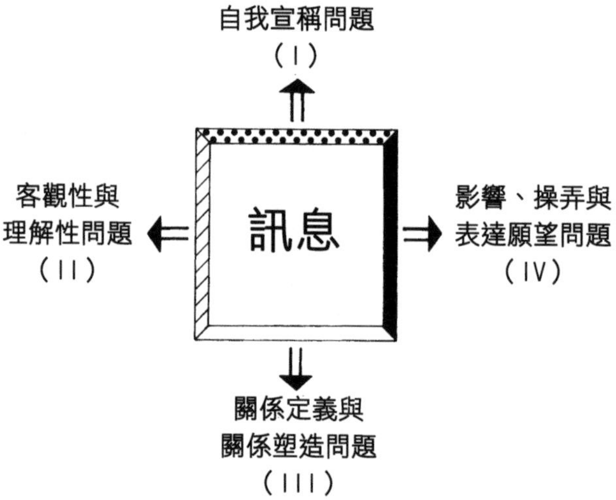
自我宣稱問題
(I)
客觀性與
理解性問題
(II)
訊息
影響、操弄與
表達願望問題
(IV)
關係定義與
關係塑造問題
(III)

I　訊息的自我宣稱面向

只要我一開口說話，我就同時給出**關於我**的消息。每一個訊息（也）包含了自我宣稱——這是個現存現象，因此每句話都可能是告白，每個表達都可能是個人人格的示例。這樣的自我宣稱或多或少是有意識的，或多或少是豐富且深層的，或多或少會有所掩飾和隱藏——但它不可能不出現。

我一再體驗到，光是「自我宣稱」這個詞就會引起不安與防衛：「這是在舉辦心理脫衣舞秀嗎？」事實上，發送者與接收者在與這一面向互動時都需要消耗相當大的能量——對自己的心理投下震撼彈。

對於自我宣稱在溝通心理學上的問題，我偏重從發送者的角度來描述。發送者以他的心靈之眼看到接收者正高高豎起自我宣稱型耳朵（比較圖二十），面對的問題令他不安：「別人是如何看我的？」接下來會先討論普遍常見的自我宣稱焦慮（第一節），附帶會討論這種焦慮產生要回溯到兒童社會化的過程。然後要問：發送者如何面對自我宣稱焦慮？他知道使用哪些自我表達與對抗焦慮的技巧？這裡會談到自我表達的技巧，並且指出，要經營這方面，（對這面向擔心過多的）發送者要消耗非常多能量（第二節）。這種精神能量消耗的後果不僅會對事情本身，也將對周遭人造成危害（第三節）。哪裡還有其他選擇？第四節要介紹並討論溝通心理學的建議，應該能讓理解更上層樓。這裡會證明，只有當發送者先成功做出自我宣稱，「做自己」的訴求才會被遵循。換句話說：要允許他人進入我的世界，我得先找到進入我自己的入口，並且總是能找到新入口。即使這樣的目標過於理想化，但仍有可能趨近目標。在第五節會探索自我認知的途徑。

1. 自我宣稱焦慮

對發送者情緒負擔最明顯的情境，是主要為了自我宣稱而產生的情境。考試就是典型的例子。發送者的訊息將透過自我宣稱型耳朵評價：你的陳述裡告知我哪些關於你、你的資格與知識？發送者會焦慮，也就是考試焦慮。「我會通過考試還是會被當掉？」雖然考試、工作面談、心理測驗等都特別強調自我宣稱面向，但是除此之外的生活訊息也包含這一面向，因此在面對所有人際關係時，我們都帶著些許考試焦慮。自我宣稱焦慮會產生，是因為我們預先假設周遭人會給予負面評價，我身為訊息發送者就是自己最親近的周遭人，我就是對自己最嚴厲的法官。

因此很多人不敢開口說話。一項對漢堡中學生的問卷調查結果顯示，超過百分之七十的人認為自己在別人（成人或類似的人）面前說話有困難。「我在別人眼中看起來如何？」的擔憂以壓倒性姿態掌握了精神生活。

> 一位（法律系）學生寫道：「很多人確實會因為無知產生焦慮，因為『無知』可能會被視為弱點。為了不讓別人懷疑自己『無知』，常常會導致沒意義地瞎說一場……同樣的，在與別人接觸，特別在尋找伴侶時，我常常會確切感受到敞開自己的焦慮，因為別人很可能會抓到我的『弱點』。只要不表露太多，對方就不會對你的人格產生不好的印象」。

面對廣大接收者時特別容易感受到這種焦慮。假設我將出席一場政治集會或家長會，並且要在會上發言。在發言前或發言時，我的心跳會加速。就生物學角度來看，心跳加速是為了將大量血液送往肌肉，好讓它們對「危急狀況」做好準備。當情況「危急」時，也就是必須以防衛、攻擊或逃難為保命之道時，大腦會發出命令做好這項準備。

也許我的理智告訴我這很可笑，但是身體清楚告訴我：我對事情的貢獻對我個人而言是「嚴肅事件」，會威脅到我的自我價值。有句遠古流傳下來的話描述了訊息發送者的危機：*Si tacuisses, philosophus mansisses*（如果你沉默，別人會認為你有智慧）。

我們確認了一件事：發送者知道他的訊息也會以自我宣稱的觀點被接收與評價，因此他的考試焦慮擴散全身，無所不在——我稱之為自我宣稱焦慮。

此外，面對心理學家時也會有焦慮，因為大家都想到心理學家受過專業訓練，會用自我宣稱的觀點評估訊息（不管我說什麼，他總會馬上看穿我，知道我到底是怎麼一回事！）。

部分是因為我們學會了溝通技巧，懂得如何降低焦慮或根本不給它機會出現，因而不再感受到自我宣稱焦慮。第II章將會說明這樣的技巧。首先我們要看一下自我宣稱焦慮從哪裡來。

1.1 自我宣稱焦慮從哪裡來？

每個人自身經歷中應該或多或少都感受過自我宣稱焦慮。這種焦慮從哪裡來？是天生的？還是命運所致？或者這根本是精神官能症而且很多餘？

就我的觀察，自我宣稱焦慮的源頭可追溯至童年早期，幾乎是兒童**個體**與**社會**碰撞必然產生的結果。自我宣稱焦慮屬於**碰撞後殘留的意外傷害**。

「碰撞」無法避免，但是撞擊強度與受傷程度會各有不同，端看教育如何給予關愛和啟發，以及社會的人道發展。接下來我要把碰撞在一起的個人與社會分開來談，分別推演出自我宣稱焦慮如何產生以及應對策略。碰撞源自於兒童的本質與社會規範：小孩很快能察覺到，他有一部分人格不被允許，是不好的，然後找出好理由把不受人喜愛的自我隱藏起來。壓抑個人不受歡迎部分的過程，在心理分析作品中有很詳盡的描述。

另一種形式的碰撞來自孩童的無助與不完備，以及社會對成就的要求。深層心理學家阿德勒將「自卑」視為人類的命運，透過此一觀點得出以下結論：「我就是這樣（不夠好），無法展現自己！」要歷經無數次嘗試才能致力於自我提升。

讓我們更進一步追踪這兩種自我宣稱焦慮的發展路線。

兒童特性與社會規範相碰撞

每個小孩都曾經歷過，他的願望與特性有部分無法與社會規範相容。「要聽話、不要要求太多、要屈服、別弄壞東西、控制住脾氣、不要露出性徵等等，要內化這些禁令難如登天。但是小孩要覺得自己很棒，完全要以此為標準。」[39] 通常父母會站在第一線，透過獎勵與懲罰，透過疼愛與剝奪疼愛，把規範灌輸給小孩，並且教小孩害怕不受喜愛的自我。這種害怕屬合理、絕非精神官能性，會導致孩子調適，並且壓抑他「壞的」部分。在這過程中，父母（之後是鄰居、幼稚園老師、學校老師、同儕團體）就是某種形式的法官，在他們的眼前的孩童必須及格，才會得到幸福與自我價值。孩子會學到，只有特定感覺、想法和行為方式會獲得法官許可，其他的「不好」，應該壓抑下來，在他人面前必須隱藏起來（圖三十九）。

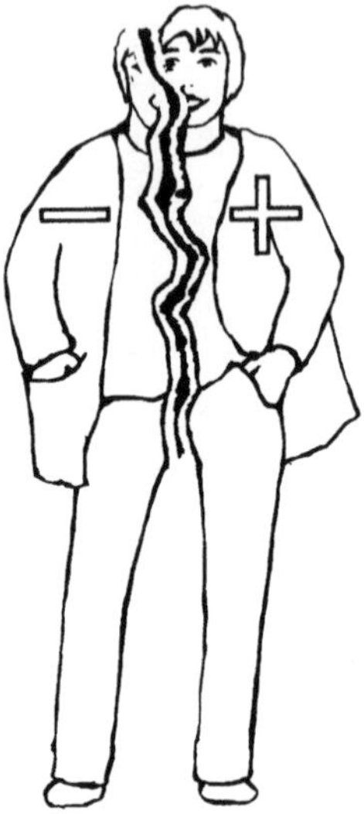

圖 39：小孩會很快發現他身上只有一部分討人喜歡。結果：人格成分的分裂。

接著還有：隨著時間一長，小孩會把法官的判決變成自己的，將它「內化」。不需要外面的法官，他自己就可以抑制被禁止的感覺和衝動行為，它們自動會引發罪惡感和羞恥心：我們身上的法官就是道德、榮譽感或超我。這樣的超我一旦形成，焦慮就不再如此強烈，因為遭致處罰的衝動會被及時壓抑下來，就像一窩被蓋子蓋住的蛇。

我們身上已經有了法官，但是我們也會把他向外投射到我們最初遇到他的地方，他會以他人的形象出現。有人在商店裡偷了一個花瓶，藏在自己大衣底下，會突然覺得所有客人和店員都再看自己，覺得自己被逮著了，正被人議論，四周都是偵探與法官。日常中的情況沒這麼嚴重，但始終會有「藏在大衣底下的違禁品」，我們把內在法官投射到他人身上，特別是當這些人和「當年的法官」有相似點（所謂面對權威的焦慮），可能是他們的年紀、外貌或行為——當我們感覺到他們正以評論的眼光觀察我們的時候。我們會立刻擔心他們要「給我們好看」，因為我們自慚形穢，或是以為身上有弱點。

> 由於焦慮從兒童時期起就在我們身上待命，面對每個在我們面前做出懲罰或指責姿態的人，我們會自動產生短暫的焦慮反應。其他人暫時扮演了——並非客觀，只在我們的主觀感覺中——權威角色、地位比我們高的法官。我們再度處於緩刑狀態，必須在他人面前通過考驗。無法通過就意味著焦慮。為了擺脫焦慮，我們會自動且無意識地使出混身解數，好讓我們有機會獲得同情、認可以及尊重。[40]

這種投射（他人是法官，我必須通過他的判決）中涉及的比較像是精神官能性焦慮。說是精神官能性是因為其中有些部分是多餘的（相較於兒童真正可證實的焦慮）。這並不是說，不斷受到他人評斷是純粹的想像。但有一點點是因為接收者總是高高豎起自我宣稱型耳朵。這裡和經驗誇大有關。接收者大多有不同的擔憂，常常以為自己有「藏在大衣底下的違禁品」而忙著處理，以免被發現而遭到斥責。

兒童的不完備與環境的成就標準相碰撞

阿德勒認為，小孩的根本經歷就是經歷自卑感：

> 當我們盯著小孩的微小與笨拙，長時間一直盯著他，傳達生活難以應付的印象給他們，我們不得不假設，每個心靈的起點或多或少都有深層的自卑感。[41]
>
> 人一開始的生命渺小、柔弱、沒有方向、無助。面對成人，孩子都是吃虧的，因此會產生不安全感。他致力於追求安全感，「長大成人」是他的期望目標。「長大」表示可以拿取物品、可以打開門、活動範圍會擴大、很多願望會實現……[42]

在良好情況下（孩子感受到自己受人期待，在團體中為自己找到平等位置，並且在學習上獲得鼓舞），他很快就能建立起健康的自我價值。但我們經常見到童年經驗被用來強化自卑：過度保護及溺愛的教育方式，會讓孩子認為自己的能力毫無用處，他應付生活的裝備不良，因為學習進度落後，他將被人看扁並遭受種種羞辱。與兄弟姐妹競爭遭到重大失敗，也可能讓兒童在心理上產生卑微。到最後，所有帶有貶低意味的關係層面消息都成了讓孩子負面自我形象根深蒂固的培育土壤：「我不可能做出一番事業來！」（比較第二部III—5第二三二至二三五頁）。

依照阿德勒的說法，自卑感越重的人，越會設法平衡這種折磨，致力於自我提升。每一個想要引人注意、想要卓越與獲得權力的努力，都有其（可能是想像或真實的）弱點必須克服（補償作用），並且（為了獲取更多安全感）竭盡所能去做，卻常常做得過火（過度補償）。從這樣的觀點可得出，自我宣稱焦慮乃是害怕被揭穿是失敗者的焦慮。成人的自卑感越強，他也越可能

◇把周遭人幻想成嚴厲的法官，必須在他們面前經得起考驗，隱藏住他「微不足道」的部分，以便還有機會獲得認可。

◇把無傷大雅的情境（比如說簽樂透、請客做主人、性交）當成**和成就有關**：也就是說，把所有經歷都當成對他個人的考驗。

◇把別人當競爭者，害怕自己在影響力和聲望的競賽中不如人。

1.2 法官與競爭者的世界——想像的產物？

法官與競爭者的世界並不純粹想像出來的，或只是精神官能性的投射。其實我們社會中有許多重要生活範疇（如學校與職場）就是依照成就與競爭原則建立，因此必然成為自我宣稱焦慮的孵化場所。

學校應該是學習與人格養成的場所。但因為學校必須同時發揮社會功能，篩檢出小麥裡

的秕糠，亦即學生會根據成績區分為前段班或後段班，這會對學生在自我宣稱面向塑造良好形象相當重要。他的周遭充滿了法官（老師）和競爭者（同學），他必須是「好的」，而且必須要比其他人更好，以獲得「成功」。

在學校中特別明顯且特別嚴重的事，或多或少也適用在許多生活範圍，尤其在資本主義的經濟體系：

> 有能力與沒能力的兩極現象幾乎成為所有生活問題的首要判斷模式，生活變成引發焦慮的緩刑期……因此，成就（與競爭）原則更加深了人與人之間的鴻溝，讓彼此變成敵人，即使最好的關係裡也埋著嫉妒與猜忌。[43]

法官與競爭者的焦慮並非出於偶然，大多數時候，焦慮甚至在生活中無所不在，而且也會轉移到沒有競爭與法庭特性的情境中。

2. 自我表現與自我隱藏

從這樣的社會及個人生平背景可以理解，發送者總是有點擔心他的自我宣稱，因此他會用部分能量去營造自我宣稱面向。在可使用的大量技巧裡，約略可畫分出讓人產生深刻印象的技巧和保全顏面的技巧。讓人產生深刻印象的技巧是為了表現出自己「討人喜歡的一面」，以收納正面評價。這種策略的特色是期待獲得成功，因此得到以害怕失敗為動機的顏面保全技巧的奧援：這因此意味著，隱藏個人「面目可憎」的部分是合宜的。畢竟有一種自我表現形式可能會與先前說過的話相違背：貶低自己、不露鋒芒的自我表現。

接下來我們要進一步探討讓人產生深刻印象、保全顏面和自我貶低的技巧。

2.1 讓人印象深刻的技巧

語言中有很多概念可以用來表達發送者努力想表現出的「最好的一面」：裝腔作勢、愛現、說大話、自吹自擂、亮麗登場、灌迷湯等等。技巧為數眾多，而且相當個人化。不管怎樣，發送者會面臨一個問題：公開強調自己的優點，過度地「言過其實」，都很容易被識破，並且產生反效果。此外，用這種方式很少會有「不離題」的。

所以他必須毫不引人注目地穿插事實內容（訊息的第一個面向）。「難以理解的話語」有項技巧將在第二部Ⅱ－2第一七三至一七四頁詳加說明。難理解的論述有助於自己的聲望：「我什麼也沒聽懂，但他一定是個很聰明的人！」卻對接收者的理解沒有幫助。另外一個技巧在於**把高品質的個人消息藉由順便的管道**發出。這裡指的是，有關自己的部分完全是順帶提起，而且極有可能沒有很大的意圖去表示要製造什麼印象。就像當某人說：「我很同意你的看法，我們當初在曼谷蓋房子時也遇到完全相同的困難。」或是：「您提到的，跟我的朋友愛因斯坦也常在說的很相近。老實說，我對這件事有點不同的看法。」或者：「別太把智商當一回事，我的智商號稱一三一，但我常常十分愚鈍。」看起來像是針對事實發表意見，主要消息卻著重於自我宣稱：「看看這裡，我是誰，我有什麼，我會什麼！」這一類給人深刻印象的消息不僅常見於社交場合，也常使用在針對事務與工作的會談裡，以誇耀自己的高人一等與能力。還有一個常見技巧就是尋找「地主優勢」：把談話轉移到某觀點，讓大家像在談家常便飯一樣談論許多失敗經驗。話局常常會產生地主優勢的爭執。

自我提升的努力可以從內容及形式上看出來。發送者樂意講他生活中的意外事件，從中可以間接看出他是怎樣的人。大多數時候他想藉此建立良好形象，讓人印象深刻的消息就在內容當中。當發送者使用某種語言點出自己鶴立雞群，消息就在形式當中。不使用「在」某地而使用「逗留」某處，不使用「說」而是用「表達」，形式就比較雅致。「我們大部分都到外面吃晚飯」沒有像「我們晚上習慣外出用膳」那麼好。「運用某樣東西」也比「有某樣東西」好一點。

在此不列舉更多這類技巧。透過自我觀察，每個人都可以識破自己的技巧。讓人印象深刻的內容大多數也和接收者有關：談自己家裡的游泳池就能讓一個人產生深刻印象，對另一個人可能要用漸進式觀點，對第三個人要用學識，對第四個可能要用黃色笑話，對第五個則必須使用貶低某一特定個人（或團體）的方式。

2.2 保全顏面的技巧

這裡要談隱藏或掩飾接收訊息中個人負面印象的技巧。其實只要開口說話，就已達到了自我宣稱勇氣的最低標準，因為我的表現很可能讓人認為我無能或者「很奇怪」（如果你保持沉默）。因此，沉默可能是最堅持一貫的焦慮防守形式。其實很多學生會避免提問，因為「之後他會覺得我很笨！」；在大學研究課上，其實只有少數學生有勇氣開口表達意見（我不會出醜嗎？）；在開會場合或其他地方，其實常常只有少數人才敢冒開口說話的風險。

一旦發送者開口說話，其他技巧就會受到重視。首先要提到：有些保全顏面的技巧對發送者已是家常便飯，成了他的第二天性。這種自動化安全系統可以讓發送者完全感受不到他的自我宣稱焦慮。也許有些讀者在自我宣稱焦慮一節中這麼想：「你說什麼？每個溝通中都有自我宣稱焦慮？這太誇張了。我從來沒有感受過！」自我隱藏技巧可以讓我們的焦慮先不暴露出來。在各方面都設置了防護牆、警報器和保衛砲的人，理應會覺得很安全，再也感受不到焦慮，因為焦慮位在大後方，受到安全系統保護。

封口的弱點與情感

「我們在日常生活中遇到的人似乎總是在扮演另一種角色、談論他們沒有感覺的話題，以保住顏面。」[44]因此，外在舉止與內在的感覺和情緒一致，就是「真誠」。

我和自己有接觸嗎？這是訊息自我宣稱面向的重要問題。說出來的話是出於自己的經歷、感覺和想法嗎？它是來自「內心」，或只是傲慢的信口開河，看起來似乎「有根據」且「客觀」？

首先，保全顏面是用來隱藏發送者覺得自己身上所有「微不足道」之處，以免危及他的自我價值。有句話說：千萬別將弱點和情感表現出來！所以有時候我覺得受攻擊、受委屈或者被排擠，但是不會讓人察覺。我心跳加快、焦慮，但是依然沉住氣。我很生氣，但表現出逆來順受的模樣。里希特指出，在我們的文化中，尤其是男人，都吃過被認為微不足道的苦頭（你有問題），因而在別人面前（也在自己面前）想盡辦法掩飾。[45]「我沒事」是「生了病但是不可以痛的男人」看到的自我形象，尤其適合用來描述成功的男人，所謂的「A型性格」是因為強烈野心、強烈追求成功及社會肯定，還有過度忙碌所造成的。

內心深藏不露，不只是關乎有意識或已自動化的戰略技巧，內心也真的經常不再有感受。如果在孩童時期就被禁止表達某種特定感覺（比如疼痛），這個感覺就會被緊緊封住，並且分裂。「一半的自己」（參考圖三十九）彷彿是外在願望投射的形象，能繼續存活。另一半直到長大都跟在我們身邊，但被緊緊封住。封口的「軟木塞」有部分會表現為慢性肌肉緊繃、呼吸淺短等現象。收斂的情感讓他即便活著也像個木頭人。即使當時造成封口的原因已不復存在，拔開軟木塞還是會有風險：阻塞的情感會不會「碰一聲」爆發出來將我淹沒，讓我迷失方向？心理治療與冥想[46]的技能其實能幫助人以應付得來的步調、適量地**整合分裂的人格**。

我堅信這樣的想法引領我們走近人性最重要的一個根源，但也會在「塞最緊的」情況下走近非人性的根源。因為對抗分裂人格會把力道毫不留情地投射在周遭人身上，尤其是做為代罪羔羊的「其他人」與小孩，用「黑色教育」（驅逐惡魔的毒打方式）仍未能將他們擊敗[47]，唯有和自身的「惡魔」和解，才能真正打勝仗。

用言語隱藏自我的方法

整體而言，保全顏面的表達方式客觀、不涉及個人、疏離且抽象，甚至用有限的臉部表情和肢體語言，還有澄清式的聲調，簡單說，以一種消毒過的方式表達，很容易讓我們聯想到政府公報，而不是隨興的個人表達。這樣的情境較少關注人的特點，而是放在可以實現的角色期待上，這麼做可以確保安全，（起碼看起來）很順利。這模式在工作場合尤其盛行，所有個人或感覺都留在「外面」。

自我疏離和自我隱藏的溝通有整體性，但仍有一些語言症狀可以辨識出保持距離和隱藏自己的企圖。像是語言上自我隱藏的小技巧：

用「誰都會——」造句：發送者喜歡使用「誰都會——」的句型，藉此去除內容中屬於個人的部分。他不會說：「我等你等那麼久，讓我非常生氣！」而是說：「要是必須等那麼久，誰都會生氣。」

透過這種句型，實際的個人經歷會變成有普遍規律的特殊情況。「誰都會」沒有傳達屬於個人的事，而是所有人類的事。

用「我們」造句：作用相同，避免使用「我」，借用「我們」可以不讓發送者招惹是非，把自己的看法和意圖轉換成全體共有的傳達出去。一位與會者在溝通訓練開始時表示：「我們對所有新事物採取開放態度，但也懷疑能帶來什麼。」晚上一家人吃完飯，媽媽說：「我們現在要上床睡覺了！」這樣表達雖然很少符合實情，但卻有好處，和她原本想說的「我現在想去睡覺了，我希望你們也去睡！」相比，她個人不會招惹是非。

提出問題：問題通常可以隱藏自己的意見，反去要求別人做自我宣稱。如此一來，問題就不算是獲得資訊的方法，而是保證處於優勢的技巧。「你為什麼買了這件洋裝？」意思可能是：「我受不了你這件新洋裝！」在許多針對事實的問題背後，經常隱藏著反對的意見。

用「它」造句：當「我」需要用無畏眼光看向內在時，常會用非人化、匿名的「它」來取代。「（它）好無聊」透過這種表面客觀的說法，發送者可以避免表達他個人的震驚，避免直言不諱。誰是這個匿名的「它」？後面也許要說的是：「叔叔的旅遊報告長篇大論，我快沒辦法聽下去了，可是我也沒勇氣打斷他的話，試圖說出我關心的事。」這例子必然會演變成和自己和與他人的爭論，雖然這樣就不會無聊了，但是會有風險，也會讓人不開心。那還不如讓它無聊吧！

使用「你的消息」：要避免說法帶著個人情緒，這技巧最為人廣泛使用[48]。技巧如下：把自己的內在體驗轉換成對他人的說法。以下面是「你的消息」和相對應（未表達出的）「我的消息」的例子：

你的消息	**（迴避開的）我的消息**
你一定要不時插話進來嗎？你應該去參加討論課。	說話被打斷會讓我生氣。我會想，我說的話不夠有趣。
真的什麼事都不能告訴你。	你把事情說出去，真的讓我丟臉死了。
你穿這件褲子很可笑，還是穿另一件吧。	我擔心別人會取笑你這件褲子，那樣會讓我丟臉。

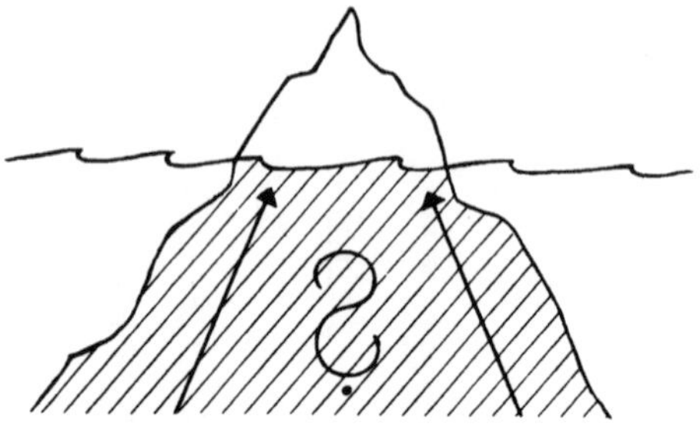
你的消息像冰山一角
海平面下是不明確的自我宣稱

圖 40：你的消息不只是「尖銳」，也讓發送者的心理狀況變得不明確。

你的消息是個非常合用的戰略技巧，「好處」不只是不讓外人知道自己的內心世界，還可以讓人陷於水深火熱。如圖四十所示，在同一個「你的消息」後面可以有完全不同的「我的狀況」。因為缺少了自我宣稱，訊息並不明確：

發送者通常自己不清楚藏在海平面下的是什麼。唯有透過治療和密集的自我探索才能揭露隱藏的自己。

這裡舉一個伴侶諮商的例子：

在一次度假中發生了以下事件：先生想做某種活動，太太卻躺在沙灘上讀她的畫報。他憤怒地罵她：「妳真的有夠懶！」

在以下會談片斷中，治療師和先生試圖找出隱藏在後面的「我的消息」：

治療師：「你太太躺在沙灘上，你心裡怎麼想？」

先生：「非常糟，她這麼被動，白白浪費美好的度假時光。度假可以做很多活動。」
治療師：「這世界如此多采多姿，她卻浪費美好時光。是你自己體認出來的嗎？」
先生：「是啊！過去我常常不知道自己該做什麼，四處東遊西蕩的。」
治療師：「那時候你覺得怎樣？」
先生：「像地獄一樣，那時我鄙視我自己。」

現在很清楚了，這位先生因為內心深深害怕浪費時間與生命，因而培養出積極的活動力，他太太的行為讓他記起從前經歷過的「地獄」，而且我們也明白，他對太太的鄙視在表示，他在試圖消除自己的地獄。

這位先生需要治療，好讓他說出「我的消息」。從這觀點出發可以證明，我的消息是深度的自我澄清，不只是用來描述自我反應的方式。清楚溝通必須要有自我澄清為先決條件。

2.3 貶低自我的說明

這裡要談的東西與讓人印象深刻的技巧截然不同。有時我們會發現，有些人會表現出自己微小、柔弱、無助和毫無價值。「我這個人沒有多大用處！」用這種自我表達走近他人。

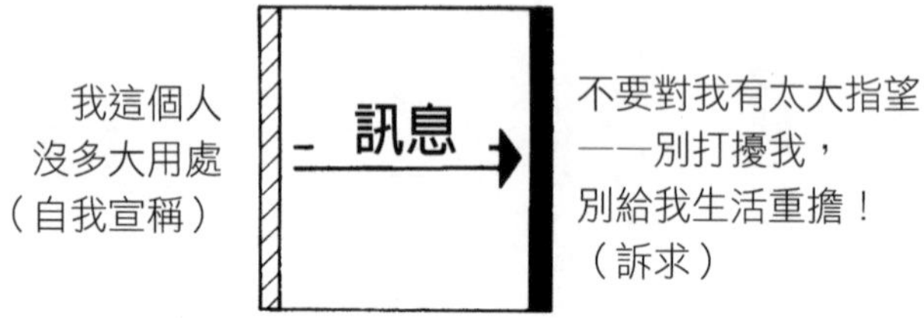
我這個人
沒多大用處
（自我宣稱）
訊息
不要對我有太大指望
——別打擾我，
別給我生活重擔！
（訴求）

圖 41：（隱藏的）自我貶低型自我表現的訴求面向。

唉，這是怎麼回事？誰會如此隱藏頭角？是因為能力不足，無法適切表達自己？在這裡要最後再次提醒，訊息乃是正方形，自我宣稱的消息也包含了訴求面向。先別考慮訴求可以直接說成「反對我吧！」（以退為進），卻可以試著說動接收者承擔較繁雜且困難的工作：「我這個人沒多大用處，不要把生活重擔加在我身上！」參考圖四十一。

小孩展現出「自己不夠好」代表他遭受了極大的挫折，而且有意想擺脫某些任務：

> 展現出實際或想像出來的自卑感背後都隱藏了他的無能，並且致力想把無能當作保護，好讓其他人不要對他有要求或期待。[49]

接收到如圖四十一的訊息時，接收者應該要知道，迎合訴求的反應也許會讓挫折延續下去。好意的幫助接收了「你很強，我很弱」的關係型消息，這會誘惑接收者，以為其他人弱小且依賴。要在過少或過多的幫助中取得平衡，露絲·孔恩說：「付出低於所需的人，是小偷；多付出的人，卻是謀殺者。」[50]也請比較第二八〇至二八一頁。

3. 自我表達技巧的不良後果

過度擔憂自我宣稱會耗損精神，阻礙實質的收穫，並在人際間築起一道隔離牆。

危害實質收獲

與會成員極度擔心他的表現是否合宜，害怕聽到反對聲音，希望營造良好形象，並且擔心氣氛會不會僵化、會不會沒有創造性；如此會造成實質收獲不盡理想。因為發送者不敢公開他的立場，或因為自我表達獲得優勢，就會失掉很多東西。如果接收者只用一半的耳朵聽，正忙著為自己的「登台」做準備，也會有多損失。

阻礙團結

若是對彼此的弱點、焦慮、難題有所保密，並且致力於取得優勢，就無法克服人與人之間的距離。團結有個先決條件：對所有人開誠布公，包括自己的弱點與自卑情結。如此我會知道別人也有痛苦，也會覺得不安，也有難題，有時甚至束手無策。我看到我並不是孤單面對問題，別人的狀況也不如我想像一樣那麼好、那麼有把握，我可以省下藏起自卑要耗費的精力。可是我們通常會盡一切所能避免開誠布公。我們在孤立中飽受痛苦，卻把共同的精力用來營造孤立。

危害心理健康

認為（有部分靠想像）外在表現有必要不同於內在感受，如此會造成長期的內在緊張。這將會耗損很多精神能量，揭露自我的焦慮會形成未爆彈。不僅在心理上「不健康」，身體也會有罹病的風險（比如罹患心肌梗塞的風險[51]）。

4. 心理學的指導方針

溝通心理學如何指導自我宣稱面向的互動？我常常看見，來參加我們訓練課程的心理學家一開始的反應很失望：他們抱著學習心態而來，想知道如何做出色的自我表達、如何「發揮最大影響力」、如何「推銷自己」。我們卻教他們走反方向：別太擔心「好形象」！過度擔心只是浪費精神，是清楚、客觀和共同溝通的死敵！有人請求教授「技巧」，露絲．孔恩有時會說：「直接說出你是怎麼回事，就是最棒的技巧。」[52]

為了能對外界表達內心感受，必須有能力面對內在情緒，知道「我是怎樣想的」。

古希臘銘文「認識你自己」也是現代心理學所認定的終極智慧。自我宣稱在這層意義上（對自我表白自己）意味著要對自己開誠布公，明白自己的內心世界。這並不是簡單打定主意就可以做得到。「我是誰？」這個問題的解答需要不斷探索，直到最後一刻。因為這不僅是發掘寶藏，還會發掘到難堪的部分；面對自己的「陰霾」（榮格）可能會非常難受，因此，認識自己不能只是基於膚淺的快樂原則。儘管如此，每個時代的智者與哲學家都將認識自己列為首要的生活目標。[53]把認識與愛視為生命意義的人，必須以認識自己做為這兩者的出發點。

在每個當下認識自己就是「意識」（awareness），這是完形治療的核心概念：「它是一種聚精會神的清醒狀態，以此面對現在與這裡每個當下在我心裡、身上、周圍的種種事物。」[54]

4.1 一致性與真實性

溝通心理學的指導方針是：做你自己，對外表達你的內心感受。先決條件是：試著弄清楚你內心的情緒（對自己坦白，認清你自己！）。這項方針在心理學中大多以「一致性」或「真實性」的概念來表示。

對卡爾・羅傑斯來說，一致性指的是人格三個範疇取得一致：內在經歷（我的感覺是什麼，激起了什麼情感）、意識（有意識地領會什麼）、溝通（我告知什麼讓外界看見）。

關於一致性的行為特徵在人際溝通上的意義，羅傑斯按照其精神做了以下說明：

發送者的溝通越有一致性，接收者就越能清楚明白地理解訊息。不一致的訊息容易產生誤解與不安：接收者無法真正知道「他到底要說什麼」。

◇發送者越少使用正面的自我表達，越公開地「洩露」自己的感覺和想法，接收者就越不需要保持警惕。不需要保持警惕才可能傾聽，真正專注地聆聽。

◇只要接收者真正地聆聽，發送者就能感覺到被理解。當他感覺到被理解，就會（在訊息的關係面向）尊重接收者。

◇這會讓接收者感覺自己被接受，他這一方的溝通可以更一致。如此可以互相強化談話的正面特徵，讓人與人交流有治療功能、具備一致性的三個基本特徵，並有尊重與同理心。

不一致性的兩種類型

一致性的反義**不一致性**可區分成兩個階段。舉個工作會議的例子：某人用貶抑的評論讓另一個人「很難看」。中箭的人變得很激動，並且用大音量反擊。有個人說：「我知道您很生氣……」中箭的人激動地打斷他：「我根本沒有生氣。我反而覺得整件事很有趣，我只是就事論事！」

每個人都可以察覺到，最後一句的說明（溝通）明顯與內心經歷背道而馳。這裡有兩種情況可以想像：第一，這個人覺得自己受到傷害並且感到憤怒（意識到內在經歷），但他試著對外界隱瞞（覺得有趣、就事論事），以免暴露自己的弱點。這是不一致性的第一種類型。第二，這個人根本沒有意識到自己的感覺。也就是說，他相信自己說出來的話。這是不一致性的第二種類型；從心理健康的觀點來看，後者更令人擔憂。

做到自我宣稱一致的心理基本先決條件在於：不矇騙自己。人都趨向於注意自己合意的事。因此有時候一定會忽略一些事情，或是另做解釋並且「硬拗過去」，讓事情符合自己的世界觀，因此取得心靈平靜。我們心中的感觸也一樣：有些感覺與衝動不合我們的意，可能是因為從理解的觀點上來看不合邏輯，或是因為和自己的正面形象有抵觸。為了獲得（表面上的）心平氣和，有些人根本慣於不直接感受自己的感覺，並且試圖用維護自我形象的理性來填補不足之處。對這種情況我想多做一點說明：「你有什麼感覺？」或「別人說的引起你什麼感覺？」這類問題，在不同人身上可以觀察到兩種反應：

直接接觸內心感受

有一種人可以非常直接地說出自己的感覺。像是對於批評，有人會反應：「我覺得我受到傷害，很想要回擊。」這種反應裡的聲音、臉部表情／肢體語言通常和說出來的話吻合（一致性）。受傷害的表現可說是加倍。這種人（至少在當下）直接接觸到自己內心的感受。他們知覺自己的身體，察覺自己怎麼回事，不需要對自己的感覺「多加思索」。這種人可以容忍感覺「不合邏輯」或者「不合意識形態」：「我覺得受傷害，即使我知道你有權利這樣批評，而且這樣是對我好。」或者是：「我覺得我會嫉妒，即使我知道嫉妒不存在於我們的關係裡。」這種人不會矇騙自己，不會對自己撒謊，能夠承認心理的實際狀況，藉此獲得「自身寧靜」（但並非一定如此），但也因此朝氣蓬勃，擁有密切的人際關係。他能獲得一點心理健康的養分，人際關係通常較深入，不流於浮面。

「衍生的」感覺

現在要談「你有什麼感覺？」的另一種反應：對有些人而言，感覺似乎是思考謀劃的結果，就像在做數學推算有固定前提，並且有接連的邏輯。這種人要不是找不到直通感覺的入口，就是試圖製造藉口。感覺像是藉合宜的事實考量重新建構出來的。例如一個受到批評的人會說：「我覺得某一點批評有理，因為我就事論事，我對這一點採取中立。另一點批評我認為不合理，因為沒考慮到這點和那點，以致於我覺得這項批評與我無關。」

前面已提到，僵化的自我概念（我就是這樣的人）是直接察覺感受的最大阻礙（參閱第二四一至二四二頁）。羅傑斯在這裡看見了精神官能症的核心：當內在經驗與我們喜歡的自我形象不符時，必須扭曲或否認這經驗。譬如我的自我形象是「愛老婆、愛小孩和愛父母的男人」，因此在面對他們時，我不可以承認我心中有吐不盡的苦水與憎恨。但是，與形象不符的感覺要往何處宣洩？在強烈的自我概念影響下把怒氣隱藏起來，但是這些怒氣要往何處宣洩？跑到胃部、背部、肩頸、頭部去？所有心身症狀大多源於那些被否認、沒有宣洩的感覺（參閱第二四三至二四四頁）。

弗利茲．崇恩（Fritz Zorn）在他振動人心的罹病故事裡寫道：「即使我還不知道自己得了癌症，那時我已出於直覺有了正確診斷，因為我把腫瘤視為『嚥下的淚水』。我生命中尚未哭出來和不想哭出來的眼淚都聚積在喉嚨，形成了這塊腫瘤，因為它們注定要被哭出來的命運無法實現。就純粹的醫學角度來看，這聽來詩意的診斷當然不正確，但援引到整個人身上卻是事實：我長年來吃下去的苦痛突然不願繼續擠縮在我體內，因為超壓而爆發出來，在爆發時破壞了身體。」[55]

有些人喜歡「主導」自己的感覺，他用另一種方式重構自己的感覺，因此透露出有別於真實情緒但心中更期待的結果；這樣的人被人問及感受時，常會做一小段演講。他會調動他的「新聞發言人」，就像要出版一份正式公報，採用的措辭經過衡量、小心翼翼，而且大多有說等於沒說。這種溝通風格在我們生活大範圍中被視為「有尊嚴」和體面，因此很常見而且幾乎很應當。

4.2 可選擇的真實性

指導方針指示要「多公開，少做顏面工作」，但也會有產生誤解的風險，就像這句話：「把心中想的都說出來吧！別人要怎麼看，那是他的問題！」為了避免誤解，露絲・孔恩提出「可選擇的真實性」概念：

屬於真實性的，首先可分為兩方面：一方面是盡可能弄清楚自己的感覺、動機和想法，也就是不矇騙自己。另一方面，把我想要說的清清楚楚說出來。清清楚楚就是指說出來的可以傳達給另一個人。另一個人有個「接收器」，它有可能不是針對我，而是針對我「發送」的東西和我如何「發送」。我必須試著想像，要如何讓別人聽見我的心聲。有一次我這樣形容：「我並非要說出所有真的東西，但我說的應該都是真的……」

對我而言，人與人一開始不可能開誠布公，而是必須靠小心翼翼才能得來，而且是學來的。無法說要就要，也無法強力奪取。

無論如何，我相信連最親密的關係也會有祕密。我無法想像有任何關係可以在任何時候完全開誠布公並且能忍受下去。因此我區分出最佳與最大限度的真實性。準則是：出於個人內心體驗、盡可能誠實且清楚溝通，也就是如實告知。最佳的真實性向來有可選擇的特性。最大限度也就是絕對的真誠，具有破壞力。我認為絕對的開誠布公很愚蠢。此外，長久以來我們的文明就試圖平衡具有破壞力的緘默與偽善。因此我相信，不計代價只為開誠布公，只會讓擺錘往反方向擺動。道貌岸然與肆無忌憚之間也需要動能平衡。或者用正面的說法：善意的沉默和善意的溝通之間（出自一九七九年與露絲．孔恩的訪談）

4.3 一致性

當有人問我：你（一般而言）為了什麼原因溝通，依照什麼樣的價值標準？我會說：我是為了「一致性」。使用這個概念是為了闡明真實性的可選擇特性（依照什麼選擇？），並且為了表明真實性的界限可以是放諸四海的價值標準。

「一致性」是指與整個情境的實情相吻合，其中包括我的內心狀態、設定目標，還有關係的特性（也包括角色關係），以及接收者的內心狀態與情境的要求。現在將分別來看：

我喜歡這樣的想法：我的自身存在有個準則，它給予我生命的方向、意義與特定「主題」，它不斷向前推進，並且與「體驗一致性」的準則協調一致。若遠離這條準則，各種形式與範圍的「偏離症狀」就會出現，從小的「情緒失常」到大的憂鬱症，可能造成生活危機、產生疾病。從這個觀點來看，這些痛苦症狀就有意義：裡面包含了發送中心送出的潛在智慧與修正航道的訴求。因此這類潛意識消息很值得仔細聆聽；感覺、身體訊號和睡夢中發送的潛意識消息會比理性思考來得坦率。有無數方法和輔助方式可以讓自己聽到來自「內心深處」的「潛在智慧」[56]，最知名且未來最被看好的方法就是冥想。

當我的溝通（和我的整體行動）在每個當下都符合我關切的事物，而且**表達**經常比**結果**重要（參考第七十九和二五九至二六〇頁），這時就會產生一致性。「表達經常比結果重要」是什麼意思？我經常得容忍身邊那些有失體面或沒意義的狀況，我給自己的理由是：反抗它一樣「於事無補」。因為這推測出來的無結果論，讓我放棄表達我的立場和感覺，雖然因此避免了衝突、失敗和情緒激動，但也失去了活力與快樂。對認可一致性的人來說，達成期待的效果屬其次（但不是不重要）。我猜想，我目前為止的人生過於偏重行動帶來的（推測的）結果，使得我像圖三十二一樣，身處在想像力的牢籠裡。其實行動的結果錯綜複雜，不可能預測得出來。想要得知結果的唯一可能就是冒險去做，給自己驚喜。

第一次嘗試定義時，我把「一致性」定為在某一既定時刻裡，事情乃是「按照我的意思」。與真實性不同的是，這裡不僅是意味著內在情緒與外在舉止協調一致，也與我關心的事協調一致。這個觀點很重要，因為如果我要把朋友從陌生勢力的監牢中解放出來，我可能得說謊和欺騙，同時卻擺出一張誠實的臉。我的行為不真實，但卻從頭到尾一致。

在第二次做定義時，我想把外界情境一起納入考慮。現在「一致性」也就是與情境特性相吻合（如我對它的定義）。如果情況要求快速行動，我可能會大聲地發號施令，不去多問接收者的感受。當我要告知某人他即將被解聘，我不會在這時候詳細列舉他的優點（即使我想做，可是情境不對）。我身為網球教練，學員每打出一次球，我就會給他們一些建議與回饋；但身為我太太打網球的伙伴，同樣行為可能就是在說教並且顯得傲慢。喜劇大師約根・范曼格（Jürgen von Manger）曾表演過一個極端諷刺的例子：一位劊子手在行刑前與死刑犯閒聊，他告訴死刑犯，他擔心自己是否能及時搭上電車回家等等。對情境特性來說，重要的是和接收者的關係形式與他的心情。毫無保留的坦率與親密所預設的關係，與禮貌地談論事實不同。如果對方已經受了傷害、驚慌失措或心不在焉，我就不該跟他談我上回的度假經驗。

為了達到一致性（或是為了找出是否前後矛盾），我認為有一個重要的關鍵問題：「**情況的真相是什麼？**」

有個共同利益將我們聚集在一起（是什麼利益？），還是我們在互相競爭？我們之間是否有衝突尚未說出口？（如果有，我們現在無法輕鬆愉快地交談。）你的決定是否影響到我個人？（如果有，我就不適合做你的顧問。）我們擁有相同的權力？或者我是負責人，最後必須由我一個人承擔所有責任？所有人都是自願來上我的課，還是他們是被指派來的？（如果是被派來的，我就不宜在一開始就問他們想學到什麼。）

呈現出溝通空間原本的樣貌，溝通才會一致。但是，見到有人在商談醞釀中之事，我們通常會十分驚訝。我們在正式會談記錄上太常見到棘手的真相被竭力掩蓋過去。

我希望我起碼已經很接近地傳達出我所理解的「一致性」：與情境真相相吻合，先決條件是我意識到的內在及外在現實，而且以下觀點尤其扮演著重要角色：我的心情、接收者身上可以辨認出的狀態、我與他的關係（也包括角色關係）、情境要求，以及我所關注之事。

5. 以真實性為學習目標？

真實性是可以學習的嗎？更清楚（和更肯定）地察覺自己內心世界，不太為自我表達操心，是可以學習的嗎？答案是肯定的。不過為了達成這個目標，並不是要遵循勤奮練習原則和「有效的訓練計畫」，尋找「標準作業程序」也將徒勞無功。反而有必要採用存在治療法去面對兩大障礙：我周遭的（社會）關係，以及我自身的（社會）關係。在個人層面上，真實性以**自我價值**的最低標準當作先決條件。私底下堅信自己無法「講究排場」的人雖然不喜歡表現自己，很多情況下卻會竭盡全力追求虛榮來補償他的自卑——阿德勒已一再提出基本的**自我價值與溝通之間的關係**，後來維吉尼亞．沙提爾[57]也特別強調。**學習溝通能力需要一套促進整體人格心理健康的課程。**朝此方向治療會有效果，此治療著眼於個體與自己合好，接受自己不好的部分，去除要求完美的理想，不再把每個錯誤、每個欠缺都當作丟臉的恥辱。

第二個巨大阻礙乃是社會機構。當機構以競爭為前提，真實性就難以發展。只要學校必須要完成社會賦予的任務，將學生「取其精華，去其糟粕」，只有那些知道要表現出「好的一面」的學生會有成就，學校就繼續會是自我宣稱焦慮的孵化所。有一項調查[58]訪問了一般及職業中學學生，其中有百分之七十表示，當他們必須在他人面前講話時會出現焦慮。職場也屬於社會場域，職涯競爭裡不適宜採用講求真實性、不求顏面的說話方式。企業員工常常面臨無解的兩難：一方面公司要求他們合作（必須樂於接受可促進合作關係的各種事，比如說承認錯誤、不浪費力氣在維護顏面上），另一方面又被非正式地要求「工作上彼此競爭」：盡可能表現自己，盡可能讓別人難看，以提高獲得工作獎金的機會。如此可以理解，這樣的員工在溝通訓練裡一旦被建議採用講求真實與合作的談話方式時，他們心中會產生懷疑與矛盾，有時還會明白地拒絕。通常他們判斷這種談話方式是私人生活中充實自己的工具，且質疑這種方式能否沿用到職場上。有些人在職場上（成功）叱吒多年，如今卻感受危機降臨，原來自己與「原本該做的事」擦身而過，因此為錯失的生命意義憂心傷神。無論如何，「我可以表現出真正的我嗎」這主題一再證明對補充能量與個人很重要。「溝通訓練」便成了存在問題的意見討論。

雖有這些結構性的「束縛」，但不要錯以為這裡沒有塑造人格的彈性空間，也不要錯以為，要改變人們的行為方式必須要先改變整個社會。其實個人與社會為了獲得進展，應以小步伐相伴前進。[59]

5.1 自我體驗團體

想在個人層面往前跨一小步可以透過自我體驗團體（譬如卡爾・羅傑斯一九七四年的會心團體、露絲・孔恩一九七五年的主題互動團體）。團體成員在互信基礎上學習揭露自己，時間久了能學會表達出「不符合自我形象」的感受（比較第二四四頁）。以下幾點理由可以證明自我宣稱去除顏面問題的價值：不好的自我價值觀（我這個樣子無法出去見人！）唯有透過相反的經驗才有機會修正。一個人得到周遭人肯定與接納時，唯有不是對他表現的顏面，而是**對他本身**有意義，才有治療上的價值。我們習慣活在焦慮的想像裡：如果表現出我真正的樣子，包括我所有的缺點，我會被人拒絕，不是被排除在外，就是所有箭頭都指向我。這種想像頑強且持久地存在一般人際關係活動裡，導致人築起保護牆，完全無法在現實中檢驗想像。在自我體驗團體和訓練團體中有機會實際測試想像的真實性。團體成員通常會又驚又喜地發現：洩露一點不受人喜愛的那一面，不僅不會被拒絕，還可能因此和其他人更接近！我可以表現出我是怎樣的人，這樣真的很棒。

亞龍等人[60]的研究調查了在團體治療中獲益良多的成員，詢問他們在團體中哪種經驗意義最深遠。這裡列出五種最常見的回答：

1. 發現並接受自己以前無法接受的部分（不管正面或負面）。
2. 可以說出什麼在困擾我，不必悶在心裡。
3. 其他成員誠實地說出，他們對我的感覺。
4. 學習如何表達自己的感覺。
5. 學習到必須對自己的生活承擔最大責任，別人給我多少建議和支持都不重要。

5.2 輔助原則

為提升談話的真實性，露絲．孔恩整理出一些輔助原則；不僅適用於自我體驗團體，還可用於學習和工作團體。以下舉一些例子：

◇在發言中代表自己：用「我」來談話，不是用「我們」或者「有人」的形式。

◇提問時要說出，為什麼你要提這個問題，以及問題對你的意義。自己說出來，避免用訪談。
◇溝通要真實、有所選擇。意識你的想法與感受，選擇你要講和要做的。
◇盡可能克制不解釋，但要說出你個人的反應。
◇注意身體訊號，它常常會比你的理智說的更多。

只要把這些原則用在自己身上，就能把原則記在心裡，當作有用的指導方針。只要我扮演「溝通警察」，懲罰「違反規則」的人時，原則就被濫用為戰鬥工具。這種濫用反而在「對（原則）想要反抗的精神貢獻力量」[61]。見圖四十二。

5.3「在弱點中見強大」

自我體驗、訓練和治療團體可以是一個練習場所，讓我們練習如何更接近自己，毫無顧忌地對外表現自己——這是個優點。然而也要提醒大家注意。就我所見，團體成員很快會感覺到團體裡有一種不同於日常生活的**規範**：這裡的人可以自由說出自己的問題，也可以察覺到和表達出自己不太好的一面。要注意的是，適應新規範並不會產生可做為模範的新適應方式。有句話說：「在弱點中見強大。」而且也要注意，在問題裡做自我宣稱將會成為心理學

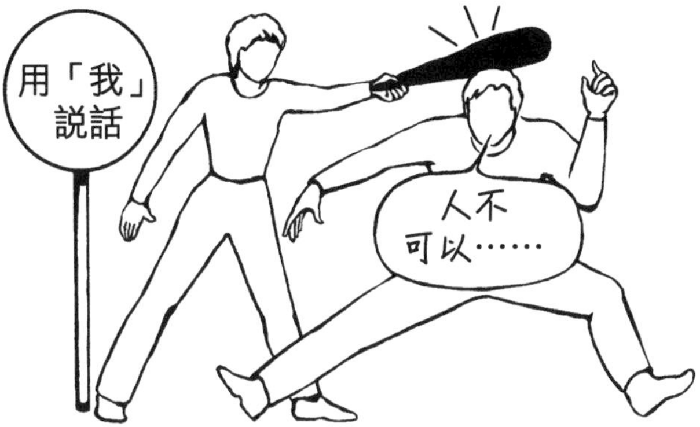

圖 42：互動性的輔助原則並不是溝通警察的棍棒。

的新標記。

我記得很久以前參加過一次主題自我體驗團體。大家約好在第一天談自己的工作增進彼此認識。輪到我的時候，我說出所有亟待去搏鬥的困境，說出自己在解決難題上的不足之處。之後我很訝異地問自己：你為什麼那麼強調困難？整體上你應該覺得自己相當有能力，在工作崗位上勝任愉快！我找到的答案是：團體中其他成員大多也都在談自己不完美的一面，我彷彿在無意中測到團體風向，心中有根精密天線感應到團體裡的潛規範，心中的旗幟因此也指往同一方向。

因此我們要注意，新的價值（真實性）不該成為強制方案，不該成為為了得分的新尺標。如果只考量個人解放、內在解放，方法會萎縮成新的調適成果。能量再度流向自我表達（儘管帶著新內容），不會自由。因此不該大張旗鼓宣稱「以真實性為學習目標」，而且完全不該為達此目標而強力施壓。因為「真實性」是一種本能現象，也就是說，它會自動產生，無法靠呼籲而來（請見後記第七點）。每一種想靠專橫達到真誠的努力將扭曲努力的本質，充其量只會用刻板印象來陳述「外表的真」（我現在覺得你我之間有一堵高牆），看上去還有種「人工的感覺」，而且因為真正的要求被暗藏起來，反而比「一般顏面問題」更嚴重（詳細請參閱第三二三至三二四頁）。

II 訊息的事實面向

交換事實資訊會有什麼樣的溝通心理學問題？在什麼情況下會失敗？

我舉出兩個問題。第一，會談與討論常常耗在「非實質」的事情上，溝通雙方很難「完全在談正事」。第二，想要傳達的事實難以理解，無法傳給接收者。由此可以歸結出兩個主題及訓練目標：客觀性及可理解性。溝通心理學如何幫助我們達到目標？

1. 客觀性

有時候我們會聽到發送者再三保證「我只是就事論事」。越是極力保證就越讓人起疑。按照訊息的四個面向，並且按照實際狀況，溝通的人很少能真正只談論正事。

客觀性是指：以事實為目標所交換的相關資訊與論證、所做的考量與決定，都能把人的感覺與追求排除於外，例如想要保全顏面、想要站在對的一方、想要引人注意、報復和恢復名譽、想要拍馬屁或表現給其他人看等等。在事實面向上相互理解，沒有受到其他三個面向

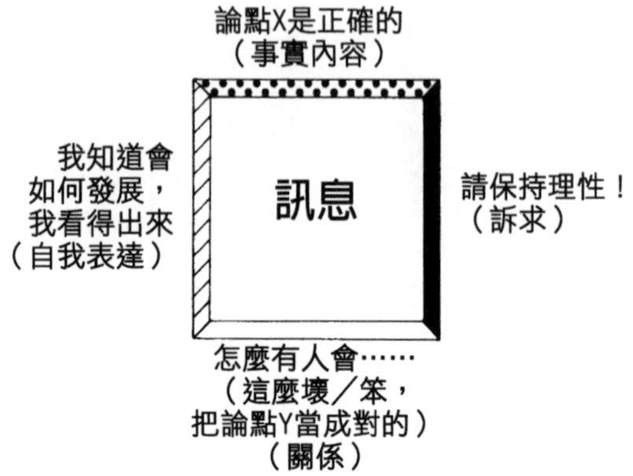
論點X是正確的
（事實內容）
我知道會
如何發展，
我看得出來
（自我表達）
訊息
請保持理性！
（訴求）
怎麼有人會……
（這麼壞／笨，
把論點Y當成對的）
（關係）

圖 43：事件的立場通常結合了訊息其他面向上的自大與敵意。

的消息干擾，甚至讓其取得優勢，一般而言就可以達到客觀性。

讓事實爭議不在關係層面上引發敵意與輕蔑——人們在這一方面的能力最不熟練。持相反意見的人會被當成敵人、糾纏不清的麻煩傢伙（圖四十三）。

溝通心理學的目的在於自己的立場要尊重意見歧異者，此目標抱持以下基本態度：「我接受並贊同每個人依照他的過去經驗、生活情況，從自己的立場看事情。你跟我不一樣，我跟你也不同，當我們彼此傾聽，以接受別人的立場為出發點，共同激發出的火花能勝過我們自身的能力。」事實爭議的訊息看起來會像圖四十四。

什麼方法能促進事情討論？這裡可區分出兩個基本但完全不同的策略。一個較常見：不允許非相關討論（那件事與這裡無關！）；另一個策略完全

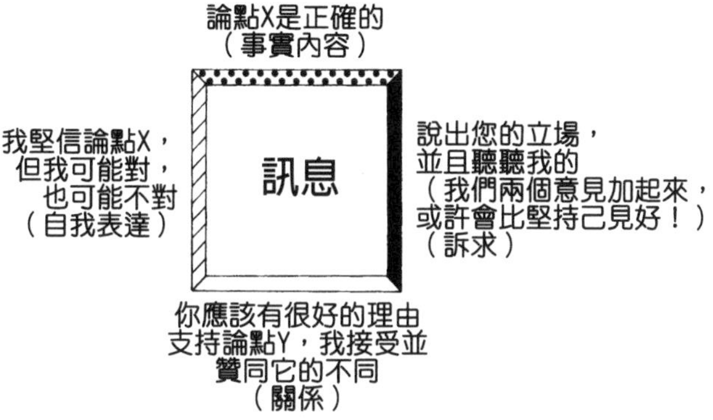
論點X是正確的
（事實內容）
我堅信論點X，
但我可能對，
也可能不對
（自我表達）
訊息
說出您的立場，
並且聽聽我的
（我們兩個意見加起來，
或許會比堅持己見好！）
（訴求）
你應該有很好的理由
支持論點Y，我接受並
贊同它的不同
（關係）

圖 44：事實爭論訊息的溝通心理學結構，其附帶消息有益增進人際關係。

相反，要優先討論這些干擾問題。

1.1 第一種策略：「那件事與這裡無關！」

通常我們會在學習和工作團體中發現「與這裡無關的立場」。此項訴求希望排除不受歡迎的部分（我們要談正事！）。想要不產生摩擦快速溝通，這個方法可能是省時的權宜之計，可是，用正事討論的蓋子壓住人的感覺蛇窟，並不利於長久的合作關係。因為一方面來說，要專注於正事並且有創見，需要靠人與人互相激勵向上，否則只是無風不起浪。另一方面，不客觀的衝動很難完全摒除於（心理）外，衝動是真實的，因為明訂禁令而藏在心底，無形之中影響了溝通：佯裝客觀的評論成為個人辯論的工具，過長的「客觀」論述只為了自我宣稱與自我辯護——所謂「正事」成為個人祕密情緒的特洛伊木馬。

1.2 第二種策略：「優先談干擾問題」

因此溝通心理學家建議，要拒絕客觀規範（不提自己，不認為跟自己有關，事情討論不該有情緒和感受！）「灌入」。他建議大家偶爾鼓起勇氣做後設溝通，更加強調訊息中的自我宣稱面向與關係面向：「我們如何同心協力？是什麼促使我總是馬上反對你？為什麼我害怕說出我真正的立場？我對這個團體（委員會）有什麼感覺等等？」

露絲．孔恩畢生最重要的工作力求協調事件需求和人與相關人的需求，並且可用一句簡短的話表達：「優先談干擾問題。」對孔恩來說，這條「溝通原則」旨在順應人的現實情況[62]：

> 不管是否受到指示，干擾在執行上就是有優先權。干擾不會先請求你的許可才出現，它們就是在，以痛苦、高興、害怕或精神渙散的形式存在；問題只在於如何克服。厭惡與心煩意亂會讓人僵化，在暗中危害團體；學校班級、董事會、政府單位裡充斥著沒說出口與壓抑的負面情緒。談判與課程走上了岔路，或在原地打轉。人只是坐在辦公桌前，人在心不在。做決策不是出於實際考量，而是因為干擾專政——厭惡彼此的參與者、未說出口的利益和沮

喪、充滿恐懼的個人情緒。因此得到的結果常常是空洞、無意義且有破壞性。

不涉及個人的「零干擾」教室、講堂、工廠、會議室裡面滿是麻木不仁、卑躬屈膝的人，要不就是心懷絕望和有意造反的人，他們的挫敗會導向自我或所屬機構的毀滅。

優先處理干擾與激烈的情緒，意味著我們肯定人的真實面；而且這包括一項事實：我們生氣勃勃、隨情感波動的身體與心靈，是我們思想和行動的載體。如果這載體躊躇不定，我們的行動和思想就會和它們的基礎一樣不穩定。

她在另一處寫到：

> 巨大的情緒波動會因為某些原因未能說出口，變成保護溝渠和防護堡壘，讓人、關係與工作深受其苦。即使有經驗的團體領導者也不能完全倖免。
>
> 在任務小組、教室及其他團體中，一般如何處置正面與負面干擾？參與者做些什麼？一、矇蔽自己的注意力，視其不存在。二、因為能量受到強烈情緒束縛，只能分出極小的精神強迫自己注意。三、壓抑下來的情緒大多會潛入歧路，成為做出錯誤決策和思考謬誤的根源。

在工作團體（如教師同仁或企業部門）的訓練課程中，我們小心翼翼地介紹這種後設溝通，並教授所需知識。參與者一開始很難接受，因為「這麼多個人干擾」不僅完全干擾「正事」，甚至還倒推一把！他們擔憂：那不就是讓每個人「真情畢露」，這樣不會花上太多太多時間嗎？露絲．孔恩有時會說：「我們的時間太少，所以我們慢慢來……！」事實面向長期暗藏超載未處理的自我宣稱與關係問題，日積月累下來所消耗的不只是更多時間，還有更多精神；卸載必須投資的時間，還得加上利息以及複利償還。

但是也有危險。我從我的個人經歷中得知，這樣的（個人與人際事件）溝通模式會有多不尋常和危險。很多人在第一種策略的中心思想底下長大，沒學過如何說出心內歷程，如何表達出人際關係裡的感受。因此很多人把「內部競賽」置於事實層面，如此可自如應用他們熟練的理智和良好的語言能力。自我宣稱和關係層面對他們而言如同一層光滑薄冰，要求他們很快學會全新的溝通方式也不妥。真正要進步就得學蝸牛爬行，用小步小步可承受的步伐往前進。經過我們謹慎介紹，課程中許多參與者很快就習慣了新準則，有勇氣在「外場比賽」中冒險。他們認識到或預料到，這裡才有機會讓尚未發展完全的人格成長。只有在「外場比賽」才有成長可能（「外場比賽」是指，不在我受訓的場地上比賽，我不確定是否會得到掌聲，還會冒上失敗的危險）。

第二種策略有另一種危險：它讓工作團體與學習團體迷失了目標，竭力偏重在維繫人際關係、治療和清理個人問題上。團體學習開始流行起來後，一些學生團體裡面便出現這種現

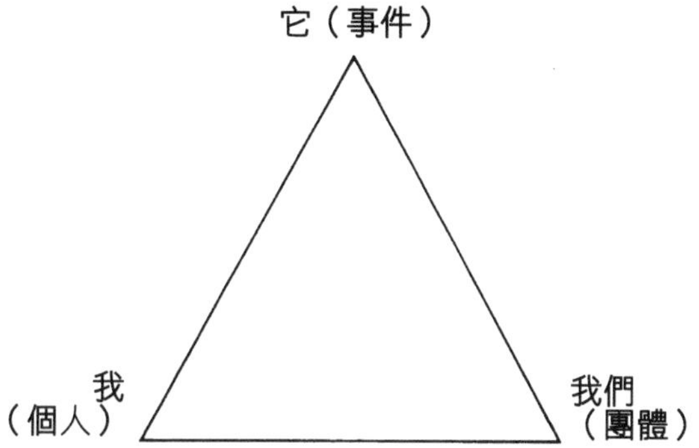

圖 45：依據露絲·孔恩的「主題互動系統」，學習和工作團體裡應取得平衡的三個元素。

象。因為過去一向訴求事實，長年被壓抑的情緒現在爆發出來，重心完全擺盪到另一端。就好像長時間積壓後，情緒的閘口打開了，導致探討人際關係變成氾濫。這裡又要回到露絲·孔恩，她為進退兩難中的人指出一條明路：進可將我們提升到抽象層面，言談與建構理論不涉及個人；退則反將我們從高處拉下來，進入體驗個人情緒的深海。在她的「主題互動系統」中，領導者（也是團體）的任務是把下列三個元素視為同等重要，並且取得平衡：

◇它（**事件**、主題、共同任務）

◇我（團體中帶著感受、可能性與障礙的**個人**）

◇我們（整個團體及其關係網絡和彼此互動）——見圖四十五。

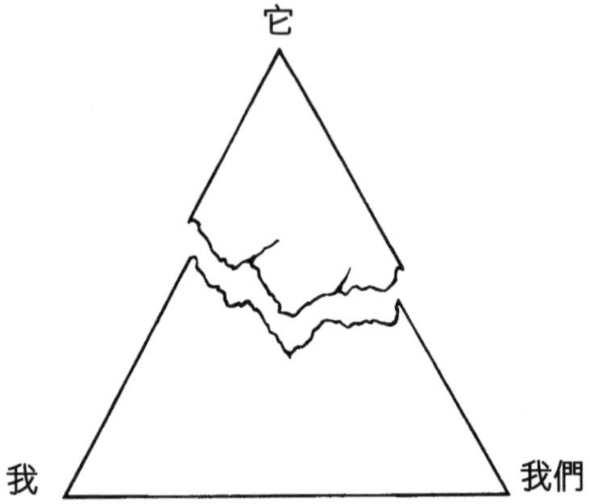

圖 46：現今時代裡事件層面與關係層面分裂。

1.3 日常生活中事實與關係層面的分離

組合在一起的三角不只提供團體領導三角平衡的想法，還包含更多智慧。指出事實與關係層面原本相屬時，我們就會意識到這兩方面在生活中是分離的。三角形被切割開來（圖四十六）：我們的工作環境由事實強迫主導，個人與彼此交往方式並不重要。若被重視，通常只是因為有增進效率的功能。「人的關係」會被重視，是因為有人保證，更注重人際關係會提高效率。但是個體人格發展和人際關係經營不被賦予固有價值。

因此我們更期望在私人生活中取得平衡，私人生活應該要用來滿足我與我們的所有期望。安全感、親密感、生活喜悅、人與人意見交流、問題解決都依循存在的意義。**但是就像職場的軀幹是事實，與三角形上的我與我們切割開來，私人和心理**

世界的軀幹則傾向於關係，少了三角的尖端。因為少了共同主題、共同事件，我們被一種很奇特的方式分開來，即使我們的關係可能很親密。海克·波特勒（Heik Portele）在他的文章《讚美第三件事》[63]中，從布萊希特的一首同名詩出發，有趣地推測這共同從事的第三件事必須具備什麼樣的品質才能穩定關係。我在以下整理出他的論點：

◇「較普通的」的事（譬如與室友一起吃飯、煮飯）就長久來看，和「大」目標或想法一樣，對穩定關係的貢獻較少，不如有具體成果的合作。

◇為抗議而生（比如說反核）的「負面」事，因為強迫及非自願特點也較不適合。

◇特定的社會機制（譬如工作機構）會阻撓人去尋找與發現這第三件事。

◇關係面向的問題（伴侶之間、學校班級內）基於其根本，原本就欠缺這第三件事。

◇心理學在關係層面上的工作（婚姻治療、團體動能治療活動）只要未與建立第三件事有關聯，就會毫無希望、後果嚴重。

◇第三件事的準則可能會被操弄濫用。人本主義心理學能幫助我發現並澄清我真正「原本固有」關切之事，而不是在毫不知情下，為錯誤的利益任人差遣。

1.4 正式與真正的主題，或典型的顧左右而言他

什麼時候我們會「完全專注於正事」？當內在能量用在主題上的時候。可是交談雙方心懷的主題經常與當前正式討論不同，結果就是「敷衍塞責」。因此，以主題為中心互動的關切點，在於讓正式主題與「真正」主題一致，以此做為改善人際溝通的指導方針。否則就會出現典型的「顧左右而言他」，正如托爾斯泰《安娜．卡列尼娜》的一個場景：

四十歲的舍吉爾．伊凡諾維奇領會到自己心儀年輕的瓦琳卡，她也是真的對他有好感。有一次他們安排了一趟森林出遊，好談些重要的事。舍吉爾才剛剛把所有事情想過一次、感受一次，「全心感受到純粹的幸福，心內湧上深深的感動，並感覺到自己已做出了決定」。當他走向她時，他是這麼描述他「真正的」主題：

「瓦瓦拉．安德列耶納，在我還很年輕的時候，我曾想像過完美女人的模樣，我想贏得她的愛，那會是我選擇未來妻子的標準。如今我已過了大半生，卻首次在妳身上找到我的追求，我愛妳，我想向妳求婚。

他距離瓦琳卡十步之遙，心中默默這樣對自己說……

他們默默往回退了幾步，瓦琳卡看見他有話要說，她也猜想到他想說什麼，心中充滿了

喜悅和不安。」

這場「決定性的談話」卻是這樣進行：

她：「唉，你找到什麼了嗎？」

他：「一個也沒有。妳呢？」

她：「你什麼都沒找到？大部分情況都是這樣，森林深處的菇不比森林邊緣的多？」

他（一陣沉默後）：「有人告訴我，牛肝蕈主要生長在森林邊緣。我無法分辨牛肝蕈和其他菇類有什麼不同。」

（長長的沉默，在這段時間內他再一次確認了他的決定，並且察覺到：「現在不表白就永遠沒機會了。」）

他：「牛肝蕈和樺木牛肝蕈到底有什麼不同？」

她（因激動而顫抖）：「上邊的傘帽幾乎一樣，只有柄的部分有差別。」

「就在這些話從她唇邊吐出之際，他們倆都知道，一切已經結束了。他們所期待的話將不會出現。」

他：「樺木牛肝蕈的柄讓人聯想到褐髮男人的臉，他已有兩天沒刮過鬍子了。」

她：「是的，沒錯。」

日常溝通通常不會有這樣戲劇化的結果。但是兩位互相愛慕的人談起蕈菇，可能也是因為內心深處的優柔寡斷成為無意中的剎車器，阻止真正的主題出現。無論如何，我覺得我們的溝通裡充滿了這類顧左右而言他的對話。

正式主題多是情境邏輯下「得出的結果」，較少得自於談話雙方的心理邏輯。所以，當一個生意人結束了長途商務旅行回到家，在問候過太太後，他太太在情境邏輯下「自然而然」得出的正式談話主題是：一路上如何？他說起旅途中遇到的種種事。這對他而言多少是個義務，沒什麼心情去談。她努力保持興趣傾聽，卻無法完全掩飾她興趣缺缺。他不高興地斥責她：「妳根本沒在聽！」「我在聽，可是誰要你說那麼多無關緊要的細節。」氣氛很僵。正式主題與真正主題不符。太太真正想要談的是：「你離開家並且認識了許多人之後，你有多想念我？」

熟悉用較快的速度掌握情境，將阻撓我們去發掘自身關切的真正主題。這種「發掘」可從內在的提問開始：「**在現在這個情況**，你有什麼對我來講是重要的？」認真看待這個問題，會讓談話主題真正切入重點（圖四十七左），這是從我身上和你我之間的連結得出來的，所以會「一致」（比較第一五一至一五二頁）。否則彼此會忙著「顧左右而言他」，聚在一起卻心不

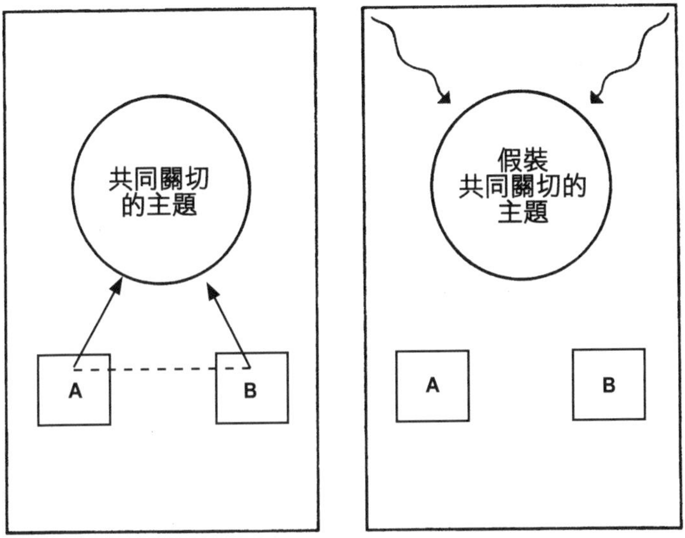

圖 47

在焉，談些無足輕重且毫無關聯的事。

今日要找出真正共同關切主題變得困難了，就像從「第三件事」的考量中所知。然而，與伴侶、父母及小孩、朋友間私人關係的命運如何，端賴著發現共同主題的能力，最糟的情況可能是：「我們活在不同的世界，各自有不同的發展，我們幾乎沒有共同的感動。我們之間到底還有什麼？」

2. 可理解性

人們經常批評學校課本、合約條文、政府法規、電視討論、政治評論和學術報告難以理解，但是現象很少會有改善。

圖 48：遇到難理解的訊息、心生敬畏的訊息接收者。

不管是「官方語言」或是「社會學家語言」，從來沒有人完全清楚知道，原因是出於「事情本質」就缺乏共同理解性，還是因為作者的溝通能力尚未發展成熟，或是因為專家們愛出風頭的癖好，想要讓一無所知的接收者對他們產生敬畏。我的推測是三種原因各占一部分。

無論如何，有非常多的一般民眾，特別是只接受了小學教育、語言處於劣勢的群體，經常會有失敗的經驗：他們理解的東西少，變得沒有勇氣，到最後就「不碰為妙」。也就是說，他們逐漸放棄去接受資訊。

民主社會不宜出現這種現象。成年只代表有能力探聽資訊，加上接收者大多認為自己很笨，因此，難理解的資訊不僅沒有被接收到，還損害了接收者的自我價值觀。

我們可以做些什麼？發送者和接收者雙方都必須學習。接收者最重要要學的是拒絕產生敬畏（圖四十八），意識到自己有權利要求可理解的資訊。

從我們的研究成果和訓練指導[64]中得出發送者可以學到什麼（「漢堡理解綱要」裡有詳細報告），我在這裡只做簡短描述。

2.1「可理解性」要解決的問題

在這一節中，我將根據我們的研究回答下列四個問題：

◇**什麼是可理解性？**答案如下：那是一種資訊類文章的特性，可劃分為四個範疇。為此我們將認識四種「促進理解的因素」。它們分別是：簡單、段落與順序、簡明扼要和添加刺激。

◇**可理解性可以測量嗎？**答案是可以。每一篇文章（或報告等）都可得到四種測量值，每個促進理解的因素各有一個測量值。這裡要做的是一種「貨物檢定」。約莫花上五個小時就可以學會如何執行這樣的檢定。

◇**每一種形式的文章都可以用可理解的方式架構，讓讀者更能理解並牢記？**答案是可以。一旦診斷出其中匱乏，文章可以轉化成更容易理解，但同樣達到傳達資訊的目的。在實驗中顯示，如此可傳達更多的資訊給讀者。除此之外，他們也會對內容更感興趣，閱讀時也獲得更多樂趣。在所有受過學校教育的讀者中都得到此結果。

◇傳達可理解的資訊──這件事可以學嗎？首先要提出一個相反的問題：想要學會這件事是不是必須放棄贏得聲望，那種因為賣弄學問造成理解困難而得來的聲望？我們的答案是：想學習的人會有長足的進步。光是有好的意願和一些建議還不夠。但已有一些附上練習題與好例子的訓練計畫（參閱第一九四頁）。

身為讀者，您現在知道接下來會看見什麼，您已得到一些資訊。這樣的「綜觀式導覽」會讓理解變得更容易。所以，不要馬上開始談內容，而是先說明要談什麼，公布段落架構。由此，您在「段落與順序」一項已獲得高分，達到了「可理解性」的第二個指標。

2.2 什麼是可理解性？

研究開始時，我們找尋的是促進理解的因素。我們試著這樣進行：我們請很多老師和其他專家做譬如這件事：「為學生寫指導文章，教他們如何用帳單來填滿一張數字卡！請盡量寫得可以讓人理解！」以這種方式，我們得到很多為了同一個指導目標、但以不同語言架構寫的文章。我們把這些文章拿給學生讀，之後用測驗來檢定，有多少資訊「傳達到了」。結果是：有些文章真的相當容易理解，有些則幾乎無法理解。

現在當然要提出一個問題：什麼是區分出容易理解和難以理解文章的特徵？要找的特徵不只是針對某些特定內容，而是盡可能對所有內容都有意義。

做過幾個研究調查之後，答案確定下來：資訊性文章最重要是在四個「語言結構面向」上有區別：一、**簡單**（反之是複雜）；二、**段落順序**（反之是雜亂無章、不連貫）；三、**簡明扼要**（反之是冗長繁瑣），以及四、**添加刺激**（反之是沒有添加刺激）。

這四個主要特徵各代表什麼意義？名稱上已透露出一些。但我們要仔細地介紹，更好的是它們做自我介紹（圖四十九）：

簡單 vs. 複雜

第一個促進理解的因素主要是指，在一般語言使用中所談的「可理解性」。例如，越來越多民眾向消費者機構抱怨官方文件無法理解。或是根據 Emnid 民調所示，每兩個人就會有一人抱怨電視的科學報導不容易理解。事實上，簡單是促進理解的最重要因素，也可明顯區分出「受過教育」和「未受過教育」的人。然而，理解和記住資訊絕不會只是因為「簡單」而已。

段落順序 vs. 雜亂無章

第二個促進理解的因素所涉及的不是措辭形式（簡單性），而是整體文章的結構。它的意

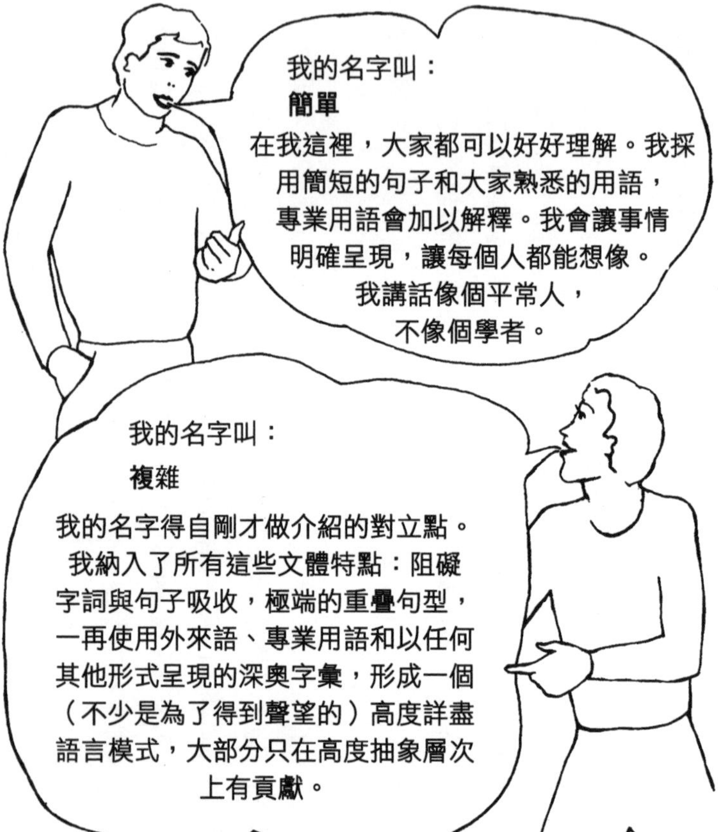

圖 49：「簡單」和它的對手「複雜」分別做自我介紹。

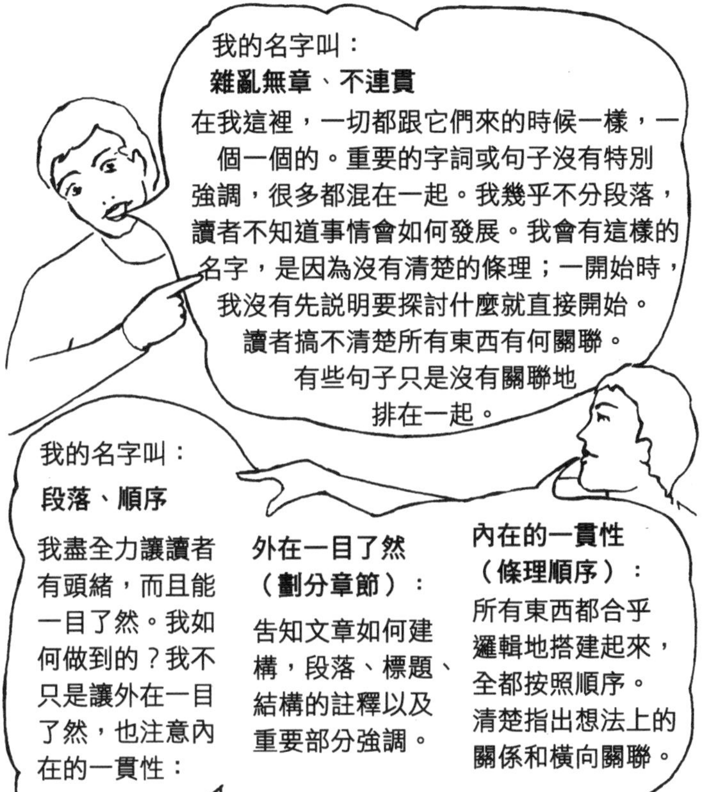
我的名字叫：
雜亂無章、不連貫
在我這裡，一切都跟它們來的時候一樣，一個一個的。重要的字詞或句子沒有特別強調，很多都混在一起。我幾乎不分段落，讀者不知道事情會如何發展。我會有這樣的名字，是因為沒有清楚的條理；一開始時，我沒有先說明要探討什麼就直接開始。讀者搞不清楚所有東西有何關聯。有些句子只是沒有關聯地排在一起。
我的名字叫：
段落、順序
我盡全力讓讀者有頭緒，而且能一目了然。我如何做到的？我不只是讓外在一目了然，也注意內在的一貫性：
外在一目了然（劃分章節）：
告知文章如何建構，段落、標題、結構的註釋以及重要部分強調。
內在的一貫性（條理順序）：
所有東西都合乎邏輯地搭建起來，全都按照順序。清楚指出想法上的關係和橫向關聯。

圖 50：「段落順序」和對手「雜亂無章」分別做自我介紹。

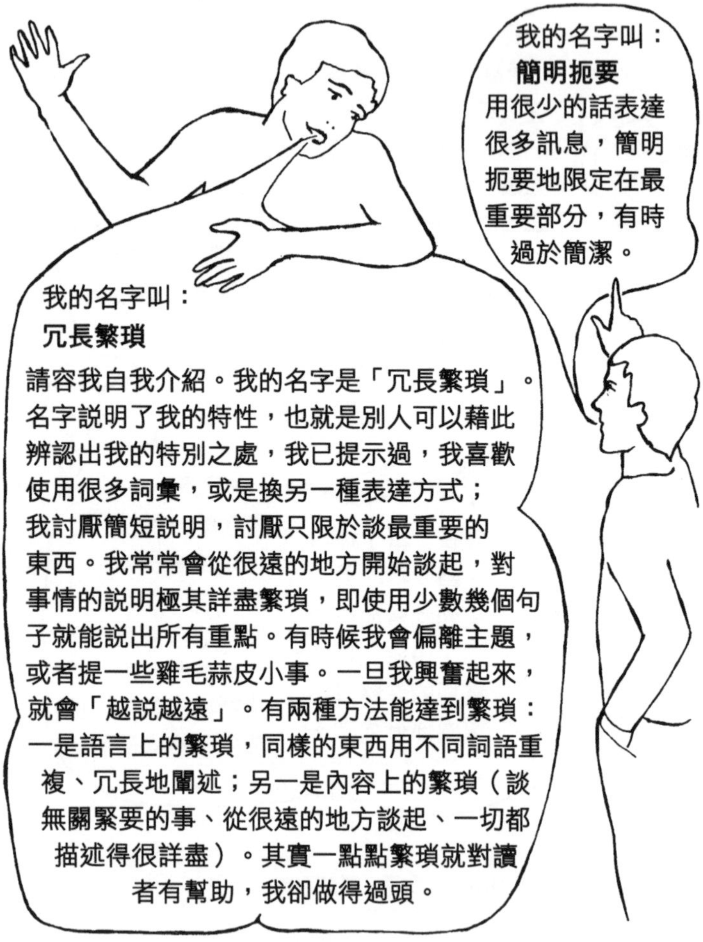
我的名字叫：
簡明扼要
用很少的話表達很多訊息，簡明扼要地限定在最重要部分，有時過於簡潔。
我的名字叫：
冗長繁瑣
請容我自我介紹。我的名字是「冗長繁瑣」。名字說明了我的特性，也就是別人可以藉此辨認出我的特別之處，我已提示過，我喜歡使用很多詞彙，或是換另一種表達方式；我討厭簡短說明，討厭只限於談最重要的東西。我常常會從很遠的地方開始談起，對事情的說明極其詳盡繁瑣，即使用少數幾個句子就能說出所有重點。有時候我會偏離主題，或者提一些雞毛蒜皮小事。一旦我興奮起來，就會「越說越遠」。有兩種方法能達到繁瑣：一是語言上的繁瑣，同樣的東西用不同詞語重複、冗長地闡述；另一是內容上的繁瑣（談無關緊要的事、從很遠的地方談起、一切都描述得很詳盡）。其實一點點繁瑣就對讀者有幫助，我卻做得過頭。

圖 51：「簡明扼要」和對手「冗長繁瑣」分別做自我介紹。

義會和文章長度一起成長。當沒有人**明白呈現訊息藍圖**時，接收者遇到簡短的訊息還可以稍微「克服」。我們已在第一七五至一七六頁中明白呈現了本章的藍圖。

簡明扼要 vs. 冗長繁瑣

雖然一些研究證明電報風格相當方便，但要達到最佳效果還要往中間一點。冗長繁瑣的文章最容易對年輕學生形成過度負擔，讓他們看不到重要部分，注意力快速下降。文章裡很少會有冗長繁瑣的問題，反而會常常出現在自由談話中。特別在委員會的事件討論、企業部門會談裡，我常常經歷到極端冗長繁瑣、足以讓人窒息的活絡交談。每個簡單的小消息都會加上無數前言、潤飾與伴隨解釋，進而膨脹成一個小型演講，像隻貓一樣，偷偷摸摸繞著燙手的明文打轉。那訊息接收者呢？他們早就沒再聽下去了，大多都在忙著準備自己的「演講」……

添加刺激 vs. 沒有添加刺激

到目前為止很少人研究這第四個促進理解的因素。首先它可收集各種不同的修辭方法，不只在知性上，也在感覺上與接收者搭上線，而且這是從學習也可以很有趣的觀點出發；如果可以感動整個人，不是只針對他最上層的大腦皮層，這樣做也比較有意義。

我在本書中使用了哪些刺激策略？

◇**我根據我自己和（推測的）讀者生活經驗，為每個人找出我認為重要的事實情況。**這從序言就已經開始了，並且有系統地使用在描述訊息四個面向時（參考第三十八頁）。

◇**我經常描述情景，用來比喻基本經驗。**比如說，從想像力可建構出牢籠，也可建構出橋梁（參閱第九十八頁）、「地主隊和客場比賽」的表達（參閱第一六六至一六九頁）是我拿運動字彙推演到心理現象上。

教這些技巧的老師是我們的想像力：為當下的心理真實情況發明了偉大而貼切的圖像。我在第一六三頁提到（正事的）「蓋子」進而到（情緒的）「蛇窟」，這樣的圖像有可能會在夢中出現。

◇用文字描述情景到圖解說明只是一小步。**當我在說明時，我很喜歡加上小插圖。**我是個「視覺型」的人，也就是說，在學習時我會優先使用視覺的感官通道；我的大部分聽眾也是如此。

圖解不僅僅是刺激物，通常也能呈現段落順序，讓思考結構或文章藍圖以視覺方式呈現。

◇**有時候我會把抽象的概念擬人化，讓他們出來說話。**如此一來，文字構成的特徵會以「可理解的因素」來做自我介紹，並且用直接語氣說話（而我經常用直接語氣說話）。

這種方法在文學與戲劇中早已為人熟知，讓當事人可以「發言」，說出心理在實際狀況下真正能聽到的東西。用這種方式不僅能從人身上接受「訊息」，還能從組織與公共機構接收「訊息」。因此，一個裝潢「極為講究」的客廳傳達給客人的訊號是：「在這裡你不可以大聲談笑、把腳抬高，或以任何其他方式走來走去，你應該表現出教養、說話要有禮貌，並且循規蹈矩！」

我在報紙上讀到一個感動的例子：穆勒讓「社會」對它的青少年說話（參閱第二三五至二三六頁）。

◇有時候（但也不是經常）**我會提到我自己，把事實消息和我個人連結在一起**。也就是說，我試著傳達這個內容為什麼對我如此重要，我是如何產生這樣的想法，它們對我有什麼意義。把事實傳達和自我宣稱結合在一起（圖五十三），在學術上會被唾棄。學術裡適用的是客觀真相的典範，獨立於發現它與說出它的人。我並不是摒棄這種典範，就我看來，每個知識——或多或少是有意識或被承認——都是朝著那條路前進，帶著求知者的筆跡，探討各種認知行動裡（也包括所謂的客觀性實驗）被承認或不被承認的的先決條件、特殊觀點和其變遷。學者並沒有置身於他們探討的世界之外，而是身在其中，身在其中一部分，他每一個找尋真相的行動都會預示他自我宣稱的成見，每一個行動都有他個人生活中的動機和結果，每一個行動也都設定了一種價值。因此：每一個「合乎科學的訊息」也都包含了自我宣稱面向，而且要標示出它來並非

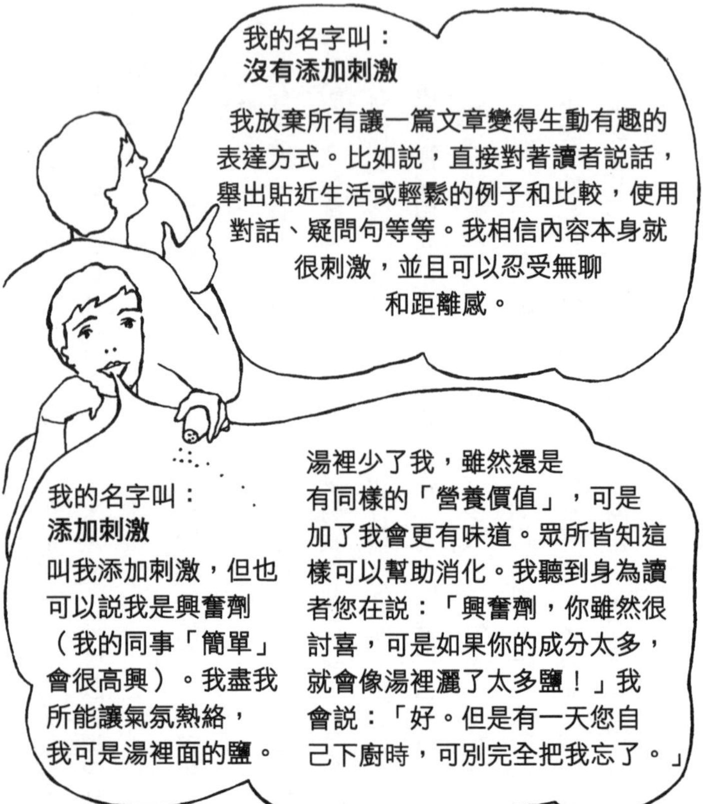
我的名字叫：
沒有添加刺激
我放棄所有讓一篇文章變得生動有趣的表達方式。比如說，直接對著讀者說話，舉出貼近生活或輕鬆的例子和比較，使用對話、疑問句等等。我相信內容本身就很刺激，並且可以忍受無聊和距離感。
我的名字叫：
添加刺激
叫我添加刺激，但也可以說我是興奮劑（我的同事「簡單」會很高興）。我盡我所能讓氣氛熱絡，我可是湯裡面的鹽。
湯裡少了我，雖然還是有同樣的「營養價值」，可是加了我會更有味道。眾所皆知這樣可以幫助消化。我聽到身為讀者您在說：「興奮劑，你雖然很討喜，可是如果你的成分太多，就會像湯裡灑了太多鹽！」我會說：「好。但是有一天您自己下廚時，可別完全把我忘了。」

圖 52：「添加刺激」和對手「沒有添加刺激」在做自我介紹。

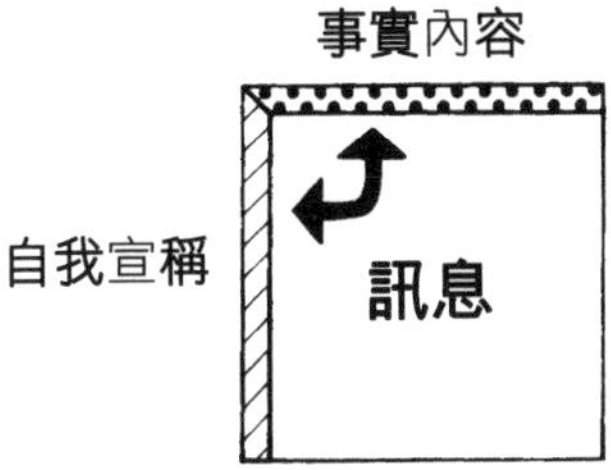

圖 53：事實傳達與自我宣稱結合，可作為生動的學習元素。

不科學。

人本主義心理學的代表人特別主張這個觀點，推崇一種相符的個人發表風格。一如卡爾·羅傑斯[65]寫到：

> 你們可能覺得很奇怪，我講了這麼多去尋找簡單、臨時描述的個人經驗；我這樣做是因為我相信，研究中有十分之九常常是藏在表面下；人們只看到冰山的一角，那卻是騙人的。只有很少人會描寫……全部的研究方法，如同存在整體裡的個體。我也想說一些研究的整體狀況、一些我腦中所想的，而不是只報告不涉及個人的部分。

同樣的，露絲·孔恩的每一份學術發表也是一份「我的消息」。在一篇有關體驗治療的文章中[66]她選擇了一種風格，稱之為「體驗式寫作」：

> 我想用這張紙表達出體驗治療和體驗式寫作。我想要嘗

試，至少在你們讀者身上，產生可想像的、身臨其境的過程。我想要為我寫的題目截取一些我在此時此地所經歷到的東西。

如果傳達的東西很明顯根植於個人，如果把區分事件與個人、區分事件和關係層面都去掉的話，資訊傳達可以很活潑，很有生命力。如果在聽完報告後能從報告者身上得到啟發，大部分接收者內心都是有心學習的。

2.3 測量可理解性

如何確定這四個促進理解的因素在文章裡實際產生的影響有多大？

很久以來我們就希望能「測量」可理解性。美國人弗列許[67]和他之後許多人建議了一種所謂「可讀性公式」：比如說公布文章中句子的平均長度和詞彙的平均長度，把它們結合得出一個總值。如此就設定了一個客觀尺標。

但結果顯示，這一數值不太適用於預測讀者對文章的理解有多少。這並不讓人訝異，首先，因為長句子和長詞彙並不一定難懂，那和很多附帶情況有關，比如說，文法的結構方

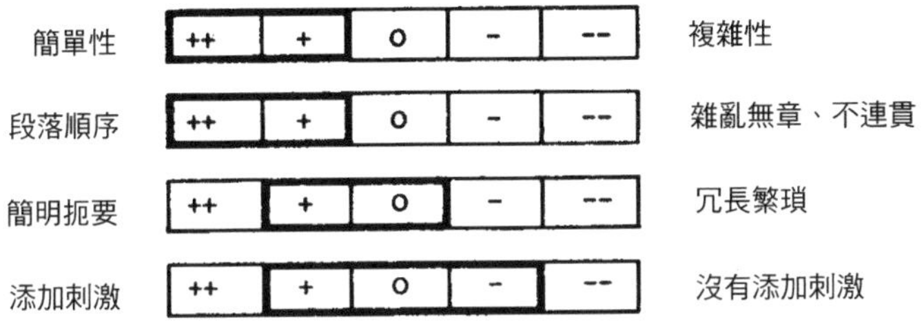
簡單性
++
+
o
-
--
複雜性
段落順序
雜亂無章、不連貫
簡明扼要
冗長繁瑣
添加刺激
沒有添加刺激

圖 54：可理解性的四個面向和其測量尺
（粗線框起的刻度代表最有利於一般性理解）。

式，或者是否有不認識的（通常是長的）詞彙需要解釋。客觀尺標無從測量這種附帶狀況。第二，只有第一種促進理解的因素「簡單」的其中幾方面，能以這種計算出來的特徵來理解。所有其他的，比如說條理清晰和內在邏輯，就無法考慮到。尺標在此無法發揮功能。這裡需要的是一個可以共同思考的人腦。

因此我們選擇了一種完全不同的方法：每個可促進理解的因素都有一個「測量桿」，上頭分成五等級的刻度尺（圖五十四）。

測量要這樣進行：受過訓練的判斷人員在讀文章時，會對每個可促進理解的因素得出一個印象上的判斷。之後給出四個數值，每個刻度都有一個數值。這項「貨品檢測」結果將填入一個分成四部分的「可理解性視窗」。例如圖五十五。

簡單	段落順序
簡明扼要	添加刺激

+	—
0	++

圖 55：可理解性診斷可能得出的結果（左邊是分配項目，右邊是填入的數值）

以文字來說明這個理解性診斷：

這篇文章在文字措辭表達上相當簡單（但也不是極度簡單，也就是說，還可以用更簡單的話來說明同一情況）。但是缺少一目了然的條理和清楚的先後關係。內容方面不特別緊密和簡短，說明上也不特別拖泥帶水。描述方式包含很多（太多的）刺激元素。

或許有一天，在書籍和文章標示可理解性視窗會成為一種義務——這樣「保護消費者」會有意義，也會鼓勵作者以有利於閱讀的數值為目標。

這裡使用的測量方法可在朗格爾與我的研究中[68]找到更進一步的理由和說明。那裡也說明了如何培訓判斷人員。

2.4 如何改善文章的可理解性？

所有公共領域資訊文章的可理解性都可以改善嗎？而且在改善時

原文

簡單	段落順序
簡明扼要	添加刺激

——	—
+	——

不削減任何要傳達的目的？

我們先收集各類型文章，從使用說明書到政府公告，一直到「高度學術性」文章。我們試著用不同方式來說明每種內容，好更加強實現四種可促進理解的因素。在最後，每個內容都以兩種版本呈現，一份是原始文章，一份是改善過的文章。

我選了一篇短文為例，它的內容和本書一樣是有關人際溝通，是從一份談論教育問題的雜誌裡摘錄出來的。這是一篇長文的起頭段落，主要是針對老師（與大學生）而寫。所有我認識的老師（最遲）在讀了下面這幾行後就放下手中的雜誌了。他們絕對沒有認為內容無趣。

原文

溝通是一種以符號為媒介卻涵蓋事實的互動，完全跟互動一樣，也是一種相互影響與溝通人們之間的統治關係。說話訓練因而被視為達成社會行動的教育領域之一。因此，要理解社會行動的概念，一方面要與盲目跟從既定角色規範劃清界線，另一方面要與個人任意妄為劃清界限。為了在理性基礎上和在與他人組成的溝通共同體中行動一致，不只

容易理解的版本

簡單	段落順序
簡明扼要	添加刺激

+	++
0	—

必須把單一語言用來做為分析認知過程的表達媒介，而且同時要做為反射式的溝通方式，對自己的社會關係以及主觀上、自己的與陌生人的意圖及需求做解釋和溝通。要做到的要求除了掌握不同語言符號之外，還得對語用學上在不同細微之處所隱含的內容意義具備敏感度。

容易理解的版本

溝通的意思：彼此用詞語或符號反應，對彼此產生影響；也可稱為行使統治。因此，語言教育也常常是一種教育如何與他人相處，一種針對社會行動的教育。社會行動看起來應該如何？為了達成目標，從事語言教育應該注意什麼？

「社會行動」的教育目標：不是盲目地做別人要你做的事，但也不是只做你自己想做的事。而是要和別人理性地討論，然後一致行動。

語言教育的任務：語言並不只是為了要把想法穿上詞語的外衣，而是有時候要說：「我們之間到底是如何來往的？」以及：「我和別人背後到底隱藏了什麼意圖和需求？」

因此我們也要學習去了解，別人的表達方式和自己不同。我們要伸

原文

簡單	段落順序
簡明扼要	添加刺激

－	－
＋＋	－－

出一根精密天線，在別人說話時，更正確地接收到他實際要表達的訊息。

我們再看第二個例子。當我把以下兩個文章版本先後在心理系大講堂中高聲唸出來，常常會出現以下的事：唸完原稿後，聽者常常覺得不知所云，有時會抱怨語言複雜，有部分會對學術產生敬畏，理解的卻很少。在朗讀較容易理解的版本期間與結束後，很多人笑了，平庸內容的笑點突然都出現了，敬畏也變成了多餘。

以下原稿是一項研究的簡短說明，節錄自一本心理學專業雜誌。

原文

要研究的是渦蟲的工具性調節在每日練習系列中時間分配的效果，因為這種動物身上的現象很引人注目（昆鳴斯等人，一九六九），達成過一次合格的學習標準，接下來的調節卻無法達成相同成績。六組受試者在六角形迷宮中，練習的回合數相同，但有一．五、二、三、六、十二、二十四和四十八小時的不同時間間隔，用來調節方向決定，其中要測量學習前的自由選擇，和學習後的消弱。結果顯示（在第九到第十一次的練習區

容易理解的版本

簡單	段落順序
簡明扼要	添加刺激

+	++
0	—

段後可以辨認），休息時間為六小時的時候會得到最佳學習值。太短和太長的休息會造成較差的學習表現明顯增加，會過渡到昏睡狀態和死亡。方向訓練前的自由選擇，和方向訓練後的消弱結果，只有在時間很短的組間間隔才能區分出意義，在較長時間裡沒有出現。

容易理解的版本

起始情況：要做渦蟲（特定種類的爬蟲）的研究。昆鳴斯（Cummings）等人的研究讓人得知：如果渦蟲學習東西只學了一半，牠們的表現會很快變得很差，即使我們不斷對他們正確的表現給予獎勵。這現象很值得注意！

問題：現在我們想找出，練習時間要如何分配，才能讓渦蟲有最佳的學習。

嘗試的安排：學習目標是在迷宮中總是會選到可以獲得獎賞的方向。把渦蟲們分成七組，每組練習的頻率一樣。但是練習之間的休息時間長短不一樣，分為一．五小時、二、三、六、十二、二十四和四十八小時。我們分別在練習前、期間和之後（屆時正確的表現不再受到獎勵）觀察渦蟲的表現。

結果：一、當休息時間為六小時的時候效果最佳。這是在我們做過九至十一次練習後的發現。休息時間若是長一些或短一些，表現會越來越差；渦蟲不再配合，或是死了。二、練習前和練習後的表現，只有在休息時間短暫時才會出現明顯不同。

現在最大的問題是：刻度尺數值有改善的文章真的比較好理解、好記嗎？對「四種促進理解因素」一無所知的讀者來說，也是這樣嗎？

結果令人高興：改善過的文章確實更容易傳達給讀者，至少在刻度尺上的數值有明顯差異時。但讓我們訝異的是：各類型學校教育的讀者受惠於較容易理解文章的程度一樣多。原先我們預期，通過高中畢業考試的讀者應該對原文有一定程度的理解，在閱讀另一種版本時，他們的理解程度幾乎不會改善。相對的，只受過小學教育的讀者應該會有很大的進步。我們的期待落了空。雖然平均而言，高中畢業生對原文的理解比職業中學畢業生好，職業中學畢業生又比只接受過小學教育的人好。但是三組人對改善過文章的理解程度都同樣往前了一大步，排列順序保持不變。但無論如何，小學教育水準的讀者閱讀改善過的文章，成績就達到高中畢業生閱讀原文的水平。換句話說：給高中畢業生閱讀原文，給小學教育水準的讀者閱讀改善過的文章，兩組人達到的理解程度一樣高。

更進一步的結果是，讀者對容易理解文章的反應較正面。有百分之六十五的人表示喜歡讀這樣的文章，只有百分之二十七的讀者表示喜歡讀原文。

2.5 練習傳達可理解的資訊

要求發送者「把話講清楚」沒多大意義，建議他們「把話說得簡單、有條理、簡明扼要，再加上一點點興奮劑」一樣也沒多大用處，因為特定的語言習慣與表達習慣已經年累月磨刻出來，給建議和要求都不會有用。因此，有系統地練習應是較有前瞻性的做法。首先，要能對資訊文章用四種促進理解的因素做準確估計。這種知覺練習對每個行為改變都很重要，做到這個就已達成了一半。另外一半要靠自己的努力：學習者動手寫簡短的資訊文章，每次寫完都把自己的文章和專家寫的做比較。剛開始時，每次只針對一種促進理解因素練習，最後要同時在四點上都獲得改善。

這項訓練力求綜合、整體的學習。意思是說：學習不會拆解成小的細節步驟（譬如把名詞使用轉換成動詞形式＝「簡單」的一項練習），主要是去模仿範例。

我們在為這項計畫做測試時得到結論：理解性的陳述並非與生俱來的能力，是可以學習到的。

III 訊息的關係面向

1. 概論：「他究竟是怎麼跟我講話的？」

當有人想問：「他究竟是怎麼跟我講話的？」他應該是覺得——就讓我們這麼說——對方用高人一等的姿態對待他。

這個人不是針對事實內容反應，他可能對事實內容表示贊同。他的反應是針對發送者與他攀談的方式。在這個「怎麼」要表達的是：「我就是這樣對待你，我就是這樣看你。」這個「怎麼」會透過措辭方式和講話的語調，還有透過臉部表情和肢體語言表達。

在人與人溝通中，訊息的第三個面向特別重要。在傳達事實內容時，不可能不同時以某種方式對待（或糟蹋）他人。我單單是對他說個字，就代表他對我而言不單是「空氣」！

事實消息大部分是針對接收者的腦袋，由他的理智接收與評定；相對的，隨之而來的關係消息會直接進入「心裡」（圖五十六）。

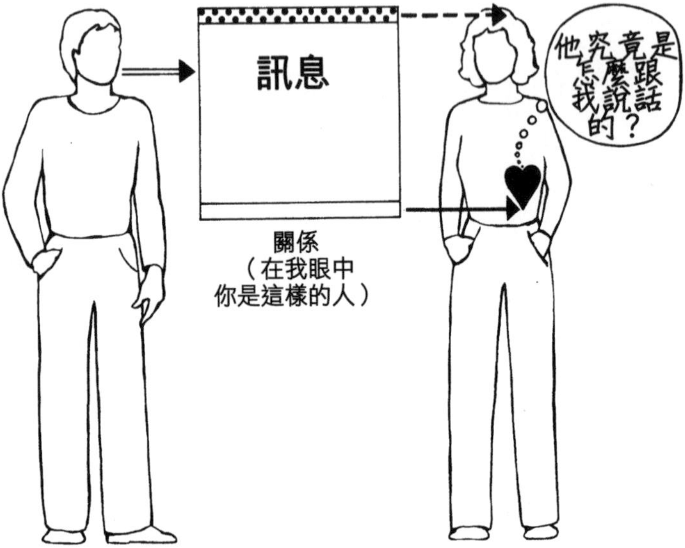

圖 56：事實消息多數是針對理智，關係消息則是直指「心裡」。

接收自我宣稱面向的消息時，接收者是個參與較少的診斷者：「啊哈，你是這樣的人。」關係面向上則牽涉到**他本人**：「什麼，我會是這樣的人？」會覺得跟自己關，可能是因為接收者將強大的「聽覺力」置於訊息這個面向上。婚姻治療師對此都有過親身體驗，有些伴侶幾乎只反應關係面向，完全不去瞭解內容。他們看到關係面向上的「根本」問題，「另一個人則依情緒反應（大部分不自覺、無意識），首先考慮的不是對方說了什麼，而是他怎麼說。」[69]

關係消息的意義不只在於情緒的片刻效果，就長期來看，它將會影響接收者的**自我概念**（原來我是這樣的人）（參閱第二三二至二三五頁）

教育與職場越來越強調關係面向的意義。以今日的觀點來看，人格形成不太是依照教導了什麼（「客觀的」教學內容）而定，而是依照數萬則關係消息，也就是孩子與學生接收到針對他個人的消息。上課和教養經常是同時進行的，這可直接在訊息正方形裡讀出。這裡要注意的是，這樣的關係消息不只出自人的口，也會（匿名且潛意識地）出自結構上的既有條件（參閱第二三六頁）。

關係面向對職場工作也有深遠意義。別人如何對待我？我們之間如何往來？每日的生活品質都取決於此。不僅是如此，「企業氛圍」和「領導風格」的研究調查指出，這方面與隨時待命和工作成效有密切關係。這很容易理解：如果我每天反覆（尤其在「字裡行間」）接收到「你在這裡算小人物；你怎麼想不重要，收斂點，你以為你是誰？」的訊息，我會覺得氣餒，喪失自我價值觀，擔負責任也不會有樂趣。也許我會觀望各種可能，期待自己「變得重要」，但不一定對恰如其分的合作有好處。如果我覺得人們確實重視我的意見，感覺與他人價值同等，我就會對工作滿意，並且能隨時為工作效命。但是這樣的認知又有很大的危險：訊息的關係層面變得**功能化**；主管在「人本關係訓練」中學到讓員工感受到自己的價值受重視，但此舉不是人本態度的表達，而是引發動機的有效方法（參閱第二五二頁）。

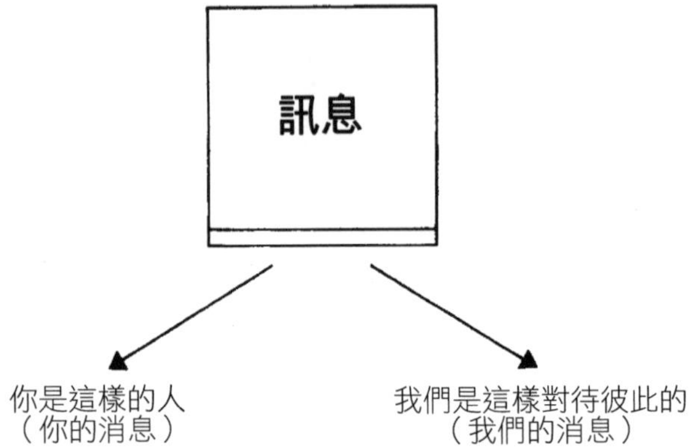

圖 57：關係面向的兩個觀點

關係現象的兩個觀點

嚴格來說，訊息的關係面向包含兩種不同的觀點。要讓想法往前推演，有必要把這兩個觀點區分開來談。其一是表達出發送者如何看待接收者，他認為對方是什麼角色。與此相應的「你的消息」是：「（在我眼中）你是這樣的人！」另一個是這個面向包含了發送者對關係下的定義：「我們是這樣對待彼此的（……不是嗎？）」見圖五十七。

在中大型企業裡，一個打雜的員工在走廊上遇見經理，親切地問他：「哈囉，老兄，你好嗎？婚姻幸福嗎？」這探聽隱含非常親密的關係定義，經理很可能沒有如此認定，因此他的反應又驚又怒，心中充滿這種感覺：「真是放肆，他竟然這樣和我說話。我們的關係不是這樣的！」

為了凸顯定義上的區別，我們要說：訊息的關係面向包含了「你的消息」和「我們的消息」。這兩部分經常會糾纏不清。然而區分開來在溝通心理學上有其意義，而且接下來我想先討論「你的消息」會產生的問題，然後才進入關係定義會帶來的問題（「我們的消息」見第二二一頁）。

老闆與女祕書

我們要用以下例子說明，遇到相同的事實內容與訴求，關係面向可以有多大的不同：老闆發現他的女祕書把一份檔案歸錯分類了。我們來聽聽六個不同老闆的反應（聲調在這裡有重大意義，可惜用文字無法傳達）。

2. 掌握關係的工具

除了接下來要列舉的六個例子外，還有許許多多可以用來對他人表達「我們如何看待他」的可能性。放棄一些細微差異，把發生的各種事縮簡和歸類，就可以用科學方法來解讀。我想介紹兩種工具，讓人能把人際間發生的事看得更清楚明白：交叉行為與交流分析。

2.1 交叉行為

給主管與教育人員行為的實證研究提出，在關係層面上糟塌訊息接收者最重要有兩種「技巧」：貶低和約束。說更仔細一點：從主管和教育人員對待下屬和青少年的方式，可以區分出兩種主要特徵：一、尊重價值和藐視，二、控制管束和給予決定的自由。這兩種特徵的組合可得出圖五十八的交叉行為。接下來將一一說明。

1. 尊重

尊重是指，發送者的話裡表達出他認為接收者值得尊敬、具有同等價值、享有平等權利，並以友善態度對待。裡面包含了禮貌與手腕、親切的鼓勵、語言行為的**可逆性**。可逆性又可稱為「可轉換性」，意思是：發送者對接收者用某種講話方式，接收者也可以用同樣的方式對發送者說話，不會危害到彼此關係。這種次要特徵在階級式關係中特別重要，像父母對孩子，老師對學生，主管對下屬。

因為這裡容易產生誤解，因此我想說明，在這裡，「尊重」並不是意味著始終不變的友好態度和小心翼翼的照料。尊重不是「溫熱的牛奶」，而是一種尊敬的方式，即使在衝突和激烈爭論中依然能重視他人，視其為價值同等的伙伴。

一號老闆關係：老闆認為可以容許犯錯。他以同事的態度對待女祕書，並且只針對事件。女祕書的情緒反應可能是正面或中性。

二號老闆關係：友善，但是老闆利用一個小過囉唆了一頓。女祕書被當成在學學生，她的資訊處理能力被看低了（可以記住嗎？）。疏忽犯錯卻被嘮嘮叨叨說了一大堆，老闆在這一點上強烈凸顯他的優勢。女祕書的情緒反應可能是負面的。

三號老闆關係：老闆透過他嚴厲和吹毛求疵的的行為羞辱女祕書：他把她的「失誤」毫不含糊地呈現在她眼前，用笑話貶低她的道歉，還用粗魯的回答演示誰是這裡的老大。女祕書對這種「放肆語氣」會產生強烈的負面情緒。

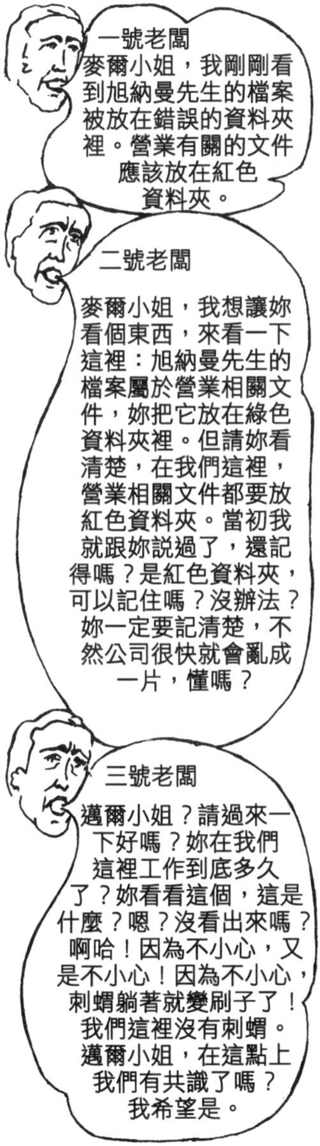
一號老闆
麥爾小姐，我剛剛看到旭納曼先生的檔案被放在錯誤的資料夾裡。營業有關的文件應該放在紅色資料夾。
二號老闆
麥爾小姐，我想讓妳看個東西，來看一下這裡：旭納曼先生的檔案屬於營業相關文件，妳把它放在綠色資料夾裡。但請妳看清楚，在我們這裡，營業相關文件都要放紅色資料夾。當初我就跟妳說過了，還記得嗎？是紅色資料夾，可以記住嗎？沒辦法？妳一定要記清楚，不然公司很快就會亂成一片，懂嗎？
三號老闆
邁爾小姐？請過來一下好嗎？妳在我們這裡工作到底多久了？妳看看這個，這是什麼？嗯？沒看出來嗎？啊哈！因為不小心，又是不小心！因為不小心，刺蝟躺著就變刷子了！我們這裡沒有刺蝟。邁爾小姐，在這點上我們有共識了嗎？我希望是。

四號老闆關係：這種哀怨的控訴在說：「我深受其苦，都是因為妳的緣故！」會引起罪惡感、心生怨憤。

五號老闆關係：可以看出來，他把女祕書的失誤視為有些反常，他喜歡當施主型的治療師。女祕書的反應：大概是強烈的負面情緒吧。

六號老闆關係：有點從上對下說話，但此外，他的諷刺並不十分明確。是同事間瞎鬧？或者他的意思是：「我覺得妳是個沉重負擔，所以我只能苦中作樂。」女祕書也不能確定，她該如何說明這個關係。除非她「認識」老闆，而且知道「他到底在說什麼」。

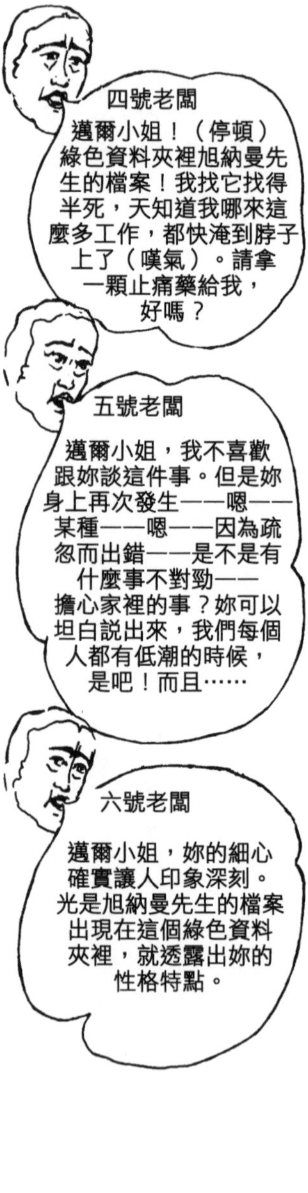
四號老闆
邁爾小姐！（停頓）綠色資料夾裡旭納曼先生的檔案！我找它找得半死，天知道我哪來這麼多工作，都快淹到脖子上了（嘆氣）。請拿一顆止痛藥給我，好嗎？
五號老闆
邁爾小姐，我不喜歡跟妳談這件事。但是妳身上再次發生——嗯——某種——嗯——因為疏忽而出錯——是不是有什麼事不對勁——擔心家裡的事？妳可以坦白說出來，我們每個人都有低潮的時候，是吧！而且……
六號老闆
邁爾小姐，妳的細心確實讓人印象深刻。光是旭納曼先生的檔案出現在這個綠色資料夾裡，就透露出妳的性格特點。

藐視是指：發送者對待接收者如下等人：拒絕、貶低、侮辱、情緒冷漠、由高處往下看。進一步還有：不嚴肅對待、讓他出醜、使其難堪、表示反感。還有「不可逆性」：發送者用某種方式對待（大多是無關緊要的）接收者，但「不允許」對方以同樣方式對他（比較二號到五號老闆）。

2. 控制/管束

控制與管束指的是一種行為風格，企圖讓自己對接收者的想法和行動產生重大影響，譬如說透過指示、規定、問題、禁令等等。

輕度的控制與管束是指，發送者透過訊息讓接收者理解，有很多事情他可以自己決定，有自主的活動空間。

大規模的控制與監督會引起接收者內心多次反抗。「我沒興趣一天到晚被規定要做什麼，或者老是被看不起！」這種表達透露出他想要自主、自動參與、自由發展的願望。教育裡大規模的控制和管束，將阻礙獨立發展和學會行使自由。因此就能理解，孩童時期的執拗和一些青少年期的反抗，乃是過度管教導致的抗議行為。

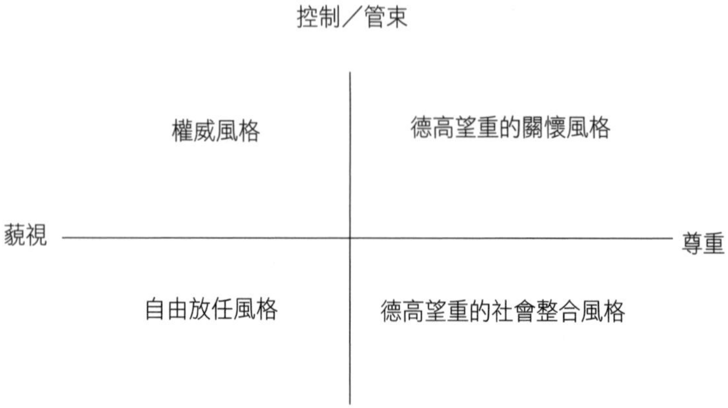

圖 58：訊息關係面向的兩個重要面向：情緒與控制。

訊息關係面向的溝通診斷

從情緒和控制面向來看，我們可以得出一個意義深遠（即使還很粗糙）的診斷框架，用來描述人際溝通的關係觀點。如果我們長期觀察教育人員或主管（還有婚姻伴侶、工作同事等）如何與下屬等人互動，我們就能夠在兩個面向上將觀察所得各用一個定點值標示特徵。這個方法有個假設：在最尊重和最藐視的表達之間還有許多中間階段，在控制面向上也是如此。觀察結果和定點值分配可以填入坐標系統（圖五十八）。

當然會有多種混合形式。在圖五十八中填入的是四個「單純的」代表。一號發送者的溝通方式是對他人表達出許多尊重，卻同時領導、管束和控制。二號（就如人們所說）是一位「有權威的老骨頭」：強勢主導、約束、同時也藐視與看低接收者。三號不太重視他人，對他人表達他的反感，卻很少去領導、控制和約束，一種「想做什麼就做吧！」的自由放任方式。四號把別人當作與他同等價值的伙伴，不會去約束，也不會不斷用各項規定束縛他。

評估個別表達

我們可以把個別表達放在情緒和控制面向評估，用來做精密的溝通分析。這裡提供一個家庭教育的例子：

全家人要去參加慶祝會，大家正在「盛裝打扮」。十四歲的女兒開口說：「媽，我穿牛仔褲可以嗎？」

把不同母親的反應填入座標，分別放在切合的向限裡，就能一目了然（圖五十九）。

透過行為訓練達成合作關係？

這兩種人際行為面向曾是我們心理學的行軍裝備。在一九七〇年左右，我們這些陶須的學生和同事與所有「受過訓的人」一起踏遍全國，這些人順應時代精神，也想在人與人之間，尤其在教育上，想要有「更多民主之車」。當時這樣的想法很吸引我：國家和政府機構的政治民主化，可以促進行為和個人價值的「內在民主化」，也就是必須要走向個性結構的民主

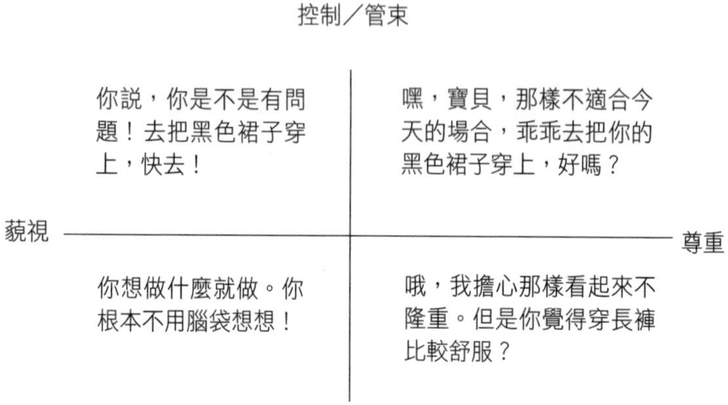
控制／管束
你說，你是不是有問題！去把黑色裙子穿上，快去！
嘿，寶貝，那樣不適合今天的場合，乖乖去把你的黑色裙子穿上，好嗎？
藐視
尊重
你想做什麼就做。你根本不用腦袋想想！
哦，我擔心那樣看起來不隆重。但是你覺得穿長褲比較舒服？

圖 59：母親可能有的四種表達。

化。身為心理學家的我們可以運用知識，針對行為改變的準則，在這裡扮演「內在革新」的協助者。當時身為心理系學生的我很驚喜，並且深深受到這個想法吸引：人際間的行為跟打網球或開車一樣，可以練習。基本上，我一直到今天都還肯定這種想法，然而那時候有一些天真想法隨著時間消逝了。視野開拓一方面減弱了對訓練的樂觀態度，讓傳道授業的熱情消失，另一方面卻讓我們的心理學建議有了決定性的改善。我想的「天真想法」和「視野開拓」是什麼呢？

首先我們認為，權威式的行為乃是錯誤學習過程造成的，可以透過再學習，讓行為轉為合作形式。因此我們給參加者制定「困難的教育情境」（大約如第二〇四頁），讓他們去找出合作伙伴式、非權威式的反應，用角色扮演做練習。這會導向「精美包裝的」（比較第二十九至三〇頁）心理學。雖然這樣能大幅提升知覺和拓展行為模式，而且如果行為模式貧乏（我還可以用什麼方式表達呢？）和單純的感覺遲鈍（為什麼別人會覺得受到傷害呢？）引發不恰當的行為，做這種練習會讓人感受到「原來如此！」，並且因此改變自己的行為。然而，溝通錯誤大部分有更深層的原因；我們發送和接收訊息的方式根植於整體人格深處。所以，看不起別人或狂妄自大的行為，暗地裡可能懷著貶低他人高抬自己的願望。我們在這裡再次遇上自卑感，貶低他人可以讓人（暫時）減少自卑感（阿德勒）。管束他人和總是要占優勢也是為了同樣目的。這裡我們再次面對第一五四頁已提出的看法：要達到「溝通能力」的學習目標需要有全套促進整體人格心理健康的課程。換句話說：自我經驗和自我接納是以練習新行為為前提，或至少會隨著練習而來。

第二，我們在上面所描述的行為練習裡，暗中假定有個不受情境、個人和關係影響的理想行為。這個假定基本上和「一致性」（參閱第一五一頁）的想法衝突。我們還假設，這種理想行為可以依照同樣的學習原則而變得熟練，就像打網球一樣：觀察模仿對象、練習、得到成果。可惜我們忽略了一個小麻煩：只有當外在與內在行為尚可一致，人與人之間的行為才有心理上的意義，也就是說，外在舉止有個相對應的內在情緒。可是，「理想的」內在情緒無法依照提到的學習模式來訓練（這不是在說明情感教育沒有可能性）。無論如何，我們的訓練概念有危險，只練習符合概念的套裝材料，沒有充分考量事情發生的心理面向。在極端例子中，參與者表現出尊重他人、願意協調、充滿理解的行為，卻給人不真實、只是「訓練有素」的感覺，因為這與相對應的情緒與內在態度不一致。以今日的觀點來看，重視處理自己感覺的自我經驗首先就比熟練行為方式更重要。

第三，我們更進一步做了以下假設：人的行為表現，首先表現出的是他的人格。因此我們從個體著手，對個別教育人員（主管、員工）提供行為訓練。我們在其中較少注意到行為的**關係相依性**：

溝通對象會相互引發特定反應，也許甲先生和乙小姐從我身上誘發出的是完全不同的「人格」。依照我的見解，這種（第一〇五至一〇六頁所述）看法應該較少從個人角度出發，更著重於互動規則，不該取代個別的出發點，而是加以補充。

最後是第四點，我們低估了機構因素，也就是社會已定型的舞台，甲和乙登上舞台，在鋪陳好的角色規範中相遇。當老師面對學生表現出控制和貶低的行為（在陶須夫婦的實證研究中，這類行為在一九六〇和七〇年代占大多數），原因不只要歸咎於老師權威的個性，以及老師接受的心理學和教育學訓練不完善。意思是說，如此一來問題只被局限在單方面，將問題「個人化」和「心理學化」。譴責「機構盲目無知」[70]是有道理的。因為一個實證研究指出，機構的條件框架（譬如說學校）真的會影響老師的行為（我用的是「影響」不是「強迫」）。我們要如何想這件事呢？學校（符合社會要求地）給學生一個基本上「不可能的」情境：每堂課安安靜靜坐著，遠離生活地吸收知識，大部分內容與學生的生活不相干，但是教學計畫都為所有人規劃好了。在人數多的班級裡，個別困難與願望絕大部分會被擱置。分數代表了一個學生有價值還是沒價值，而且這種個人價值來自少數幾個成績，來自於和別人比較。幾乎每個正常孩子都起碼會對這樣的情況產生部分抗拒，產生「反感」。這種反感行為（行為障礙、漠不關心）會讓老師覺得是針對自己而來（即使他們「實際上」是針對機構），特別是當他滿懷教育熱情，期許自己「上好一堂課」時，針對性的感受會更強。學生帶給他挫折。為了保證一定程度的「成績表現」，並且掌握好這「不可能的情境」，老師只能對付干擾他的人——施加壓力和貶低——把干擾的學生貼上「惡劣」或「病態」的標籤，給自己減輕壓力，給自己求生的機會。

相信這看法可以讓我們認清，有必要（逐步）改變眼前的條件。這看法也督促心理學家（和教育學家）態度要保持謙遜，認清他有局限，並且警告他，用心理學克服問題將無法聚焦在造成弊端的重大原因上。這個看法不該再度被誘導至以下（由貝恩費德[71]發展出來，由他的接班人過度擁護的）立場：因為條件必須改變，因而使得每個對形塑人格所做的個別努力不只是徒勞無功，而且（由於系統而得來的結果）還有害、掩藏衝突、被「敵人分散注意力」。

沒有一種生活沒有條件。在人性上若不是減輕，就是加重：一向都是由人來決定是否透過行為實踐人性，不論他是認同、不顧，還是反對這麼做。而且我們沒有理由要等到外在條件改善後，才去消除個人身上不符人性的條件。

離題談論我們「當時的天真」就到此為止。辛格納[72]鑽研過這主題，並且為心理學訓練概念引導出重要結果。

2.2 交流分析

談過交叉行為後，現在我想介紹第二個工具，它可為我們打開眼界，看到兩人之間的關係如何運作。這項工具也就是所謂的「交流分析」，它有這個優點：把接收者納入，讓我們檢視來回交流。關於交流分析（TA）可以回溯到美國精神科醫師艾力克·伯尼（Eric Berne 著有《成人遊戲》），還有一些通俗易懂的書[73]，因此在此只做簡短的入門介紹。

交流分析的出發點在於，我們每個人身上都有三個人格主管機關，而且都能夠（以個別的「我的立場」）發言：父母自我、兒童自我和成人自我。

父母自我裡面保存了父母曾傳達給孩子的幫助與保護、生活智慧，但也包含勸告、規定和禁令、一個「人」的想像。我們在溝通時，這一部分人格有時候會唸：「唉，唉，現代的年輕人啊！」（加上抱怨的語調）。父母自我有兩個面向：若不是批評、譴責、愛說教，就是

圖 60a：父母自我

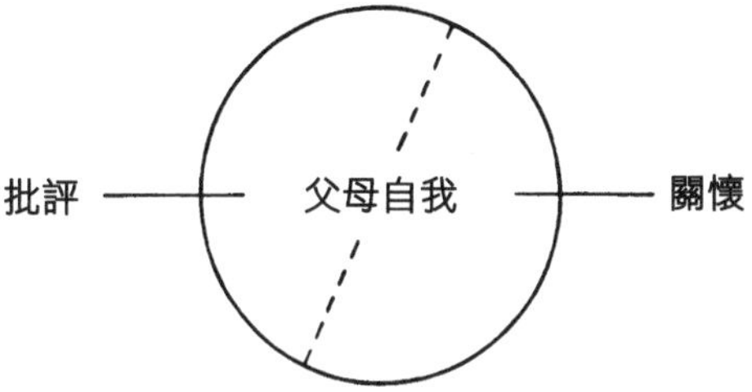

圖 60b：父母自我的兩個面向

給予關懷。

舉個例子，批評的父母會說：

「邁爾小姐，妳只要多注意整齊，就能找到檔案了。」

或者：「親愛的羅申貝格先生，這樣真的不行！如果每個人都想來就來，想走就走，我們就根本無法好好一起工作！」

關懷面向的父母自我（第六十三至六十四頁）會這樣：

「你不穿件外套嗎？外面很冷！」

兒童自我裡面藏著所有當時的感覺和反應。每個成年人，不管他想表現得多麼「有尊嚴」、有理性和獨立自主，身上還是保留了這種「臭小孩」習性[74]。他可以用三種形式發言：一、天真自然（淘氣、玩鬧、一時衝動）；二、行為得宜（乖巧、卑躬屈膝），或者三、叛逆（倔強、狂妄自大、哭哭啼啼）。

天真的兒童自我以本能來表達他的感受，也許是淘氣和好玩，行為得宜的面向就可能會帶著卑微的眼光：「下次不

圖 61a：兒童自我

圖 61b：兒童自我的三個面向

會再發生這種事了，艾博士！」相對起來，叛逆的兒童自我聽起來尖銳而狂妄：「你們什麼都更有辦法，你們的事自己處理就好了！」或許再加上一點戲劇化的啼哭：「我真的厭倦老是在當代罪羔羊！」接下來一整天都在鬧脾氣。

成人自我可以比喻成電腦，他評估現實的實際狀況，並且檢驗來自父母自我和兒童自我的衝動是否合宜。一個訓練有素的成人自我只容許父母自我中至今仍適用的規範與價值觀，而且在情況合適的時候才讓兒童自我顯露出來。

當我們聽到成人自我說話，聽起來會是事實的、資訊的、確定的、分析的，要尋找諮詢的，徹底製造理智的印象，與交談對象處於平等位置。

三種自我都有價值，且都是價值相等的成人人格。當然，伙伴間的交往重點在成人自我、天真自然的孩童自我，和（不應占太多）的關懷型父母自我。

為了分析溝通，且為了避免可能障礙，我們將發送者和接收者各以三個圓形表示，訊息以箭頭來表示，訊息將從發送者的三個自我中的其中之一出發，指向接收者三個自我的其中之一。「指向」在這裡的意思是，它會引導接收者從這一方面的自我去回答。所以，當消息來自批評型的父母自我時，接收者的反應大部分是順應型或反抗型的兒童自我（反之亦然）。舉個例子，老闆說：「邁爾小姐！妳真的必須在秩序條理多下點功夫。」祕書：「如果您什麼都能做得更好，就統統自己動手好了！」（圖六十三）

我們再看一次導論舉的例子（圖三）。先生坐在駕駛座旁，他對正在開車的太太說：「嘿，前面是綠燈！」表面上這是在告知事實，由成人自我對成人自我發送。訊息中卻「下意識地」含著父母自我口氣的關懷式警告。這種「潛藏的交流」在圖中以虛線表示（圖六十四）。

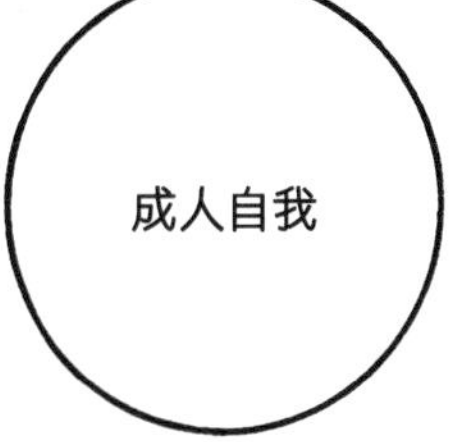

圖 62：成人自我

太太有很多種反應方式。潛藏的交流引導出兒童自我的回答，可能是順應型（a）或反抗型（b）。但也可能出現例如成人自我反應（c）或者父母自我反應（d），這兩種反應會反對這位先生的（隱藏）交流。

a.「哦！是綠燈。對不起，我今天開車不太專心。」

b.「我自己頭上有眼睛！誰在開車，是你還是我？」

c.「是綠燈啊！謝謝。」

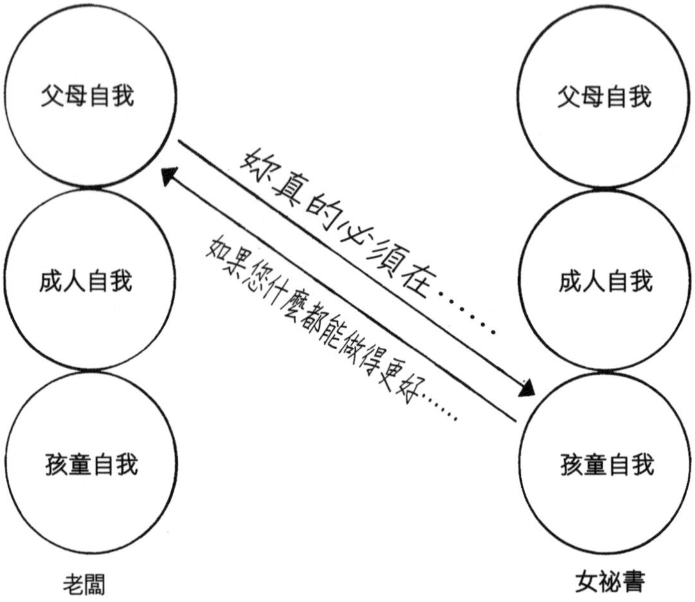

圖 63：老闆和秘書的交流

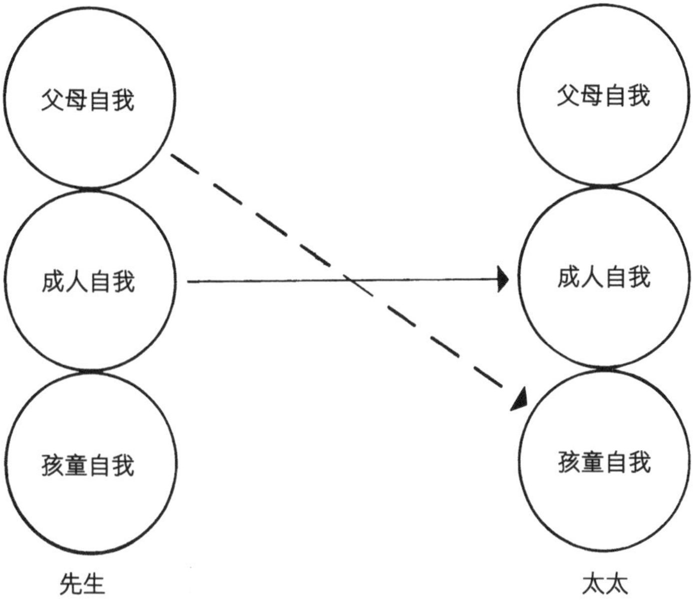

圖 64：先生的訊息（「嘿，前面是綠燈！」）在表面上和隱藏的交流。

d.「老天，你一定會準時抵達！別老是這麼沒耐性！而且也不該老是對駕駛有意見！」（圖六十五）

這樣的圖表可以幫助談話雙方清楚理解，他們之間在「交流」什麼。比如說，他們常常透過這樣的方式才明確知道，他們雖然想以伙伴地位平等地交往，卻常常掉入父母自我 vs. 兒童自我的模式裡，因而互相覺得對方很煩。

3. 他人的形象

我們曾提過：訊息的關係面向可表達出發送者是如何看待接收者。面對其他人時，我表現出來的行為大多取決於他在我心中的形象。我認為他是個惡魔，和我認為眼前的人是上帝派來的天使時，對待的方式將會有所不同。

發送者要知道這一點：他人形象有一部分是自己造成。這個形象的「模樣」常常不完整，對它的知覺取決於觀察它的眼鏡。人類知覺不只有選擇性，還有補充性。我知覺的結果來自原先就「在那裡」的、加上按照自己想法所提出的解釋，兩者結合的產物。關係障礙之所以會產生，源自於我對他人的知覺完全不同於他對自己的知覺。接下來要描述會造成形象扭曲的兩種心理機制：投射和移情。

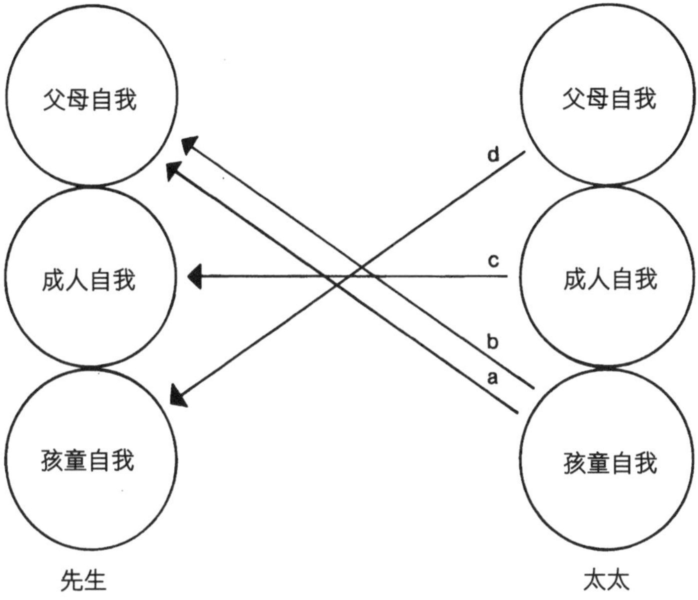

圖 65：太太的四種不同反應方式：
順應型或叛逆型的兒童自我（a 和 b）、父母自我（c）和父母自我（d）。

投射

露絲・孔恩對此有一個（我覺得是）開玩笑式的定義：「如果你可以在別人臉上看到你的胃痛，這就是一種投射。」特定的心理過程在我心中運作，我沒辨認出來，我將它投射到外面，在別人身上辨認出它。那常常是我不喜歡承認的感覺和衝動，我覺得它與我的自我形象不合；在別人身上發現它讓我過於敏感，不少時候必須奮力與之對抗。赫曼・赫塞在《徬徨少年時》中寫道：

> 我們如果討厭一個人，我們討厭的是他形象裡面我們自己身上也有的東西；如果我們自己身上沒有，就不會為其所動。

榮格用「陰影」一詞表達人身上不受喜愛且未被辨識的部分。許多關係層面的熱烈爭論是一種「空拳」。

移情

心理分析學的移情概念大致也以完全類似的方式進行。我對他人的知覺也許一樣不符合實際狀況，但這種誤導的知覺並非來自本身，而是牽涉到未知的第三者：假設某人因為某個外在（說話方式、髮型、臉型）讓我想起過去某個重要的人（媽媽、爸爸、兄弟、老闆）。我沒有意識到這個相似性，無意識地依憑感覺反應，就像在面對我過去認識的那個人。比如說，我總是暗中懷疑，是否別人不會對我不滿意（比如我父親的作為）。心理治療要讓人練習去意識到這種移情狀態，讓當事人想像移情的對象坐在對面，想像自己在與他交換意見。這個過程應該能解決「未完之事」，讓它不再無聲無息地潛入目前關係裡。當然也會有好的移情現象，因此有些熱戀在初期與對方並沒有多大關係。

移情現象如此重要而且無所不在，值得更仔細討論發送者和接收者如何有利運用：

當我結識新朋友時，我試著問自己，他讓我想起了誰。這樣能讓我意識到他們的相似性，以避免我讓過去「未完之事」成為新關係的負擔。然後我能夠檢查我的潛意識想像是否屬真，也許可以確定：他雖然看起來像我哥哥，卻完全是另一個人。

對接收者而言，認識移情機制也極為重要。我必須知道我「遭到移情」，也就是說，別人對我的感覺並非都是針對我而來的，也許是針對完全另一個人。可能是我身上某個特徵或是我的角色，喚起別人無意識地想起「舊識臉孔」。老師、上司和政府機關的有權人士最容易被他們面對的人喚起過去的威信問題。露絲．孔恩描寫移情問題很透徹：

> 我堅信，了解移情現象無所不在並且知道如何應對，屬於所有教育工作者最重要的工

具，了解此現象不應局限於小房間裡的心理治療師。多少痛與傷害將會在教室和其它地方減少，如果一起生活和工作的人都能在團體中學會，他們得到的所有反應並非真的針對他們，而是針對他人早年生活中的形象（父母、老師、兄弟姐妹）。每個人能有多清楚地體驗到，他將什麼樣的錯覺和偏見無意識地轉移到他人身上！許多來自或針對老師、主管、學術權威的權威式全能要求可能會被破除，軟弱和依賴也一樣！在團體中破除這種移情，也可讓教育工作者在面對信賴他們的人時，懷有較少的傳統偏見，用更開放、更具現實主義的態度去面對。

此外，在自我宣稱和投射及移情危險之間有一種因果關係：我對自己克制越多、給出的越少，就會「面臨」越多的投射和移情。因為我並沒有用真實的自我宣稱去反對對方的移情幻想。帶著一張「撲克臉」的矜持人士常常會吃閉門羹、遭人迴避或反對：過去的恐懼和恨意都投射在這面「螢幕」上。心理分析把這種因果關係運用在治療上：心理分析治療師不會讓自己涉入，排除自己的感覺，讓當事人把他早年有問題的關係轉移到這張投射螢幕上。

不具代表性的接觸

之所以會對別人會產生錯誤、片面、不完全的印象，是因為我通常只在特定情境裡注意到他，因為這情況而阻礙我認識他的其他面向。因此老師經常覺得他的學生「很幼稚」。但是學校並沒有給學生非常有利的條件，讓他們以完整的人表現出完整價值。讓老師和學生連接在一起的，一直都是老師會的而學生還不會的。在這樣社會差距的條件下，老師得到一個簡化過且不利學生的形象並不令人驚訝。這種接觸並不具有代表性。要是換成別種情況，比如說班級旅行，學生就有機會發揮他個人的完整面向。**因此，敬重他人較少與道德問題有關，更多是牽涉到真正、有代表性的接觸。**這也適用於其他生活領域：櫃檯後面公務員認為外國人或需要協助的人都是笨蛋；法官視被告人是可憐的（或邪惡的）的罪人；醫生只把病人看成「濕疹案例」。別人的形象是由**單面向認識的絕對化**而形成的，對周遭人並沒有實際的敬重。

4. 關係定義的拉鋸戰

目前為止我們提到，發送者發送訊息的同時，也表達出他對接收者的態度，他如何看待對方。這些（大部分是隱藏的）「你的消息」只是關係面向中的一個觀點；另外，其中也包含了一種（大部分是隱藏的）陳述，表明發送者如何看待他與接收者之間的**關係**，也就是「我們的消息」。

當甲、乙兩人相遇，他們必須對「什麼可行和什麼不可行」取得共識。在五花八門的往來方式中，雙方必須共同為彼此關係選用特定的行為方式。是否可以談私人的事，甚至是親密的內容，是否可以觸摸對方、冒犯、毆打、送禮給對方，是否可以在沒有事先通報的情況下拜訪對方等等。簡單來說：每個對他人表現的行為也都在嘗試為關係下定義，這對發送者來說無可避免，接收者也同樣無法避免，雙方都必須做出同意或拒絕的反應。

4.1 接收者對關係建議的四種反應

接收者對發送者所下的關係定義，可能會產生四種反應：

接受

當接收者認為，發送者的行為不違背彼此關係時，他會表示贊同。譬如回以問候、對玩笑回以笑容、對問題給予回答。但是對事實提出異議或反對履行一項要求，也是在贊同彼此的關係：「雖然我不照你想的去做，但我覺得你的要求是對的，以我們的關係，你可以對我提出這些要求。」

通融

接收者即使對關係定義不贊同，但也不會明顯表示反對。他雖通融了，卻拒絕承認「是的，我也是這樣看待我們的關係」。舉例來說：一個女人讓男人愛撫，但她對愛撫沒有反應。學生提問的態度挑釁、言詞放肆，老師只針對事實回應。

駁斥

接收者要讓人清楚辨認出，他不聽從訊息發送者所暗示的關係。他的行為表現出：「不是，我不是這樣看待我們之間關係的！」過去電影裡常出現女人用打耳光來回應男人的「侵犯行為」，或者是用反問來回答私密問題：「這關你什麼事？」以這樣的方式斷然拒絕關係。

忽視（＝貶低）

接收者拒絕做出任何明顯反應，彷彿在說：「你對我而言就是空氣。」以這種方式貶低發送者。就像不理睬問候、信件和邀請，讓問題完全沒有答案。

圖六十六描述的過程或多或少會確實行不通。發送者和接收者自然經常在努力迴避明確的消息，讓棘手的關係消失在撲朔迷離的溝通裡。

而且有各式各樣的技巧可以避免明確的關係定義。譬如我在路上碰見某個認識的人，我

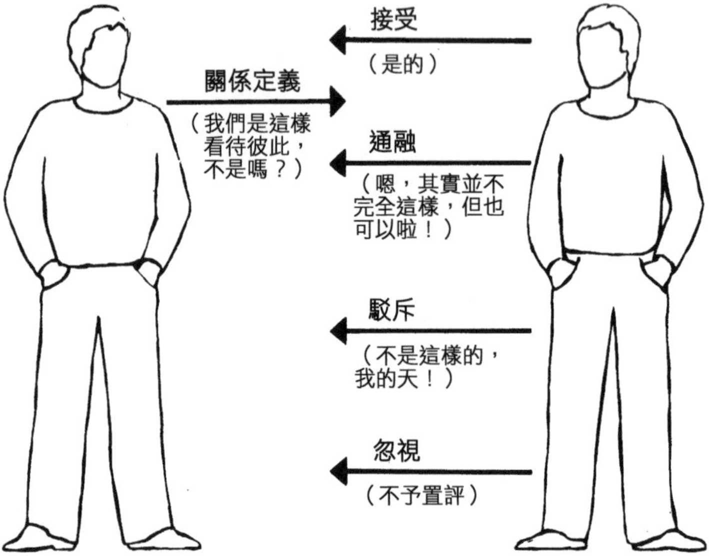
接受
（是的）
關係定義
（我們是這樣看待彼此，不是嗎？）
通融
（嗯，其實並不完全這樣，但也可以啦！）
駁斥
（不是這樣的，我的天！）
忽視
（不予置評）

圖 66：不論甲乙經常談什麼，不論他們碰面還是避不見面：
他們不得不對彼此關係有所協議。

必須為此下關係定義：要不要打招呼，停下來還是繼續前進，要不要攀談，如果要，要如何進行？我可以不對關係下定義，我可以裝作「心不在焉」，假裝我沒發現他。或者我以「有重要約會」為由回拒邀請，或者把話語用不一致的語調（比較第五十二頁）立即否認等等。為了避免明確的關係定義，我們發明的各種手腕都很有創意。在一個相當有趣的分析中，精神分裂症狀被解釋為不去定義關係的一貫表現。[75]

4.2 關係的三種基本形式

甲、乙兩人之間可以有這麼多樣的關係，但可劃分為三種基本類型：

對稱型關係

對稱型關係表示雙方都可以對另一方表現出同等行為。就像雙方都可以提出建議、批評對方、給對方意見。

互補型關係

互補型關係表示，當甲的行為跟乙不同的時候，兩人的行為卻能互補，彷彿是天造地設：一個提問，一個回答；一個教，一個學；一個下命令，一個服從命令。這樣的關係大多暗示著優越與才智低下的區別，一方在上風，一方在下風。

後設互補型關係

起先看起來只可能有對稱型和互補型關係。當我們想到有些情境中，甲促使他的伙伴乙支配他、駕馭他，或者幫助他，事情就變複雜了。乙因此居於上風。但從更高的層面來看，甲促成了他們的互補關係，因此甲居上風。這種現象被稱為後設互補型關係。我們也可以想像，甲讓伙伴乙在面對他時具有同等地位，彼此行為是對稱的：甲允許或要求他的伙伴與他有對稱型關係。當先生要求太太，她應該是他地位平等的伴侶，她應該要自我解放，這樣的情況就會很荒謬。太太會掉入險惡的兩難，一種雙重約束的情境裡（比較第42頁）。

這三種關係（圖六十七）當然可能出現在同一個關係中，但以交換順序出現。

4.3 關係調動

我們要記住這點：發送者與接收者最後很難不對彼此關係下定義。在新建立而且麻煩的關係裡，定義通常不清不楚，而且常常有爭議。所以在會談表面下會出現拉鋸戰：眼前適合什麼樣的關係形式？誰可以做決定？

試著重新定義已存在的關係，我們稱之為「調動」。調動屬於一種行為方式，可以改變目前既存的關係，或加入新的重點。這樣的調動可能出現在一個好奇的問題裡，出現在一個命令，或出現在對他人行為的評論裡。比如學生在上課結束時對老師說：「您這一堂課準備得非常好！」這就是一種**對稱型的調動**，因為目前為止都是老師對學生的表現給予讚美或責備。這種情境中產生的驚喜，通常指明了新穎的關係定義，讓有些笑話變得生動。老師問學

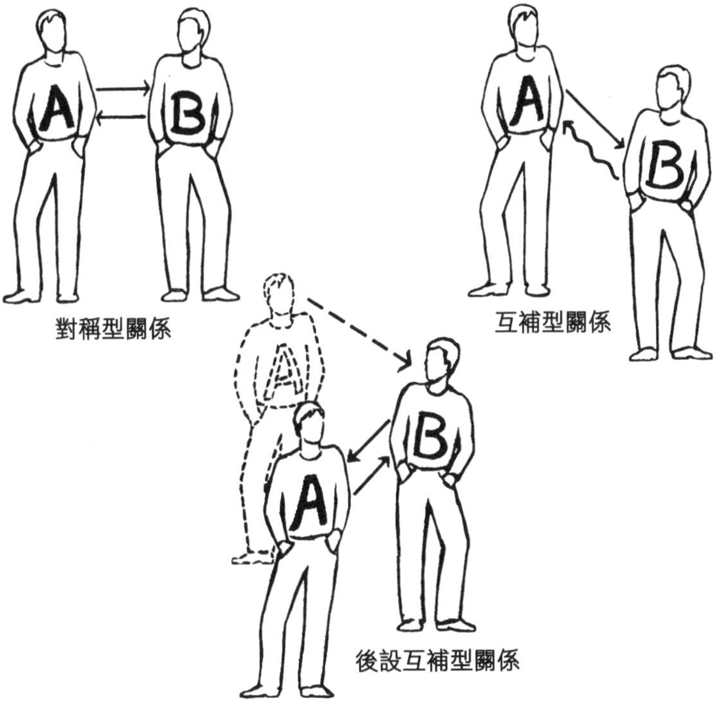

圖 67：關係的三種基本形式。

生：「羅馬位於哪一條河邊？」學生回答：「如果您連這個都不知道，怎麼會當老師？」這個笑話的關鍵在於，學生用對稱性解讀老師的問題，也就是當作地位平等者之間真誠的問題，而不是互補型的提問。在這例子上，學生的反應顯得奇怪，因為師生關係應該已有「清楚」且明確的定義了。但是在很多情況下並沒有這麼清楚的關係存在，發送者和接收者就得為關係定義暗地摔角。

4.4 女大學生與年輕男士的例子

下面例子要解說前面介紹的概念（關係定義：對稱、互補和後設互補型關係；對關係定義表示同意、通融、拒絕和貶低；調動）。

一位年輕小姐坐在公園的椅子上看書，一位年輕男士靠近。

他：「我可以坐這裡嗎？」（他指著她旁邊的位置）

他的關係定義表示：我們可以有些言語互動，不僅僅是一言不發地並排坐著。他用此舉詢問行動許可，實際上（坐到椅子上）並不需要獲得允許，他以後設互補的方式讓她可以處置他。

從她接下來的回答中可辨識出，她是否接受這樣的關係建議，「通融」或是回拒。

她：「當然！」（她往上看並對他微笑）

她同意了這種關係定義。現在不僅僅是座位管理，透過微微一笑，她另外發出了私下表示贊同的信號。她也可以僅是通融他的調動，像是回以簡短、無動於衷的「請」；或是可以回拒調動，像是說：「您為什麼要問？」；或是僅以漠不關心藐視此調動。

雙方在椅子上坐了一陣子，她看起來像在繼續讀她的書，他則在擦拭他的眼鏡。一列遊園小火車駛過，兩個人都在看。

他：「老祖母的火車！」（他嘲弄地說著）關係定義：這種關係允許閒聊一點環境裡共同感興趣的東西。

她：「嗯。」（笑）

對關係的確認。接下來是一陣沉默：

她：「這裡很漂亮，是不是？」

再次確認原先的定義。不同的是，這次由她開始建議關係。他可以清楚辨認出，她對他的定義不僅僅是「通融」而已，而是確實的確認（＝比起看書，我更想要聊天）。

他：「這一整天天氣都很好，我剛剛在兒童遊樂場待了三小時，和他們玩丟結帕遊戲。因為我不太能跑步，孩子們玩得開心極了。我昨天才出院。我的腳在打網球時摔斷了，需要換人工膝蓋，所以在醫院裡待了八星期。我現在覺得空虛，不知道該怎麼辦。雖然我有朋友，但他們一起去度假了。妳知道嗎，我覺得自己很無用。在家裡無聊透頂，而且有六個月的時間無法工作。我的工作是護理師。」

這次深入的自我宣稱表現出調動，藉此大大擴展了原有的關係定義：在這個關係中可以談到個人的、較私密的內容。要如何理解這次調動？他的目標可能不僅是對稱型關係，還要有互補型關係。對稱型關係：每個人都可以談一些自己的事，讓彼此更加了解。互補型關係：把我自己的事一口氣說出來，有另一個人專心在聽（案主與治療師）。

學生在回顧時分析這件事，她把他的訊息很強烈地視為一種訴求：「請聽我說，理解我！」她因此做了以下解讀式的反應：

她：「在遊樂場的經歷我很能體會，你才剛剛出院，必須重新適應環境。別太擔心這種不愉快的感覺，這很正常，而且需要一點時間。你的朋友都剛好不在，而你沒辦法一起去，當然會有點煩，這時候你正需要人。你現在確切想做什麼？」（約略做過了總結）

這在溝通心理學上是個複雜情境：如果這在他的自我想像中是個互補型的關係定義，她的反應便是在確認此定義之建議。如果他認為的是對稱型關係，她的反應就是（部分的）回拒。她的反應至少包含一個明顯的關係定義：你是案主，我是治療師（你是可憐人，我伸出援手）。學生在事後如此分析：「這種關係類似治療師與案主的關係。就這點而言，他的處境較弱，因為他想從我這裡得到什麼，甚至是種需求，把話說出來對他很重要；相對的我不想出賣自己，我得到的保護比他更多。」

因此她建議關係調動，她可以（如果他確認了）確保在這份關係裡占上風。他對這樣的調動做何反應？

他（總結）：「我是護理長，可以分配培訓和審查的工作。在這個城市住了六年，之前住在巴黎，有許多外國朋友，他們現在也住在這裡。我有個妹妹也住在這裡，她現在和我們的朋友一起去旅行了。我們在一起住過一段時間，感覺被她強烈吸引，很想跟她上床。但是我們還沒有在一起。」（在他訴說的遭遇裡，他的女朋友和他妹妹被拿來比較，他妹妹的部分較好。然後他和另一個女孩的友誼結束了。）「這讓她無法承受。」

他繼續自我表述，內容卻整個換了！他不再訴說自己的困難和問題，而去彰顯他在工作上與身為男性的優越。因此，他的訊息裡清楚駁斥了她所給的關係定義：「我不是妳的案主，妳也不是我的治療師。妳是一個女孩，我是一個真正的男人！」他在這場角力中取得了上風。他們對共同關係定義各執一詞，在這裡非常明顯。她理解他「拒絕案主角色」，以及他堅持一種對稱的男女關係，內心不情願地反應：

她：「我可以理解你的女友，我可能會有類似的反應……」（然後質疑他的敘述，她顯得有些不安，看著錶。）「我現在得走了，得去學校。」

現在她回拒了他的關係定義（我是個真正的男人，你是個適合我的女孩）。她認同他女友的行為，並且提出要離開，拉開了彼此的距離。好像在說：「你不想接收我的定義，我也不想接收你的，那我現在就宣布我們的關係結束。」

他：「這次談話很愉快。」

這也表示：我們之間關係很好。他以這樣的調動反駁了她的關係定義（我們的關係可以結束了！）

她：「是啊！我也這麼覺得。真的很少能和陌生人這樣談話。」

看起來是認可他的定義。但再仔細看，頂多只有部分確認，因為「陌生人」一詞再度表達出她希望保持距離。

這場相遇是這樣結束的：他說服她以後能再見面；她有點不情願地接受了邀約。然而他沒有在約定好的日子出現：他這方最後一次調度，為了在看起來沒什麼希望的情勢裡繼續占上風：「在妳未採取行動前，由我來決定結束我們的關係。」

5. 關係面向消息的長期影響：自我概念

關係面向的意義並不限於一時的感覺和接下來的談話過程，其實這面向的消息會有長期性影響：接收者會得到他是如何被（發送者）看待的資訊。小孩子在尋找認同（我是誰？）

中會倚賴這種指示，從周遭環境得到的關係面向消息隨著時間集結，他得出「原來我是這樣的人！」的結論（圖六十八）。

這種「對自己的看法」（阿德勒），這種自我概念，是人格和心理健康的重大關鍵變數。尤其阿德勒曾描述過覺得自己沒有什麼價值（有自卑感）的人，他們不是氣餒地退縮，就是不斷地想證明本身價值，過分爭取重視與上風，因此把大部分精神浪費在競爭和爭取表現的戰鬥位置上。

自我概念的意義也奠基自以下理由：自我概念一旦固定成形，個體就開始塑造經驗，在經驗中不斷重複確認他建立好的自我概念。如何透過自我概念「製造」特定經驗與排除其他（也許是修正的）經驗，將在5.3節進一步描述。

由於自我概念的意義範圍極廣，有些心理學家幾乎只戴著「關係眼鏡」（忽略事實內容）觀察課堂上發生的事：他們認為，此處是人格發展最主要的轉轍點。

5.1 你的消息與貼標籤形成的自我概念

自我概念取決於關係消息中哪些部分？首先是小孩從他世界裡重要的人身上接收到的關係消息，這些消息可能是明確的和隱藏的。明確的說法就像「笨蛋！」、「你會一事無成！」、

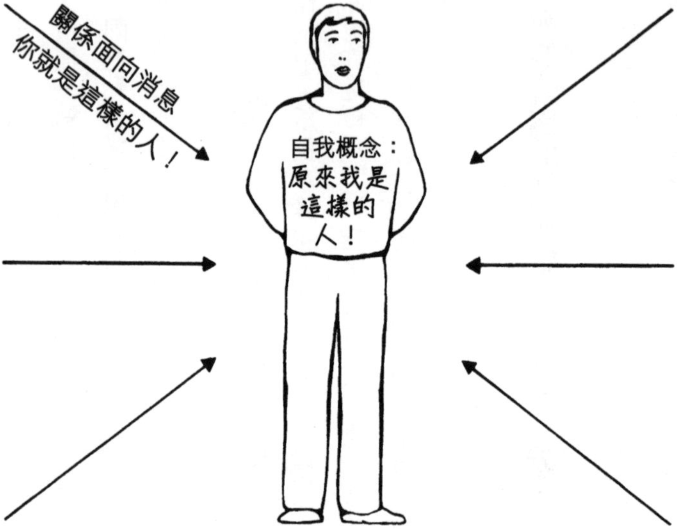

圖 68：自我概念是關係面向消息集結起來的結果。

「你是我們最疼愛的乖寶貝！」、「你在技術上沒有天賦」、「你畫得真好！」。

在人際溝通上，這類明確說法會由隱藏的關係消息補充；看別人如何與他攀談、如何待他，他會知道別人如何看他、認為他是怎樣的人。比如說「不關你的事！」、「每件事我都得說三遍嗎？」、「現在你給我振作一點！」或者是：「你覺得這個建議如何？」、「讓我們一起想想，這件事該如何解決」等等。在孩子理解語言之前，他也能從重要依附對象的整體行為中接收到非口語式的基本消息：「我們歡迎你」或是「全都只為了你」或是「我們不想要你，你是累贅」。想必是這最初的（由千百種訊號傳達出的）你的消息，為孩子的自我概念打下基礎。教育尤在溝通弦外之音。這類你的消息絕不會只反映在孩子的真實個性上，裡面還含有內心期望、發送者個人與文化上的偏見（比如女孩或男孩就是這樣的觀點）。

消息發送者：機構

孩子從重要依附對象身上獲取的經驗會形成他的自我概念——我們目前為止是這麼描述的。你的消息有部分非常個人化，有部分在意義上較為集體性：孩子以特定群體一員獲知此消息，並因此與群體所有成員共享。比如性別刻板印象的消息：「你是男孩子！男兒有淚不輕彈！」

這一段要將焦點放在非個別教育的學校機構上，它們的規定和計畫（暗地）包含了發送給「學生」的關係消息。提爾曼[76]在這樣的消息裡看見學校「暗中執行」且實際生效的教學計畫。

如果我們明確表達出學校機構發送給學生的消息[77]，學生耳中日復一日聽見的大約是這些：

你不需要做太多發言。你只是三十五人中的一個，你一個人不重要；收斂一點，尤其別有特殊需求。你還小而且很笨，老師知道學什麼對你好，因此注意好，聽老師說的話。你不需要為團體負責任，因為什麼都規定好了。你只要努力把教給你的課學好。

學生不會聽到這種形式的消息，即使老師通常（必須）是學校的傳聲筒。可是學生每天在學校裡會透過非直接管道獲得此消息，而且明確度並不算低。

換句話說：學校機構認為學生極其「幼稚」，因此在很大程度上把學生塑造成可列入計畫的被動性學習接收者，不讓他學會責任感，也禁止他參與社會生活。

消息發送者：社會

社會連同其組織、規定、法條與實際情況，同樣也以一個整體發言，並且給予特定分眾能影響自我概念的「你的消息」。穆勒把社會發送給年輕人的消息寫成以下文字：

> 真的很遺憾，有這麼多小孩要出生，因為基本上並不是每個人都會派上用場。童工時代已經過去了，我們當然感到高興。大家庭的時代也過去了，就今日的小家庭和其所有家電來看，你們年輕人是負擔不是助力。有成堆不討喜的工作要給沒經驗的人做，但你們可能覺得自己太優秀，不適合那些工作，我們也不能怪你們。有吸引力的工作只需要你們其中幾個人來做就好，我們不可能雇用所有人，畢竟我們還想保有自己的職位，而且我們今天比以前更長壽。你們其中可能有幾個人很幸運，但很多人根本沒機會。我們也不知道該拿你們怎麼辦。你們要知道，我們試著避免戰爭，就這件事上我們目前也不需要你們。請你們盡情享樂，但別妨礙到別人。請別來問你們該做什麼。我們想到了會叫你們的，請讓我們靜一靜。[78]

5.2 貼上一無是處的標籤

我們把目前為止提到的再總結一次：自我概念乃是從別人賦予的經驗裡產生的。在這樣的經驗裡主要會接收到明確或隱含的你的消息（你就是這樣的人！），由主要依附對象，或是學校機構與社會組織發送。由於孩子傾向表現出符合自我概念的行為，他人賦予的定義會因此而獲得落實。這種解釋主要用於說明偏差行為（青少年犯罪）產生。根據這樣的說法，「一事無成」是**被貼上標籤**的最後產物，引導「我一事無成」的自我概念產生。因此，孩子從事犯罪經常可由下列步驟追踪[79]：

1. 在孩子獨一無二的世界裡，他認為自己的特定行為沒有傷害性，而且充滿趣味，卻被成人封作「邪惡」、「糟糕」，或者「找麻煩」。在如此貼標籤行為上，人們注意的是自我宣稱。

> 貼標籤的人會特別強調這種標籤化訊息裡的自我宣稱。比如說，老師說一個孩子「不乾淨」。我們從這樣訊息裡獲知的是關於小孩還是老師？兩者都有。但我們尤其知道了老師的價值觀，他重視什麼，他認為什麼重要，什麼應該要處罰。

2. 起先覺得被誤解和遭受不公平待遇的孩子，會開始隨著時間為自己重新定義。特別是賦予定義的成年人不只認為他的行為很壞，還將此定義擴及到他整個人，對他烙上「劣質」的標籤。

3. 重新定義後，孩子表現出來的行為方式適於強化發展中的偏差認同。舉例來說，有類似「顯著行為」的同儕會集結在一起（青少年犯罪幫派形成）。這類團體成員不只會學習，還會讓自己接受「犯罪」的標籤：他們也會訂立自己的幫規，用以表揚符合標籤的行為。

4.「行為偏差者越來越常與官方制裁機關、社會工作代表、警察和法庭接觸。所有這些機構當然希望他們能浪子回頭，但往往每一步都是每況愈下。」[80] 這些官方反應創造了新標籤，而且強化了最早建立的自我形象。受牽涉的年輕人被視為「罪犯」。這個意外結果形成了「次級偏差」的概念。制裁中隱含的關係消息和「收手吧！」的訴求相比起來效果較強。換句話說：「初級偏差」或多或少源於沒有傷害性的初犯，「次級偏差」來自被環境貼上標籤後的反應所產生的結果。效果很矛盾：採取了防制措施，結果卻適得其反。

在這觀點下，應該檢驗所有原本立意良好的措施，看它們是否導致（明顯或隱藏的）標籤化更嚴重，沒有達成意欲改善的目標。舉例來說：學童因為「羞怯內向」而交託給學校的心理輔導老師。學校的心理諮商自然可以幫助學生改善，但是另一方面也有危險：自我概念被加上「我是個必須到學校輔導室報到的學生」，助長我成為被人排擠的對象。因此現代諮商不是去找出和治療單一個體的障礙，而是去找出與治療出現障礙之群體裡的互動。[81]

5.3 自我概念是經驗「製造者」

自我概念是所有提及「原來我是這樣的人！」的經驗凝聚在一起之後的產物。接下來我們要研究，一個已經形成的自我概念如何塑造環境，而個體正是在此環境中「製造」出能證實自我概念的經驗。

主要有兩種機制使其落實：逃避和扭曲。我可以避開一些經驗，讓這些經驗「清出」我的生活。有些經驗雖然無法避開，但我可以賦予新意，用另一種方式解釋，讓它們不以原有形式出現，而是以一種「適合」（＝我的自我概念）我的形式。

這兩種策略（避開和扭曲）可用於外在經驗，也可用於內在經驗（感覺、動機）。現在就個別來看這些機制如何運作：

逃避

自我概念中「我必定失敗」的觀點會導致人迴避他認為自己不佳的那一點。譬如說，我覺得自己在「技術方面沒有天分」，因此會傾向避開需要理解技術和靈活技巧的情況。我漸漸荒廢練習，幾年後真的變成「笨手笨腳」，但不是因為我沒天分，而是因為缺乏練習和缺乏經驗，我初始的自我概念裡早就為此設定了避開的弱點。自證式預言造成的惡性循環由此形成，自我概念證明自己是人格發展的幕後操縱者（圖六十九）。

特別是容易氣餒的人（明顯傾向於避免失敗）會設法不斷利用規避策略免除這種經驗，他特意去學會此策略，好讓自己能繼續往前進。他在他的「舒適圈」裡過著差不多的生活，不受失敗威脅。他們在外多給人堅定有自信的印象。但是真正心理強大的人能夠經得起在

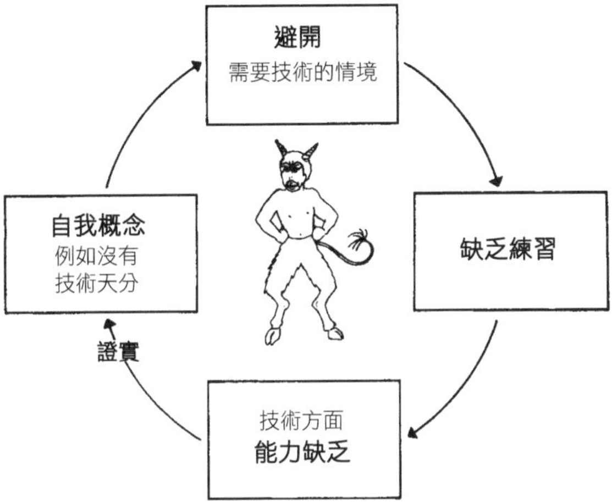

圖 69：自我概念的自證式預言所形成的惡性循環。

「外地比賽」失敗，從此經驗中獲得人格上的進展。

一旦極為負面的自我概念繼續推演擴張，後果可能會得很慘重，譬如說，「反正沒有人喜歡我！」會導致一種（懷有敵意或退縮的）行為出現，真的能挑起周遭人的反感或冷漠。對此會建議以心理治療來中斷這種惡性循環。

扭曲與重新解讀

完全排除特定經驗算是塑造自我環境的主要機制。接下來的第二種機制有此前提：適合質疑現存自我概念的特定經驗雖然已經產生，卻是透過扭曲方式重新解讀，讓它再度符合自我概念。

這裡將再分成兩個次級機制分別示範說

明：**接收訊息與因果歸因**。我們強調過（比較第七十九頁），傳達到的（四個面向）訊息乃是接收者本身的產物，透過他在四個面向消息中分別加入的東西，這些東西也符合他的心理狀況。因而，當一個人的自我價值低弱時，會以過度敏感的關係型耳朵去聽傳達進來的訊息，對於毫無惡意的問題或陳述，他會想像成是對他個人的批評或貶低（比較第六十七至六十九頁）。再舉一個倚賴自我概念接收訊息的例子：用三言兩語回應會讓人以為「他累了」，卻也會讓人認為：「我知道了，他不喜歡我！」一個人說話，另一個人笑了；有人解釋他的笑是因為他覺得笑話好笑，另一個人卻覺得自己被取笑。

特別是**隱藏式**的關係消息，通常會給接收者相當大的詮釋空間。但即使是明顯、清楚的關係消息「你是個自私的人」或「你是個非常偉大的學者！」都不能決定訊息接收，因為兩個不同類型的接收者可能會對同一個訊息在心理產生不同的經驗。有的人可能會把你的消息當成事實而內心反應：「原來我是這樣的人。」另一個接收者可能把傳達到的訊息當成是發送者的自我宣稱：「他對我產生這樣的評斷，他是怎麼了？」當然，年紀小的孩子無法用自我宣稱型耳朵接收你的訊息（比較第七十一至七十二頁）。

還有很多擋開正面關係消息的可能性。比如說有人受到讚美。這個讚美不適於他卑微的自我概念，因此他反應：「你這樣說只是為了安慰我。」

為了防護自我概念也會出現所謂的因果歸因（賦予原因）。成功與失敗可由下列四種引發因素[82]來解釋：

◇能力

◇努力程度

◇任務難度

◇偶發性

所以，自我概念較低的人對於成功，可能會歸因於偶發事件、運氣好（瞎貓碰到死耗子），如此一來，成功無法修正其體驗，反而失敗會立即被歸咎為自己無能。

根據這樣的想法，身為學生成績評論員的老師與家長即可透過建構性的因果歸因，對學生的自我概念產生正面影響。

以圖表（圖七十）說明，經驗在自我概念導演下被扭曲的機制。

5.4 內在經驗的逃避與扭曲

心理治療研究有個驚人發現：自我概念不僅可以「塑造」也就是逃避外在世界的經驗，同樣可以讓跟我們（自我概念）不合的內在感覺不會滲透到意識層面，而且也無法直接溝通。我們再把第一四六頁的例子拿出來：被指出的同事在工作會議上激動地說：「我一點也不生氣！我反而覺得這一切很有趣！」這位同事並沒有注意到自己受傷且動怒了：這樣的感覺不適合一個堂堂男子漢的自我形象，他對每件事情都有把握，不會對「小事情」過度反應。

這有違我的原則

我們都很希望「違背原則的感覺」能消失，不要浮現。因此，失望與煩惱不適合戀愛中的人；怒與恨也不適合「溫和且善解人意的父親」的自我概念；嫉妒也不適用於對人際關係不求占有的人；傷心難過不適合樂觀且總是很有幽默感的人。

不願承認這種感覺，會使我們拒絕面對身上某些重要部分，並且要消耗非常多精神去抗拒這個感覺。心理治療可以讓人逐漸達到「誠實地面對（內在）經驗」[83]：

> 這過程看似特別能讓人在面對時更為誠實。這句話對我而言，隨著時間越來越重要。它正好表明了抗拒的相反面。以前我把抗拒描述為有機體感受到或預感到威脅時的反應，不是個體既存的自我形象，或是他與世界之間關係的想像出現抵觸時的反應。這些威脅被意識扭曲或被排拒，暫時不會造成傷害。當我的經驗、感覺及反應在本質上和我既存的自我形象不同時，我就完全無法精確感覺到它們。治療過程有很大一部分在於不斷發掘案主如何體驗他自己的感覺和態度，知覺他目前為止不能意識到的，那些他身上原本就存在的部分。

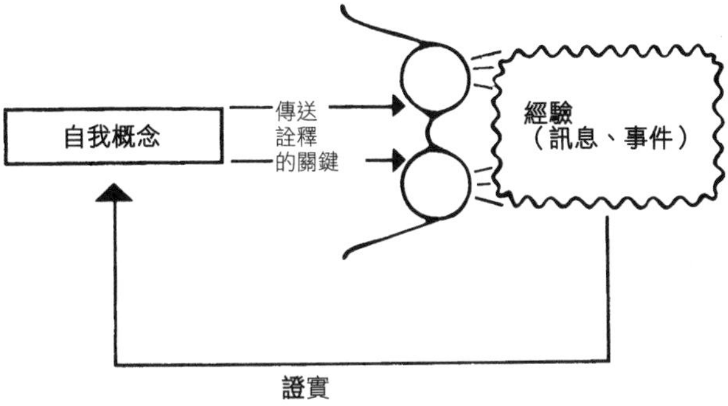

圖 70：經驗扭曲乃來自於證實自我概念的「過濾眼鏡」

治療會帶來以下結果：

意識已不再能看管住那許多只在例外情況下才會現形、看不透的危險衝動，意識將成為衝動、感覺與想法社群裡從容不迫的一分子；就算衝動沒有被小心翼翼地庇護，我們還是知道它能自己調節得很好。

6. 與有障礙的關係相處

只要有人一起生活一起工作，就經常會有人際關係障礙，但是大部分的人不太知道如何勝任這種障礙並與其共處。當關係出現困難時，說不出口的恨、心底受的傷、迴避的爭端、虛偽的交際手段、懷有敵意的口角、對小事吹毛求疵、在錯誤層面上硬碰硬爭辯，都是很常見的場景。

我們在第六十三至六十四頁中已討論過人與人溝通一個典型的根本錯誤：關係障礙被導引到事實層面上。母親建議女兒穿外套，女兒不高興地違抗，在氣溫這個小細節上起爭執。

溝通心理學家受過專業訓練，會注意到關係障礙轉變成事實爭辯的第一個訊號。女兒「叛逆的聲調」就是這種訊號。或是有人在會議中說：「如果你看了管理公告的第三點第五小節，那麼你應該知道……」或是員工被主管要求：「你難道不能至少告訴我們淨額數字嗎？」「至少」這個詞隱含著消息：「我們已經無法對你有正常期待。」或是一位講者結束了演講，要求做討論。一位聽眾發言：「我百思不解，這個主題怎麼可以不考慮某某觀點……」在訊息的關係面向上，講者被證明為能力不足，他不假思索的回答暴露出復仇之願：「我在論述一開始就很清楚提到……」（＝要是你有仔細在聽……）在針對事實的談話裡拿「關係型大頭針」刺痛對方（圖七十一），氣氛會變緊張，客觀性會受到威脅。

圖七十一「從下面來的大頭針」通常是禁止，或是在事實與關係層面上就要糾纏不清並且終究不會解開的徵兆（第二階段，圖七十二）。在這階段中，幾乎沒有人能針對事實發表意見，還不被當成自以為無所不知、有敵意、試圖辯護或是攻擊。有些同事、企業部門和家庭都長期處在糾纏不清狀態，每一次的事實爭論都被（日益嚴重的）關係問題滲透。

到現在只能做一件事：把事實爭論暫且放在一邊，明確地澄清關係（我們如何看待彼此？什麼導致我們的談話這麼沒有建設性、這麼火爆、這麼小心翼翼或這麼有距離？）見圖

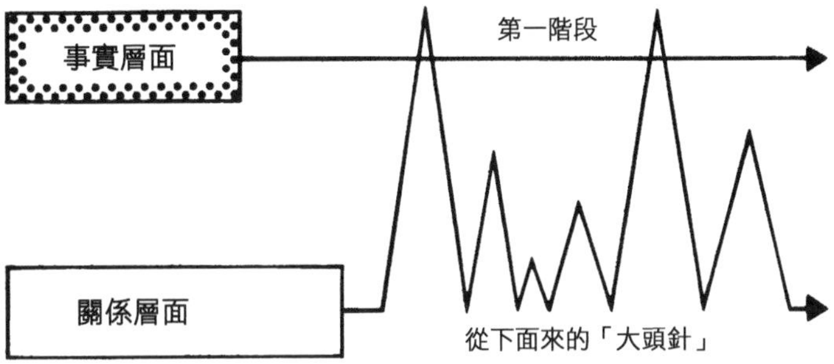

圖 71：事實爭論會被來自關係層面的阻撓訊號（大頭針）妨礙。

七十三。

6.1 澄清關係

這種關係澄清相當棘手而且不常見。因此，嚴重糾結到無法解開時，建議請溝通心理學家介入做「解開結套的人」。這適用於夫妻和家庭，也適用於同事間和工作團體。溝通心理學家除了能照顧好氣氛，還有以下作用：

1. 鼓勵針對關係做明確發言（禁止事實評論）
2. 協助雙方表達「藏在背後的」我的消息
3. 鼓勵表達願望和公開訴求（眼光向前看，不回頭看憤怒）

介入的步驟順序可以用訊息四方形說明（圖七十四）。

過程可以用例子來說明。我們再用一次母親和女兒

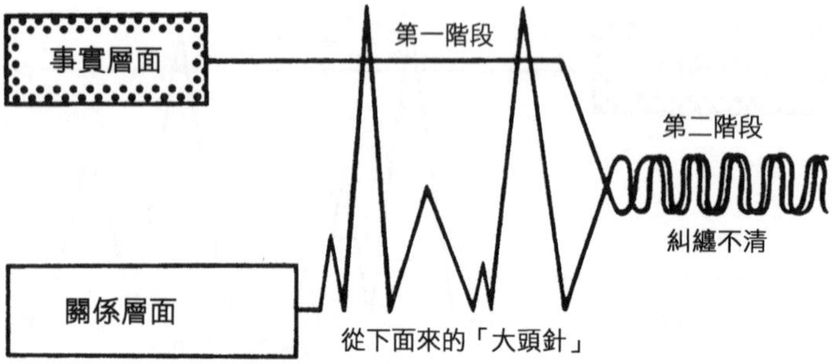

圖 72：事實與關係面向糾結在一起。

之間的小風暴。先是母親勸誡女兒穿上外套，女兒叛逆的反應表現在事實層面（根本就不冷！）與溫度的爭論上。母女之間的關係澄清可以在溝通心理學家協助下這樣開始：

心理學家：「我注意到你們雙方都不高興，氣氛很凝重。或許你們可以直接說出是什麼阻礙了你們。（對著母親）從您開始嗎？」

母：「她總是用這種狂妄的口氣說話，總是很狡猾，以為自己什麼都懂！」

心理學家（對著女兒）：「妳覺得哪裡不對勁？」

女：「她什麼都管！好像我自己不知道該穿些什麼！（對著母親）那不關妳的事！」

母：「我畢竟是妳的母親！」

女：「呸！」（不以為然的手勢，然後沉默）

小結：爭論脫離了事實層面，發生在應該發生的地方：關係層面（1）。下一個目標必然是結束互相指責，

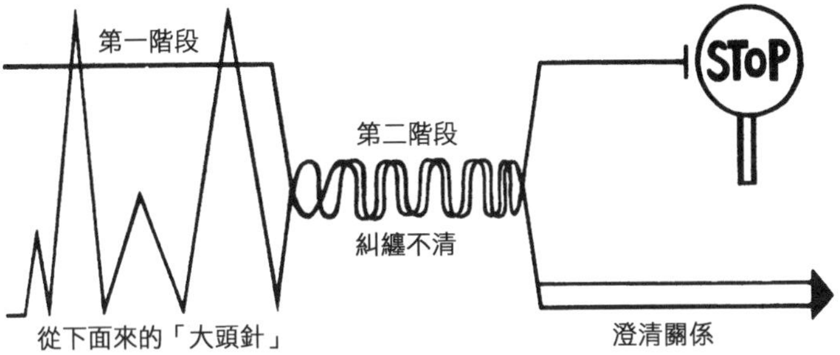

圖 73：中斷事實爭論，明確地澄清關係。

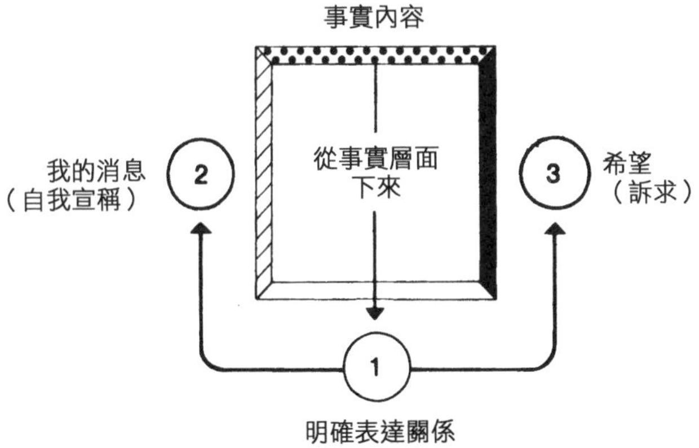

圖 74：溝通心理學促進關係闡明的介入步驟順序。

促使藏在背後的我的消息（比較圖七十四）出現（2）。

心理學家（對著女兒）：「我可以用妳的身分說話嗎？然後妳告訴我，妳是不是這樣想？」

女兒點點頭。

心理學家（走到女兒後面，以她的身分說話）：「我覺得自己被當成小孩對待，什麼事都要聽人告誡。我想要像個大人一樣自己做決定，想要感受到妳（母親）對我的信任，這對我非常重要。（面對女兒）這樣對嗎？」

女兒：「是的，完全正確。」

小結：這是溝通心理學的技巧，叫做「唱雙簧」（也叫「另一個自我技巧」）。心理學家走到談話對象後面，（用我的消息）說出他用自我宣稱型耳朵所聽到的弦外之音。當然，重要的是要用同等方式對待雙方，才不會產生他跟某一方結盟的印象。

心理學家（面對母親）：「您現在聽到這些，要如何反應？」

母：「哎呀！他們都想當大人，卻不願意承擔大人的義務！」

心理學家：「您指的是一般的小孩。您想要針對誰？」

母：「是啊！蕾娜塔也一樣，所有人都在走自己的路……」

心理學家：「現在誰是那些『所有人』？」

母：「全家人都是！溫菲德（哥哥）還有他父親也完全一樣，（激動）那根本就不算一個家了！」

心理學家：「看來我們在您的關係上找到一個點，您對這一點非常有感觸。」

母親嘆了一口氣。

心理學家（面對母親）：「我可以用您的身分說些話嗎？」（母親點點頭，心理學家走到母親後面，看著女兒）

「我看到你們每個人都找到自己的路，讓我覺得自己完全是多餘的，我不知道我在這裡還應該做什麼。（對母親）這樣正確嗎？」

母：「還好，有部分算是對了，我是說，我是應該做飯、洗衣服，這些我都還……我是說……」

心理學家：「算是夠好了，您想這樣說，是吧？」

母：「他們總是希望長大成人，但是盡義務……」

心理學家（面對母親）：「我可以再一次用您的身分說些話嗎？」（母親：「好的！」心理學家走到她後面）

「我覺得我的功能很重要，比如說照料所有家務，但是身為一個人，我覺得我沒有受到重視，這讓我很難過（面對母親）是不是這樣？」

母：「是啊，就是這樣。」

心理學家：「你們的衝突是整個家庭的問題。下次最好全家人一起來。蕾娜塔，妳聽了母親那番話，覺得如何？」

結論：關係澄清在這裡中止。一開始母女間的衝突（就跟每次一樣）只是冰山的一角，很多問題潛藏在海面下。母親和女兒開始相互觸及較深的層面。在處理冰山一角問題時，更深一層的感覺會浮現。這些感覺又會交互影響到另一方的感受，因此關係在沒有協定也沒有計畫周全的介入中改變了。雖然如此，會談還是繞著從感覺澄清中引導出具體的願望／訴求，也就是圖七十四中的步驟三。會談在這裡具有較多的談判性質。關於公開訴求的互動風格請詳見第三〇六至三〇七頁。

更進一步發現（同樣也跟每次一樣），母親和女兒之間的關係障礙只是整個家庭問題的一部分。這是「系統導向」觀察方式的基本想法（比較第一一一至一一二頁）：去治療的通常都不是「有症狀的人」，而是只顯現出系統障礙的人。

7. 關係層面的功能化（我們要多點人性！）

關係層面沒問題，才有可能客觀且有效地合作。這樣的認知涵蓋一個很大的誘惑：操弄關係來提高效率與支配人力，像是這句話：「友善對待員工並珍惜他們，賦予他們共同責任，員工就會把工作做得更好，更自動自發。我們會讓主管接受『人際關係訓練』，讓他『掌握』這樣的行事風格，學會盡善盡美且適時激發員工的技巧。」

畢爾肯比爾[84]在《訓練師與講師的工作小手冊》中指出，這樣的態度會導致人被小看，還提出如何用心理學操弄並偏袒非人性立場的糟糕例子。這裡舉一項測驗題為例，藉此檢驗讀者（＝可能諮商者）能否將學到的心理學應用到實際案例上。題目結束後是畢爾肯比爾建議的「解答」。

★測驗題

研討會參與者把實務問題丟上檯面，他請教你：「以後我該如何面對這位同事？若是處在我的情況下，您會怎麼做？」主席在此刻要證明他的價值。

以下是一位參與者的故事：我是一家汽車公司的高階部門主管，而且在T2部門，負責引擎結構設計。有一位歸我管轄的部門主管，他叫菲德列，這兩個月來他讓我很擔心。菲德列三十四歲，是我們那裡最年輕最有天分的設計工程師。大學畢業後他先在一家頗具聲望的齒輪工廠工作了兩年。三年前，他來我們公司。大約十八個月前，我們委託他一個特別任務，要他改善汽缸蓋的燃燒室。菲德列有巨大的企圖心，一頭埋進工作。此外他未婚，好像也不曾有過女朋友，即使他長得不錯，在我們那裡支領高薪。他大部分的假日都在廠房裡度過，經常加班到晚上十點，而我一直默許他。我很確定，菲德列一定會做出成果。事實也是如此：這項特別任務執行了十一個月後，菲德列為我設計了一個改良過的汽缸蓋，可以用四個汽缸提高百分之十的馬力，卻不會提高燃料消耗！目前有多個引擎測試，菲德列的看法完成獲得證實：馬力提昇在百分之九點四與九點八之間波動。菲德列第一次成功時，他求我讓他繼續參與這項計畫。他手下總共有九個人，兩個是大學畢業的設計師，三個細節設計師和四個技術繪圖師。菲德列是個主管，他唯一受同事讚賞的卻是他傑出的設計天分。大家說他時尚，因為他只穿訂製西裝，開一輛昂貴的義大利跑車。

我每年給菲德列部門的薪水約二十三萬馬克。我的問題是這樣的：我該給菲德列一項新任務？但我們在這一類技術問題上沒有欠缺。或是我再給他和他的部門一年時間處理燃燒室的問題？我決定採用第二種，但那卻是個錯誤。

六個月後，菲德列提出重組汽缸、燃燒室和活塞型材，這革命性的想法讓我驚喜，這將可節省百分之五十的引擎動力燃料！在同樣馬力下，減少了百分之五十的燃料！

我必須承認，這個計畫一開始時很吸引我，主要是因為我自己也曾經是引擎設計師。但是我必須破壞他的想法。我是這樣對他說的：我們不做這樣的引擎。我們公司的主要股東也是新的巴伐利亞煉油廠的最大股東，我們經濟部長對這間廠最感到驕傲……簡短來說是，以石油企業集團的經濟利益與權力，無論如何都會阻礙這種引擎的製造。

菲德列表示，他可將他的想法提供給其他公司，比如說日本公司。我對他說明，根據工作合約，每項在公司內做的發明先要連續五年沒有使用，才准許用在其他地方。他必須先等五年……同時我委託他一項新任務。他表面上看起來平靜有禮，行事卻添上了公事公辦的味道。他的內心很激動，這我很清楚。上周我在與各部門主管的周一例行工作會議中第一次有了這種印象，看起來過度疲勞的菲德列身上帶了點酒氣。

所以我現在想請問：我能做什麼來激勵這位一流設計師，讓他繼續全心全力為公司效力？

根據第一章教的心理學知識，你會如何回答？[85]

★測驗題的回答

如果要描述菲德列的人格結構，我們必須回憶一下案例中的資訊：

菲德列是個優秀員工，甚至大部分假日都在辦公室裡度過，他未婚，沒有交過女朋友；當然也沒有朋友圈，不然他在假日會和朋友在一起。他的同事只因為他是專家而敬重他，除此之外，他對他們而言是個講求時尚的人。

從心理學來看，這個人有明顯的自卑情結，也就是說，他的自我價值感相當低。他的所有努力只是為了向世界證明，他是多麼能幹與聰明。

菲德列在孩童與青少年時期一定沒有得到多少溫情。也就是說，從來沒有人稱讚他；也許他的父母完全不理睬他，也許用獨裁和強壓式的教育壓抑了他的人格發展。照情形來看，菲德列應該接受心理治療。

就如我們所知，要發展出「健康的」自我價值觀，就不能少了他人的尊重。因此，我們可以給這位提問的參與者以下建議：

1. 嘗試與菲德列建立較親密的關係。
2. 反覆讓他知道，他在你眼中不只是個有天分的設計師，也珍視他這個人。
3. 偶爾向他徵詢不屬於工作範圍的意見，而他在這方面也是專家，譬如男性服飾或買車。
4. 督促他的同事邀請他去參加私人聚會，譬如定期舉辦的保齡球之夜。
5. 派他去參加一些以敏感性訓練為出發點的課程。
6. 允諾他在公司裡將會有輝煌發展，並且讓他明瞭，他必須要在領導方面多下點功夫。

這些建議和傳達的基本態度裡面有些什麼問題？

1. **用心理學解決客觀問題與社會問題**：員工菲德列的失望只用「人格結構」來分析，完全沒有用客觀與社會現況分析（失望在這裡會被視為自然而然與適當的反應）。
2. **膚淺的人格心理診斷**：沒有指導讀者去瞭解與談者的態度，卻督促他們去分析與談者。不指點讀者從自己身上著眼（如果是我，會如何面對這樣的情況？會有什麼感覺？什麼樣的利害關係？），去準備一份清楚的自我陳述，卻將注意力引導到其他地方。

3. **認為與談者不健全**：「照情形來看，菲德列應該接受心理治療」。竟然這麼快就下結論，連這個人一次面也沒見過，也沒和他說過一句話。一段該釐清事實與關係的談話，卻被這種塑造出來的「他人印象」給破壞了。

4. **把與談者視為治療對象**：關於兩個價值同等主體之間的爭論，「解答」中沒有任何指示，卻指示要從心理學「巧妙地」治療（有病的）對象。

5. **（周遭）人的價值被虛偽地功能化**：對周遭人的重視與尊重先在諮商中有計畫地削弱，然後再假仁假義地引入——做為達到目的的欺騙手段與工具。

令人欣慰的是，這類掩飾衝突的社會技術不會成功，因為它完全沒有理解這位尋求諮詢的高階主管的立場：首先，屬下員工都被訓練得很好，普遍會質疑自己的功能——他們會察覺苗頭對不對；每位祕書都能很快明瞭友善語調可能只是關係的潤滑劑，為了讓製造工作動機的引擎繼續運轉，或這具引擎有沒有被尊重員工的組織條件與人道態度「掩護好」。此外，即使建議的治療技術能成功地維護員工情緒，但這個代價不會太高嗎？行為有失尊嚴，而且周遭的人際關係變了質，不就等於在背叛自己嗎？難道不會演變成個人危機，違背自己的意志？

這些想法可以保護心理學家，讓他們不會成為一到五點所期望的工作成效犧牲品，不致於違背他們身為精神生活人道律師的切身任務。

IV 訊息的訴求面向

溝通常常也稱為「施加影響力」。在訊息的前三個面向中，發送者表達出他和自己、和接收者的關係，以及和外在世界之間有什麼事。表達，是溝通的一項功能。另一項功能在於達到某種效果：引發一種未發生的狀態，或者是阻止某種可能狀態出現。訊息的訴求面向代表了這種效果的觀點。本章要討論：要產生有效影響力會遭遇到的困難和可以做的努力；也會談接收者想盡辦法避開影響，反抗到底的態度；還會提到，即便發送者的訴求壓力預期會遭到反抗，他還是會發明各種技巧以確保他的影響力。接下來將要分別討論以下訴求的本質及問題：

◇祕密（隱藏）的訴求

◇矛盾的訴求

◇公然的訴求

在這之前，我想先談談一開始就提過的人際溝通基本矛盾。

1. 表達與效果——溝通的兩種功能

我花了許多年時間，在複雜多樣的溝通問題裡發掘一些非常簡單、基礎的東西。依我所見，人際溝通有一個基本的兩難：它總是同時和**表達**與**效果**有關，要把哪個觀點當作重點依循，發送者和接收者都必須有所選擇。而溝通是不斷在這兩種要求之間尋找妥協，兩端若能平衡，溝通便會愉快。

我想更詳細說明這對立的兩極各代表什麼，溝通就是在傳達那些。合作和人際關係乃依靠此存在：我們始終相互了解我們之間的事。自我表達和參與，都屬於人類基本的生活需求。很好。溝通不只是表達，也要把該說的說出來。在我說的話裡有我想要實現、想要引發的結果；比如說安慰他人（＝讓他覺得好過一點），讓他有好心情，（不要）受傷害，促使他採取特定行動，不破壞我與他的關係。

這樣也很好。表達和效果偶爾可以和睦相處：一方達成時，也讓另一方盡善盡美。舉個例子：一個小孩受傷了，用大聲哭叫表達疼痛。他表達疼痛的方式也同時達到了期望的訴求效果：接獲警報的父母趕緊前來相救。

但表達和效果絕不會一直和諧相處。小孩可能很快就學到，光是表達現在的疼痛，偶爾還不足以促使周遭環境依照他期望的程度動員起來。因此他才為一個小小的疼痛沒命地哭。

從這裡開始，表達為了達到效果而變得有點像賄賂，嚴重可能會導致特定感覺（譬如哀傷與疼痛）因為遭遇不幸（愛被剝奪、遭受羞辱）而無法表達，甚至再也感受不到，取而代之的是逆來順受，並且在無意中成為性格的面具。

兩種基本取向

我們可以假設，這個世界上不會有人的溝通僅著重表達，或僅著重效果，而是兩者總是處在平衡的角力中，因此我想再次說明兩種極端情況。著重表達的發送者把想心裡想的一切都表達出來，效果不是他的首要目標，他寧可等待效果自行產生，然後接受。

相反的，著重效果的發送者總是會有意或無意地先問：我想達到什麼或阻止什麼？然後試著如此擬定訊息，以期能理想達成目標。（預測的）效果成為行動的首要引導者，它也接受訊息有時候不被表達。這裡考慮的是時間與戰術，而著重表達的決定標準是一致性與事實。

發送者的溝通是注重表達還是效果，這對接收者來說非常重要。發送者在哭，因為他覺得難過，或是他想「賺人熱淚」，利用感情手段達到目標？或者，員工可能會問，老闆稱讚我是因為他對我的表現很滿意，還是因為他在激勵技巧的課程中學到，稱讚有助於提高工作成效？圖七十五用圖解來說明這樣的想法。

朗格爾談到「功能性中毒現象」：發送者在溝通時過度偏重效果，或是（同樣是中毒現

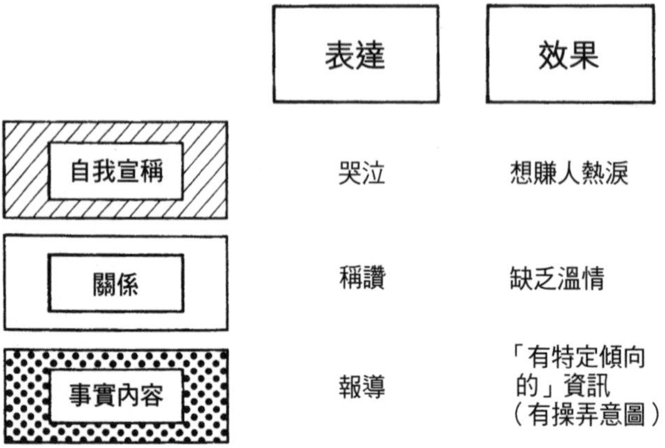
表達
效果
自我宣稱
哭泣
想賺人熱淚
關係
稱讚
缺乏溫情
事實內容
報導
「有特定傾向的」資訊（有操弄意圖）

圖 75：或多或少是以表達或效果來 a）發送訊息 b）接收訊息的行為方式例舉。

象）接收者如此預設立場。我們總是一再碰到，當我們心理學家開訓練課程時，學員在課程一開始就認定我們做的一切都有暗藏意圖。即使稍有疏忽（比方說在黑板上寫錯字），他們私底下會這麼想：「他們的目的是什麼？這是在考我們嗎？」在關係沒有說清楚，信賴感尚未建立前，要排除這種懷疑並不容易。我們解釋，這個或那個錯誤完全不是有意的，招供自己容易犯錯了還被評為「妙招」，並且完全證實了他們的懷疑。

目前所說的不應產生以下印象：表達型溝通比較誠實、「比較好」；效果型溝通是「錯的」、操控的，基本上比較差。兩種標準各有其理由與疏忽之處，都會讓另一方受損傷。（有意或無意地）只重視效果而忽略真實表達的人，會造成和自我及他人的疏離，把周遭人只當成可以操作、掌控的物體。只重視表達而沒顧及後果的人對行動沒有責任感，結果不會令他好過，事情無法發揮效果並產生影響力。雖然良好關係裡會越來越重視表達，但是基本上可以如願以償地取得平衡。事實上，努力做「良好溝通」是朝向妥協的方向：「我想說我在氣什麼（＝表達），但不去傷害人（＝效果）。」露絲．孔恩「可選擇的真實性」概念（比較第一五〇頁）同樣包含這種平衡想法：真實性指出了表達的觀點，選擇性的概念則牽涉到效果是否產生作用。

溝通訓練的兩種方式

在理想的情況下可分出兩種溝通訓練的方式：一是提升產生效果的能力，二是提升表達的能力。產生效果的能力是指溝通可以盡快達成期望的效果。例如在修辭學的課程學習讓表達好且靈巧，有說服力地陳述關切的事，讓接收者留下深刻印象，做出合乎訴求的反應。經理人的訓練課程會以此為主題：「我如何激勵員工？」這裡會學到讓員工儘早未雨綢繆，全力為公司工作的溝通方法。我已在前一章第七節的測驗題討論過一個效果取向訓練的極端例子。

相對的，提升表達能力的課程更著重於治療。這會讓自我知覺變得更敏銳，明白自己是怎麼回事，注意到身體發出的訊號。這涉及到自我宣稱與說實話的能力。強調此觀點的人本主義心理學可從露絲．孔恩以下的話裡看出：「這是我的信仰：當我表達，我不想要有影響時，我已經產生影響了。」

根據這個指導原則，我們的「溝通訓練」隨著時間越來越表達取向，即使這經常不符合參加者的期待——至少不是膚淺的期待。他們來自要能「推銷自己」、保持上風才算數的工作職場，他們期待心理學家提供的技巧和能力，能讓他們隨時能掌控局勢。

另一方面，他們強烈嚮往能更暢通無阻地了解周遭人，卻又疲於自我宣稱、炫耀、出謀策劃與操弄的激烈競爭，因此精神上出現分歧，常常高處著手。而且為了一致性（參看第一五一頁），最後得在表達和效果取向之間找自己的平衡點。

2. 從一些訴求的失敗談起

訴求發送者必須明白，他對周遭人的影響力非常有限。當接收者被帶去做他完全沒興趣的事的時候，結果一點也不會令人驚訝。如果「好意的」訴求沒有產生效果，甚至引發抗議，看起來就有心理學上的問題。以下我將討論一些接收者對於部分訴求難以接收的因素，稍後再談發送者為此所發展出的各種應付訴求被反抗的技巧——也就是迂迴與矛盾路線。

2.1 對關係影響的訴求過敏

訴求的效用強烈受到發送者與接收者之間的關係影響。這在前面母女的例子中相當清楚：女兒反對並不是因為她覺得訴求（穿件外套！）不理性或是這與她的需求不符，她反對，只是因為她不接受母親的此類訴求。訊息有四個方面，當訴求牽拖有爭議的關係定義時，她就會用反對訴求來拒絕這個定義（我不讓你規定我該做什麼，我沒有興趣按照你的指示來做！）。這種反對也可視為「現在就是不要」的固執表現，能為接收者在關係面向上保住尊嚴。

朗格爾這麼表示：「任何一個訴求都會踏入他人領土！」也就是他人自由與主動性的領域；接收者會努力保衛他的「王國」。社會心理學已多次研究此「抗拒」心態。在教養和伴侶關係中有許多會在他人王國裡製造抗拒的侵害。尤其當個人人格的王國很小的時候，很容易干預太多其他人的事，並且會努力強迫別人要以自己的想像為準繩。

此外，接收者對訴求的過敏反應會被發送者拿來對照：許多教育工作者、老師、主管擔心自己顯現出「威權」，即便情境恰當、角色合宜，他們也不好意思發號施令、給予清楚指示。這會輕微導向偽民主式的溝通，溝通不清不楚，讓人不知所措。不說：「現在做這個和那個！」卻常常說：「也許我們可以……」如果民主方法與情境特徵及角色定位不一致，將會導致全面性的溝通紊亂與無助。

2.2 訴求不適合用來訴求「徹底」改變

很多清況下訴求無法成功，是因為它基本上不適合用來解決問題。假設有一個人很愛吃醋，不時監視他太太。朋友給他忠告：「你不該這麼愛吃醋，而且不信任她！這樣你們的婚姻會完蛋。」雖然是出於好意，但這建議完全不恰當。嫉妒深埋在這位丈夫的骨子裡，要他改變比登天還難。

下面的例子也一樣：一位女職員覺得她的主管老是高高在上，「視她如糞土」，過分剝削她。她不敢抗議或去爭取自己的權益。她先生說：「妳不可以讓他為所欲為！把妳的想法直接告訴他。」太太說：「我辦不到。只要我想開口說這件事就會心跳加速，說不出話來。」先生說：「妳得試著讓自己平靜下來。他又不能把妳怎麼樣……」等等。這位先生的論點很理性，但如果害怕深埋在五臟六腑，理性會無法發揮功效。讓她再次面對自己的無能，強化她的挫折感——這種訴求可能容易達到反效果。我們知道，當問題出在個人身上，當自己出於內心感覺而行為表現不恰當，那麼所有建議、忠告與告誡都沒有效。不但沒有效，還會造成傷害。這也是為什麼會談的心理治療師不做任何訴求。治療師傾聽，試著進入問題，讓自己體會發送者的世界。案主在這種治療中比較有機會深入自我，去除內心阻攔他去做合理正確事情的路障。

好的建議很少能取代心理治療會談，也很少能取代社會學習過程。有些教育者要求孩子「行為得體」，而且要求的行為相當複雜。比如說，要長時間安靜坐在椅子上，留意談話進展，說出自己的意見，而且要與上一位發言者有關，要注意禮節等等。所有這些行為都得要學習和練熟。

在沒給小孩適當課程之前，沒有人會去要求他算出三六九的三次方根。但是對許多教育者而言，「得體行為」不是按步就班練會的，而是道德與善良意志。人們慢慢才理解到，行為出現障礙純粹是因為學習上的不足，不是因為惡意，不該透過處罰式教育控制。一套現代化、人本的教育方法可用來做社會學習，並且指出，學生的「搗蛋行為」並不像「攻擊本能」那麼嚴重，純粹是因為他們沒有機會用言語辯解。如果家庭與學校都沒有教他們如何公平爭執，打架就會成為替代的溝通方式。

2.3 訴求竊取了發起者體驗

一個十四歲男孩的父母周末要外出，他打算翻一翻花園的泥土，好讓父親回到家有意外驚喜。在告別時，父親對他說：「如果你真的很無聊，可以鬆一鬆花園裡的土。」男孩心底失望地驚叫，所有計畫都泡湯了。男孩不去花園翻土了，因為訴求減低了這項行動的價值。

一般而言：只要行動是因應訴求而生，行動的心理素質會改變（我們之後會回來討論這個重要事實）。在生活裡感覺到自己是行動發起者，不是接受指示，而是自發地行動，似乎是人類的基本願望。立意良好的訴求剝奪了接收者的發起者體驗。如果一套完美的規定與戒律系統已規定好何謂「好行為」，反而會阻礙而不是促進好行為。如果所有好行為都已經事先規定好，青少年不會去尋求發起者體驗，而是回到嬰幼兒行為或破壞性行為上——「英雄行為」不能忍受指示。

2.4 訴求讓自發行為變成不可能

我們在上一節已看到，有些行動只要遵循訴求，就會喪失它所有的核心。不時會有這樣的情況：行動或行為方式的本質要出於自發，也就是只能出於自願，由自己推動完成。人們稱之為「自發的弔詭」[86]：當發送者傳達給接收者一個訴求，這樣的行動（其本質乃自發）就會被履行。

舉個例子：一位先生很少送花給太太，如果有，也只在她明白要求下。現在她說：「我希望你有一次是自願買花送我！」正是這個訴求讓這位先生無法做出符合訴求的行為。

訴求的發送者經常沒注意到，所有動機和感覺在本質上都是自發行為。我們可以要求某人去地下室拿柴火，但我們無法要求他**心甘情願地**去做！「你應該愛我！」是一種不可能的要求。

出於好意的發送者常常想勸可憐的接收者拋開負面情緒。為了讓憂鬱的人快樂起來，我們讓他們去看生活中美好的一面。可是他卻變得更哀傷，因為他現在看到他的反應有多麼「不理性」。「別這麼難過（生氣、敏感、憎恨、嫉妒等等）！」是一種訴求，不僅不能帶來期望的改變，反而更容易引起反效果。這種（引發相反結果的）情形在特定情況下可以採用心理治療。之後我將會回頭談論（見第二九七至二九八頁）。

傳達不適合自己的訴求

我們偶爾會把沒效果甚至會引發反效果的訴求傳達給他人，而且還會傳達給自己。像我們在難過和緊張的時候，會要求自己高興和放輕鬆。因此，每個治療情境都適用的基本原則是，不管什麼，都要允許它、同意它。感覺只有真正經歷到才會顯現。不好的情緒獲准表達出來，因此被「活過」，通往好情緒的路才會（在心靈上）開通。相反的，虛情假意的激勵（開玩笑、講笑話）大多會引發更深的痛苦。

睡眠和性行為也是以自發性現象為本質。如果有人輾轉難眠，大多會訴求自己：「你現在一定得睡覺！」也許還用上所有幫助睡眠的方法（數羊）。睡著只會「自己」出現，對自己做這種訴求反而會阻礙期待的效果，更不容易出現。睡眠（和所有自發現象一樣）就像鴿子：我們想抓牠，牠就會飛走；如果只是把手伸直，牠有時會停到我們手上。

性行為也是一樣道理：「辦不成事」的人用自我訴求（現在專心一點，一股作氣！）激勵並且強迫自己——好方法用在錯誤的地方很危險。用訴求克服自我會讓我們飽受壓力，造成許多不愉快。男性雄風不會隨著壓力產生，反而會無法施展。

2.5 妨礙「內心平靜」的訴求

訊息常會引發接收者強力反對，不只是反對訊息裡的訴求，也反對傳達的事實說法。這種說法只要證明是對的，他的內心就會受到干擾，不能平靜。

我們先看一些例子，然後再從這些例子中找出共同性：

例一：老鼠先生菸抽得凶。他收到訊息：「吸菸有害健康，容易引起肺癌與心肌梗塞。」老鼠先生沒好氣地反應：「說什麼啊？什麼事都可以用統計證明。反正人總有一死，不是嗎？」**例二**：為了讓孩子行為得體，貂先生管教小孩非常嚴。如果他覺得孩子行為不恰當，常常會毆打他們。他在一場演講上聽到教育學家的見解：「毆打的處罰方式讓孩子失去勇氣，強化他的自卑感，容易對環境產生害怕和敵意，而且會以教育者為榜樣，學到在面對弱勢者時可以使用暴力。」貂先生聽到這些很震驚，「您自己到底有沒有小孩？」他問演講者：「這種象牙塔理論根本與實際情況不符。」**例三**：倉鼠先生買了一輛頂級豪華廠牌車。一個同事對他說：「我之前聽說，新的頂級豪華車問題很多。」倉鼠先生：「啊，你知道流言蜚語很多。這是誰跟你說的？」同事說：「我想是舒茲說的。」倉鼠先生：「舒茲什麼時候懂車了？他只是很氣，因為他買車時受了騙！」另一個同事說：「我有看到頂級豪華車測試的評價不錯。」倉鼠先生：「真有趣！可以把那篇報導給我看嗎？」

這些例子有什麼共同處？在所有例子中，訊息內容和特定行為方式或接收者的信念有所矛盾。訊息中夾帶的的訴求不是很難遵循（譬如放棄抽菸），不然就是根本無法遵循，因為（根據訊息）「錯誤的」行為已經發生，無法撤銷（譬如買了頂級豪華車或打小孩）。我們認為，這樣的接收者產生了**認知失調**，無法接收新訊息。他們能接收對自己生活和行動來說合理，且看起來「很好」的訊息。所以一個過著無憂無慮、奢侈生活的有錢人會接收到個人基於能力和努力而獲致成功的訊息，完全接收不到因為社會關係不公平而致富的訊息。所有對他的生活與行動方式都「對」的東西，他會睜大眼睛、打開耳朵接收。其他的都會被排除，或是用自己的方式來解釋。知覺在這裡的作用是保障心靈平靜，理解和溝通方式也是。

接收者如何面對讓他產生失調的訊息？有三種可能：一、忍受失調，讓它存在——很少會有人選用這種方式，因為內心受干擾會讓接收者飽受折磨。二、改變行為和舊有信念，讓造成失調的訊息與訴求達成一致；比如說戒菸。每個抽菸的人都知道戒菸不容易，要改變根深柢固的行為很難，已經做過更是覆水難收（頂級豪華車買了不能退換）。三、反對訊息和它令人惱怒的訴求。這裡有不同的防衛措施可供接收者使用：不去理會不喜歡的訊息，這也很適合用來避開造成失調的訊息。一個老社民黨員不會輕易去參加基民黨的助選活動，保守人士不會去打開「左派」的電視節目等等——盡量避開完全另一種主張的人，以及宣揚另一種生活作風的人。

若是無法避開令人產生失調的訊息，你就需要做好以下準備：隨時準備好資訊與反對意見，用來「反駁」訊息發送者。有些事實爭辯、「討論」是靠反對者的頑強而活下來，他們就是在爭取沒有失調的狀態。

如果這些辦法都幫不上忙，可以透過貶低發送者，勉強再造內心平靜（舒茲什麼時候懂車了，他只是很氣……）。這種防衛技巧很實用，因為可以「一箭雙雕」：其一，如果我假定發送者無能或有其他缺陷，我不需要那麼認真地看待訊息的事實內容與訴求；把它看作自我宣稱，當作是這種缺陷的證明。這在極權主義國家很常見：宣稱造成失調的人是瘋子，把他們關入精神療養院。其二，造成失調的人讓我受盡折磨；他是我挫折的來源；貶低他，我的復仇之心便找到了出口。

3. 隱藏的訴求（悄悄傳送的訴求）

「我們知道，人可以透過話語或其他資訊影響他人的行為，但是很少人知道，發送者與接收者不用下意識就能造成影響。」心理治療師拜爾[87]做了研究：案主如何可以不直接表達潛意識的願望，卻透過說話方式讓接收者產生特定情緒，讓他做出符合發送者願望的反應？

舉個例子：一對已經長大成人的姊弟對遺產起了很大的爭執，一直沒有共識。姊姊想要把她應得的部分換成金錢，弟弟卻覺得賣掉自己曾經住過且是父母留下的房子，他會心碎。兩個人下一次見面時，弟弟說：「我真的很高興見到妳。上次談完以之後我像被擊倒了，好幾天無法成眠。」姊姊因此不忍心再提遺產的事。弟弟用訊息製造出和解與同情的情緒氛圍，讓姊姊無法「今天再以此來傷害他」。她在暗地、幾乎是無意識地做了決定：今天只談「愉快的話題」。

想察覺到發送者潛在的願望，就要留意自己身為接收者的感覺。對此我們再回到先前提出的例子（第四十八頁）：有人哭了。我們一開始傾向認為哭是傷心難過的表現，也就是說，我們從自我宣稱面向來接收哭的訊息，但是我們很可能沒有理解到哭在心理學上的完整意義。有人哭了，我會發生什麼事？我感到吃驚、先前的怒氣消散了、我產生了同情心、我讓步了、「我的心融化了」、我努力讓哭的人平靜下來、安慰他、停止用要求和「事實」去折磨他。如果這就是哭泣的意義和目的？哭的人會斷然反對這種指控：眼淚就這樣流出來，絕不是影響他人的策略。

哭的人並沒有違心撒謊，對他來講，他並非有意地使用策略。他可能在小時候用過這個策略，幫助他在受威脅時避開最嚴重的後果（「操作制約」）。

我們從哭泣的例子認識了一種心理學工作方法，其特徵在最終觀察方向裡面。意思是說，要理解或解釋一種行為，我們不會問它（過去）的原因，而是問它（經常是無意識）的目標，行為就是為了達到這個目標。阿德勒非常強調「為的是什麼」的問題，所有行為方式都被強加上（經常是無意識的）用途。在觀察周遭環境對行為的反應時，最容易發現其用途。我們曾在哭泣的例子中設想自己就是接收者，而且被問道：「哭在我身上觸發什麼？」用情感層面來感受訴求，可以發現發送者心中設定的目標，還可因此深入理解他的行為。

意圖自殺

有人意圖自殺。就自我宣稱面向來看，這是絕望和心靈痛苦的證明。發送者似乎更進一步宣布了他想做了結的意圖。更近一點觀察，試圖自殺是一則傳送給周遭環境的訴求消息：

「幫助我，別讓我一個人，請你們關心我！」及時救援通常不是「意外」，至少是無意中的安排。同樣的，自殺聲明常常帶有強烈的訴求，像是伴侶的一方提出要分手，另一個人說：「那我就去自殺！」這裡的訴求（別留下我一個人！）不是悄然無聲，而是強而有力。相對的，接收者覺得自己受到要脅。

焦慮

有個二十三歲女人得知丈夫會晚點回家，傍晚時分就會產生強烈的焦慮[88]：焦慮還帶來一身冷汗、胃痛、有時會增強到令她昏厥。先生回來後，他試著讓太太平靜下來，對她表示擔心，並且保證會考慮到她，以後只在緊急例外情況才會晚回家。治療師馬上發覺這是**焦慮的終極手段**：焦慮實現了她的意圖。在面對生活的不確定感時，這是個成功有效的策略。我們不能斷言這個女人的焦慮是裝出來的，只為了嚴密看管她先生。她的焦慮完全是真的。我們唯一可以宣稱：焦慮對重要的接收者而言有很強烈的訴求效果，因為焦慮被符合訴求地對待，證明焦慮成功了，從發送者來看很有意義。治療焦慮要從兩件事情上努力：一、不能再讓焦慮得逞。先生得到指示，不能再以親切關懷強化太太的焦慮，也就是不再參與太太的「遊戲」。二、加強太太的自信。她暗中相信：「有強有力的保護者在我邊，我才有生存能力。」必須用自信取而代之。

溝通心理學感興趣的尤其是第一點：接收者只要不回應對方的訴求，對治療就有利。這到後面會再討論。

敏感

我們周遭有很多人（太）敏感，比如說，對批評敏感。他們「總是馬上受到傷害」，以受委曲的痛苦面容或憤怒的攻擊來回應。以自我宣稱面向來看，他們是在公開聲明自己缺乏自我價值。同時在訴求面向上，他們傳送出他們的「使用方法」：「你要這樣那樣對待我，跟我交往你不可以這樣那樣！」訴求通常有效，接收者也都同意：「對待這個人要特別小心！」以此表露他們同意這個遊戲。

孩子的各種壞習慣

小孩子什麼不會做？他們製造的噪音讓耳朵發麻，毆打兄弟姊妹，弄壞全部的東西，四處鬼混，突然勃然大怒，上課時盡可能搗蛋，受了一點疼就沒命呼叫。我們的小孩是撒旦附身，該為他們驅魔嗎？這個「撒旦」有訴求的特質。如果沒有接收者讓孩子成功地傳送訴求，孩子的壞習慣很難消失。訴求是：「把你的注意力放在我身上！」因為被忽略比被斥責、告誡、高聲怒罵還嚴重。孩童會不斷發明新方法博取注意力，他們在這方面很有創造力，會試著運用魅力，也會採用自怨自艾與破壞攻擊的舉動。他們很快就能找出特別能激怒爸媽的方法。接收者會一再地問：我該如何反應？這遊戲我該參與嗎？

無助感、無能與弱點

在自我宣稱面向上我們認識了愛出風頭、隱藏弱點與犯錯。偶爾自我宣稱面向會傳送完全相反的消息：我會一無所成！這我不會做！要是沒有你，我真不知道怎麼辦！比較第一四一至一四二頁。

沮喪的人會讓周遭的人（包括他自己）相信自己無能，用他的「弱點」挑戰其他人的「強項」，用以證明自己其實強大有力。

3.1 什麼讓隱藏的訴求有利？

為什麼「悄悄傳送的」訴求這麼常見？哪些優點會抵消缺點，因為它們對接收者來說訊號太微弱，起不了作用？特別要考慮兩個優點：

一、隱藏的訴求通常比公開表達的訴求**更成功**；之所以這樣，原因是它們可以**轉換**接收者的**情緒**，讓他準備好做出符合訴求的反應。在上面提到的例子中，如果弟弟直接表達他的願望（今天我不想再談遺產的事！），那麼姊姊可能會完全反對弟弟的願望，並且認為，弟弟想要和她來一場成年人的爭辯。連小孩子都可能已經學到，直接說出願望（給我一顆糖！）比一張悲傷哭啼的臉（可憐的孩子，這顆糖給你！）更沒有成功希望（等到吃完午餐以後！）。

二、發送者**不需要為潛藏的訊息負責**，緊急狀況下還可以（也在自己面前）否認自己曾傳送過這樣的訊息。因此，隱藏的訴求可以免去因為願望公開表達遭拒而受到的傷害。拜爾認為，隱藏訴求可以顯現一個人容易受傷之處：過去表達的願望讓他遭到強硬拒絕和處罰，因此這願望被埋入心底，只用掩藏的形態現身。拜爾寫道：

> 接收者在情感上擔負義務，並且用隱藏的形式發送訴求，這樣的能力極有可能是在孩童時期學會的，用來保護孩子不受傷害。如果孩子發現到，表達出一些既定想法和願望會惹來沒完沒了的反應，他們就學會要把這些想法和願望隱藏起來，未來也會學會讓接收者完全無法理解的表達方法與形式。為了隱藏，他發現可以語帶雙關。他學會技巧，省得讓容易受傷的意圖在那兒丟臉，避開沒完沒了的反應。需要偽裝的願望，標示出人的弱點所在。[89]

就這點來看，隱藏的訴求是一種策略，適用於雙重目標：想要達成某件事，卻不想被發

現。潛意識中遵循的是：去做吧，但是事後當作沒發生過。這樣的目標整合了不協調，也就是本身不一致的訊息（比較第五〇頁）。拜爾舉了例子：小男孩的父親因為時間的關係，多次拒絕教他騎腳踏車，男孩這樣解釋：「我沒有興趣學騎腳踏車！」卻又利用各種機會出現在腳踏車附近，談論腳踏車等等——隱藏式消息很適宜喚起父親的罪惡感，宣告式消息就只會得到反效果。這裡有我們在第五十三頁描述過的雙重約束：接收者不論做什麼反應，結果都是輸。

個體越容易受傷害，他就必須「越有能力」以間接方式對其他人的情緒產生影響。以前受過傷害而必須隨時掌握周遭人反應的人，得要投注所有心力，甚至有時候要「猛烈攻擊」**以確保他的影響力，同時否定自己是影響的發起人**。精神官能症狀有時候就是這種重力火砲：焦慮、突然暴躁、強迫性行為等等，都會給周遭人施加很大的壓力，卻又很適合拿來否認自己是肇事者（因為患者「是無辜的啊」）。當然，「成功的」精神官能症病患也深受症狀折磨，他已準備要付出代價。代價不只是症狀本身帶來的麻煩，隱藏的訴求也常常不能真正讓他得到他想要的：孩子雖然透過行為障礙、爆發怒氣和其他方法獲得關注，得到的卻不是關愛，而是處罰。有關注總比沒有好，但不要「那種」關注。同樣的，一位同事總是愛發表尖酸刻薄的意見和驕傲自大的評論，即使他的回饋很多，而且會一再回到事情核心，但還是造成同事對他不滿。他的私人邏輯是：「我需要備受矚目，寧可被討厭，也不要被忽略！」然而長久下來，這種替代式滿足僅僅差強人意，無法滿足「實際所需」。

3.2 接收者違背訴求的反應

接收者該如何回應隱藏式訴求？之前已經多次提示過：符合訴求的行為會讓接收者冒上鞏固問題行為、非情願地（或情願地？）造成「操作制約」的危險。對於家中有行為障礙兒童的父母，和伴侶有精神官能症的人來說，他們知道自己的行為就算沒有引發障礙，卻至少會強化與維持症狀；這讓他們痛心。因此，接收者面對特定案例要學習做出違背訴求的反應。這並不容易，因為我們對隱藏式訴求的答案幾乎很自動：有人哭，我感受到一股衝動想把他（她）摟入懷中；有人裝傻，我一股衝動地說：「拿來，我來做！」一個小孩不斷挑釁惹毛了我，我「勃然大怒」，開始大發雷霆。阿斯特里打小報告：「芮絲把她的地圖亂丟到角落裡！」（圖十四）老師回答：「我馬上去看看到底發生了什麼事！」在這些例子裡，接收者都參與了，而且透過他們的作為讓他人哭哭啼啼、無能、壓制、告發。有沒有其他選項呢？違背訴求的回應和「不隨之起舞」代表什麼意思？

第一步在於，接收者能意識到隱密的運作：監聽自己，注意發送者在自己身上引發什麼感覺、自己打算採取什麼行動，讓自己獲得提示，明白「風從哪裡來」。現在重要的是知道原因，但不屈從。

第二步，接收者要提出問題：是什麼私下的利益誘使我隨之起舞？也許事情就這麼發生了，但是，即使是不經意的自動反應，也常常掩藏了暗地要追求的目標。也許我並不是那麼不受歡迎，一再上發送者的當——我們同心協力拉一條繩索，現在這條繩子卻威脅要絞死我們。

這第二步引導接收者說明自己參與的作為。所有略過這步驟的心理學指南，即使提出的建議立意良好，也注定要失敗。

到了第三步才會問取代方案。違背訴求的行為，也就是接收者的反應不符合發送者暗藏的意圖，拜爾稱之為「反社會」（a-sozial）。只有當「拒絕」是出於善意，才有益於治療與療效——發送者察覺到其他人希望他好，而且表達的拒絕裡沒有敵意。一般來說，治療對立要建立在相互接受的基礎上。

「反社會」的行為方式可以有不同的形態。心理學家常會給教育學家一個建議：忽略障礙性為和其他製造麻煩的行為，不要著手探討。這是不隨之起舞的一種可能方法。德瑞庫斯[90]建議教育人員對特定案例「揭露其心理」：意指謹慎針對孩子行為想達成的目標攀談：「你是不是希望我多花一些時間陪你？」另一種可能方法是：把聽到的訴求明白說出來，並且回問發送者，這是不是他想表達的願望。因此，前面例子中姊姊可以對弟弟說：「我聽出來，你要我今天不要談遺產的事，對嗎？」因此便促成了大人之間有意識的意見交換。

3.3 事實表達裡的隱藏訴求

上一節我們探討了一些行為方式，其中接收者的消息通常定位在自我宣稱。我們看到，「訴求型耳朵」不僅可以保護自己不受不易看穿的操弄擺布，還能在診斷上更深入發送者的心。

目前為止探討的訴求都是「隱藏式的」，因為主要消息似乎都在自我宣稱面向。現在要探討的是主要消息放在事實面向上的隱藏訴求。舉個說法：「人類的智力有很大一部分是由遺傳決定的。」

單純接收此訊息意指了解此事實內容，並把它納入知識庫與做決定的根基。相反的，**意識型態評判的接收**則要考量每個訊息都有四個面向，為了達到訴求效果，有些事實描述會有傾向。因此，意識型態評判接收的第一步就是要揭露隱藏式訴求。在我們的例子中，這樣的訴求可能在以下要求裡：停止「平均主義」、把過去對機會均等做的努力（譬如補償式的學前計畫）當作不能實現而放棄。進一步要問：誰（=什麼團體）會喜歡這樣的訴求？還有，發送者屬於這個團體嗎？或者他受到團體的影響（比如說得到他們的酬金）？

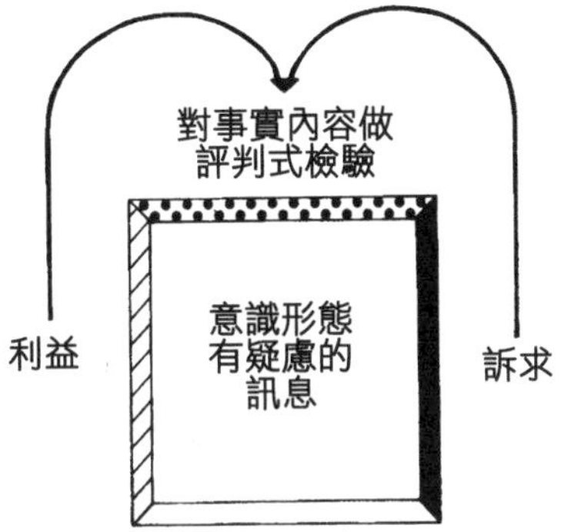

圖 76：意識形態評判的訊息接收：追蹤訴求，視之為發送者的利益。
這種訴求與利益交錯是以懷疑意識形態為根據，
進而評論性地去檢驗其宣稱的事實內容。

在這種情況下，懷疑訊息的「意識形態」正是找出利益與訴求交錯的重要線索（圖七十六）。

要指出這種線索，無可避免要調查訊息的客觀內容真相。當訊息在客觀上是錯的或是片面的，它才具有意識形態。年輕時熱衷於政治的史貝博爾[91]是這樣背棄了意識形態評判：

> 從那時候（一九三七年）起，我不再問真相會對誰有用或有害；對我來說，表達與捍衛真相，並且如此認定它，這樣就夠了。它也可能正合反對者之意，但這不會減低它的價值，也不會動搖人們對它的喜愛甚至摧毀它。真相不是功能性的、不是戰略性的、也不是不公正的，但是人們需要它，可惜也很容易被人濫用。

3.4 一些廣告策略

因職業需求而必須發揮影響力的廣告專業人員，他們遵循什麼樣的策略？一項針對共和黨的電視廣告分析[92]得出：直接、公開的訴求（喝可口可樂！）並不常見。反而有三個基本原則非常重要：一、示範，二、說明結果，三、促成聯結。

示範

大部分廣告節目給大家看的是示範出發送者所期待的行為（購買或消費行為）。他們預期接收者已準備好模仿。調查結果證實，當示範人員（＝所謂的行為模特兒，簡稱模特兒）越有吸引力越漂亮，效果就越大。廣告裡的模特兒確實大多數看起來年輕、保養很好很漂亮。我們看見一項事實：在訊息的自我宣稱面向上維持形象，也會提高訴求面向的成功機會。

在教育中，模仿偶像也扮演了一個重要角色。值得強調的是，父母和教育人員也正藉由自己的身分影響孩子，即使他們的目的完全不在此。像是他們抽菸、喝酒；紅燈時穿越馬路；起衝突時憤怒地貶低彼此與怒罵；避開特定主題不談；或是遇到某些事件時被識出有過度焦慮。有個知名笑話闡明了問題所在（圖七十七）。一個父親很生氣地把兒子放在腿上，因為他撞了弟弟一下。在揍他時，父親大聲說：「我要教你毆打比你弱小的人！」

圖 77：一位父親「教導」他的兒子，「不要」毆打比他弱小的人。

事實上，他正在透過自己的行為教導孩子做這件事。以身示範比所有的「說教」都有效。

允諾結果

廣告節目中都會表現出或說出，（據說）消費行為可以給接收者帶來什麼好處。在使用過特定牙膏後，一個年輕人的口臭再也不是問題了，他還開始和一位年輕可愛小姐約會。一個幸福家庭在一起吃早餐：「用 Homa-Gold（人造奶油）表達您對孩子的愛！」新的長柄地板刷讓到處光亮無比，讓周遭都是快樂的臉龐。

說明結果是一個相當普遍的原則，是根據以下認知而來：行為是以成功為導向，用令人愉快的結果促進，用令人不愉快的結果壓制。行為示範結合了結果說明，能保證行為規範被廣泛遵守：「蓄意將不屬於自己、可移動的東西從他人那裡拿走，進而把東西違法據為己有的人，將以偷竊名義受到制裁。」這條德國刑法上的法律條款包含了一項訴求：「你不該偷竊！」可以看見，這個訴求的有效性和處罰的威脅性有關。每個勸導和說服也都包含了結果說明。

當發送者允諾結果時，他會把要傳達的東西建立在假設的接收者動機上。要是允諾的結果一點也引不起其他人的興趣，這樣做有什麼用呢？什麼值得爭取，什麼應該避免，人與人之間的觀點會有很大的不同。大音量音樂會讓一個人快樂陶醉，卻會讓另一個人驚慌地蓋住耳朵。對來自社會底層的孩子來說，讚美的鼓勵性通常不持久，但是糖果的效果卻很好；中產階級孩子的情況則相反。

一個人會接收到什麼樣的事物，首先和他的學習經驗有關，也和他的需求在什麼範圍內可以廣泛獲得滿足、在哪些範圍內無法滿足有關。

馬斯洛的需求層次理論認為，生活必要的物質需求（足夠的空氣、食物、睡眠、物質保障）獲得滿足後，將會有更多對愛、認可和自我實現的心理需求受到重視。對於已經賺了一些錢的人，金錢無法再對他產生非常大的誘惑，威望與聲譽的前景卻可以。我們的廣告專業人員會分析，現今顧客的需求落在馬斯洛金字塔的哪一階段。在很多情況裡，購買行為允諾會產生威望增加或人際關係改善的結果。[93]這種好處雖然很少跟購買物的本質有關，卻更符合當代人的渴望，起碼對有消費能力的接收者有效。

促成聯結

我是否會致力追求或避開某物，這和物品對我引起什麼感覺有很大的關係；感覺形式又與我曾對它有過什麼樣的經驗有關，說更仔細一點：在它在的當下所產生的經驗。假設有個小孩被醫生「打」了一針，很痛。一個禮拜後，小孩一到理髮廳就哭了。怎麼會這樣？因為理髮師和醫生一樣穿著一件白衫。小孩在有白衫的「當下」有過痛苦的經驗，那件無害的白衫變成引發焦慮的原因。

這個過程稱為「古典制約」，指的是刺激（白衫）和反應（焦慮）之間的聯結。我們活在一個充滿白衫的世界。我們遭遇的事物幾乎沒有一樣是感覺中立的。早期經驗的聯結會引發特定的感覺，這種感覺讓我們處於準備做特定行動的狀態（比如焦慮會讓人準備逃離和躲避）。這樣的機制很適合用於宣傳。廣告專業人員告訴自己：我們不能認為接收者一開始就會對我們的產品有好感（以及準備行動，也就是購買）。我們如何讓「無害的白衫」觸發（無論如何是正面的）情感反應？答案是：把它和受人歡迎的刺激結合在一起。因此，接收者會看見女人漂亮的腿出現在汽車輪胎旁邊，烈酒瓶放在完全「有益健康」的山景前面。接收者察覺到廣告裡面藏了酒精和健康的聯結了嗎？相似的聯結還有香菸與遼闊世界的清香，檸檬發泡錠與無憂無慮的青春。

3.5 包含訴求的概念

建立有系統的新聯結屬於廣告及宣傳人員的業務。相反的，使用現存聯結則是我們所有人的事——透過語言使用。我們說出來的每句話不只包含它在詞彙上的意義，也牽連到我們在過去經驗中獲得的各種感覺。這些感覺構成了我們對使用詞彙的評價。評價不是用來表現我們審美上的奢華，而是有完全實際的功能：它們主宰並為我們的行為辯解，它們包含了訴求。我們可以從一個例子裡觀察。假設某人和站在街頭向他人乞討的人有過以下經驗：每次看到這種人的時候，母親就帶著她的孩子繞道避開，並且說：「那是乞丐，他很懶，總是乞求別人施捨。」這個小孩學到的不只是乞丐這個詞彙，從此刻起，他也學到和這個詞彙聯結在一起的排拒感：

日後使用這個詞彙時，舊有的排拒感會轉移到另一個被冠上此標示的人身上。假設有人說：「路邊攔車跟乞討沒什麼兩樣！」「乞丐」和「乞討」兩個詞接下了感覺傳輸的工作，而且包含一個訴求：繞過這位被冠上此標示的人，也就是「別停下來」。

這裡我們碰上一個事實：用來描述事實情況的詞彙因為過去的經驗，幾乎都帶有感覺的評價，因此本身已經包含了訴求。有一段時間新聞媒體在爭執，究竟該說「紅軍團」還是「紅軍幫」。先不考慮選擇字彙時的政治自我宣稱，爭執之所以如此重要和各執己見，乃是因

圖 78：包含訴求概念的例子。

為選用的「語言規則」會對一般民眾產生不同的訴求聯結：「幫」有個清楚訴求：「遠離這個幫派，不要用行動，也不要用同情來支持這些人！」

從這個考量中可得出結論：描述事實真相的語言含有訴求，所以不可能不產生影響。就像有人用語言表達世界的真相，他會依循他看世界時戴的「眼鏡」來描述；這個眼鏡還得視他的利益而定。每個語言描述也在嘗試讓接收者戴上同樣的眼鏡。因此，反過來看，眼鏡是語言表達的結果，是供我使用，也是我的知覺所投注的概念與範疇。供我使用的概念和範疇來自在我之前的人，以及語言方面的「推手」（媒體和教育機構擁有者）。這些人在利益導向的眼鏡和語言表述（圖八十）之間不斷交互作用，可以說他們握有開球優勢。

所以我在看這個世界時，有部分是戴著他人的眼鏡，而他的利益所在和我完全不同。系統評論者認為，資本主義系統裡學校的主要功能在於生產這種「錯誤意識」。這些供我們使用、而且大家都接受的語言規則裡有唯一一個可以說明片面利益訴求的例子：雇

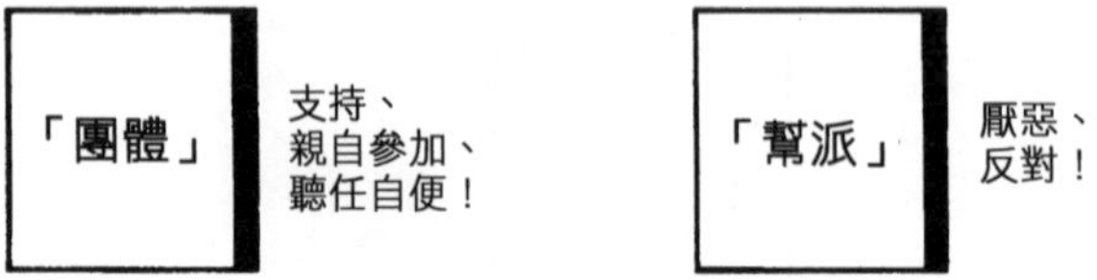

圖 79：兩種標記，各帶有不同的聯結訴求。

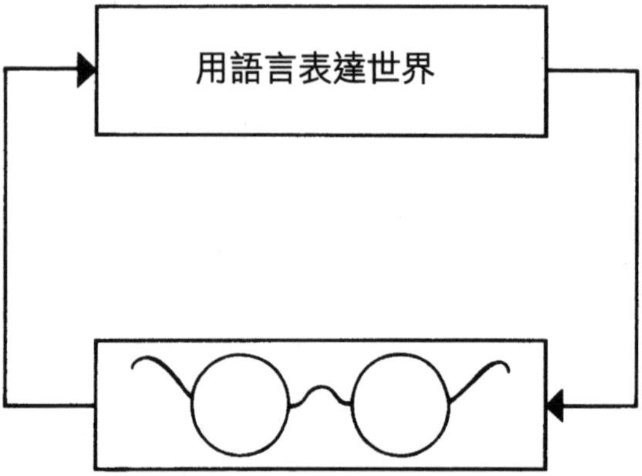

圖 80：我如何用語言描述世界，和我的（利益導向的）「眼鏡」有關；
反之，供我使用的語言會對我的「眼鏡」產生影響。

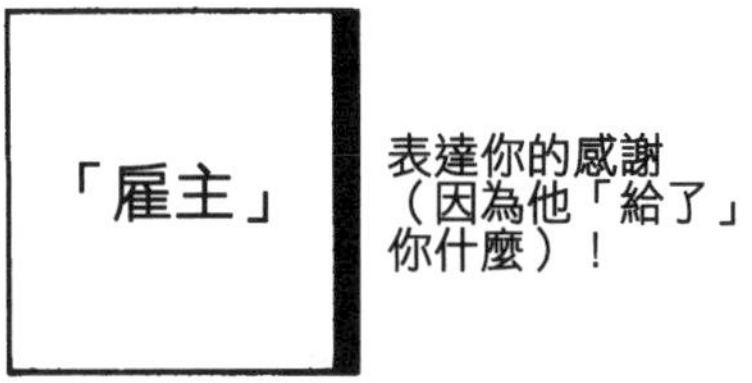

圖 81：「雇主」概念的訴求面向。

主與雇員這對概念。雇主一詞在這裡類似「給出東西」的人，而且給「接受者」以下訴求：要心懷感謝，不要過分要求甚至懷有階級抗爭意識。

同樣的理由，我們可以將這對概念顛倒過來：雇主乃是付出工作勞力的人，也就是他供人差遣；雇員當作收取工作成效，並為此目的而工作的人。

語言上的對立面可以用「壓榨者」標示。與此概念牽連的感覺近似於訴求：「保護你自己！別讓它對你為所欲為！」

加諸於人或團體並帶有貶意的語言標籤，到底是如何「許可」與敦促（猶太豬、左派浪蕩子、條子、寄生蟲等）暴力行為？當行動沒有論述的理由，而且透過使用概念和描述感覺（以及準備採取的行動）來喚醒相牽連的概念，這就是情緒性的訴求。

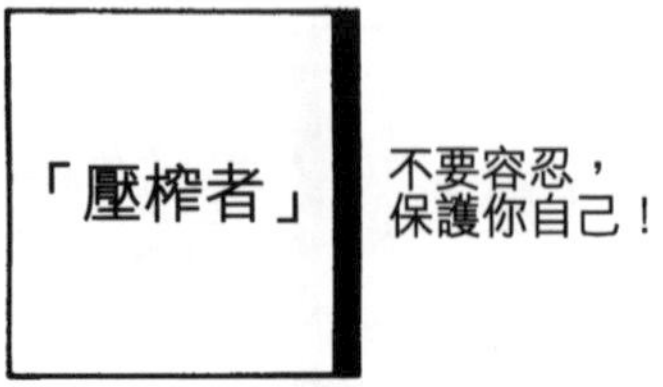

圖 82：「壓榨者」概念的訴求面向。

4. 矛盾的訴求

4.1 「背道而馳的命令」

到目前為止我們都理所當然地假設，每個（公開或隱藏的）訴求都表達出接收者應該行進的方向。這看起來很老套且理所當然。我想要別人過來，我會說：「過來！」而不是：「留在那裡別動！」我想要接收者去買飲料，我會在廣告裡讓某人喝這種飲料，並且說：「清涼透頂！」我不會讓大家看見他說：「真難喝！」還把飲料吐出來。

從反方向考慮訴求乍看很荒謬。但我們來看阿德勒[94]舉的例子（圖八十三）：

兩歲的女兒在桌子上跳舞。嚇壞的母親大叫：「馬上下來！」女兒繼續跳她的舞。訴求無效。三歲的哥哥大叫：「留在上面！」小傢伙馬上就下來了。

圖 83：母親和兒子不同的訴求策略。

阿德勒這麼評論：「要孩子做什麼他偏偏背道而馳，自然會讓孩子感覺到自己很重要。」[95] 我們已經討論過，一個注重自尊的接收者有時候會反對訴求，並不是因為它來的不是時候，而是因為他覺得「領土」被入侵無法接受，遵從訴求就是承認個人失敗。反之若不遵從，可以證明他獨立自主，是感覺到自己很重要的機會（讓訴求發送者嚐到失敗就會有這種感覺）。阿德勒這麼談反對者勝利的現象：「用背道而馳的命令把孩子與成人帶往正確道路，往往不是那麼難。」[96]「反對者勝利」的可能性關乎一項事實：訴求經常結合了壓力，在接收者身上引發出反對壓力。如我們所見，特別是當訴求和「誰占上風的問題」一起出現時，而且／或是接收者意圖改變他覺得不方便或不可能的訴求。克萊斯特於一八一〇年十月十五日在柏林晚報諷刺了「最最新教育計畫」，裡面藏有「些許事實」：

我們有意建立所謂不道德的學校，或可說是一所對立的學校，一個以不道德來取代美德所建立的學校。

因此，老師是為了所有對立的不道德而雇用，在一天中特定時間裡，按照順序，有計畫地授課：諷刺宗教與過度虔誠、固執與蔑視、阿諛奉承與吝嗇貪婪、畏懼與大膽，還有浪費。這種老師不僅是透過勸誡，還透過案例、活生生的行動、直接實際的社交來往與互動試圖發揮作用……

我太太必須在不乾淨和缺乏秩序、總是找藉口起口角和爭吵及誹謗之中授課。對於放蕩、嬉鬧、喝酒、懶散和暴飲暴食我有所保留。

這個計畫是把「常見的矛盾法則」放在前面：

法則是，我們樂於經常把意見拋向對立的一方。有人跟我說，窗戶前走過一個人，他胖得像水桶一樣。說實話，他的肥胖很正常。因為我走到了窗戶邊，我不僅修正這個錯誤，我還可以向上天發誓，那傢伙跟一根棍子一樣瘦。

事實上我們經常可以觀察到，在討論有正面和負面觀點的複雜討論主題時，很容易出現

極端化現象；甲強調正面觀點時，乙馬上舉出尚未提過的見解來支持負面觀點，每句話都在製造異議。這樣做有機會也有危險。機會在於，同一主題可以透過不同談話者，也就是他們的「律師」，得到不同觀點，在溝通中讓「完整事實」浮現；當論點與反論點都能好好表達，就能綜合出正反意見。而危機在於，律師用半真半假的觀點辯護，掘開關係的鴻溝，讓溝通變成事實與關係層面「絕望地糾纏」（比較第二四八頁）。

以下會談實驗可以說明「常見的矛盾法則」：一個發送者很難下決定，他在陳述「可以—但是」的立場：「我很想要有小孩，但是這負擔不會太重嗎？」接收者站在「可以」的立場回應：「小孩會帶來很多樂趣！」如此一來，發送者陷入長考，繼續擴展「但是」立場：「但是孩子會把一個人緊緊拴住！」如果接收者接受了但是立場：「負擔非常大，你會失去所有自由，只為孩子而存在！」發送者會有很大的可能去支持可以立場：「也沒這麼嚴重，此外孩子還可以豐富你的生活！」

4.2 第一級與第二級解決方法

基於一些其他考量，心理治療師暨溝通心理學家赫萊、瓦茲拉威克、威克蘭及費許共同得出一個產生影響力的方法，也就是從反方向提出訴求。可以把他們的想法簡單綜合如下：

問題在於，某些我們期待的事件或狀態沒有發生或是太少出現，或者在於不期望的東西出現（太多）。舉例來說：一個房間太冷（＝不夠溫暖），十二歲的兒子不做功課（＝對學校不投入），甲先生得了咽喉炎（＝抽太多菸）。較貼近且經常能成功的解決方法在**反其道而行**：給過冷的房間加暖氣；督促十二歲男孩在學校功課上多用心；甲先生的醫生禁止他抽菸。這種解決方式的特徵是，當採取的措施過於微弱時，就加強措施，直到確保成功為止。暖氣不夠，就把暖氣開強一點；溫和勸誡男孩不奏效，父母就「多施加點壓力」等等。

第一級解決方法的重要特徵就是反其道而行，在缺乏成效的情況下加強相同措施。對我們而言，這種情況的意義在於解決措施是透過溝通影響。因此，第一級解決方法和「訴求的期待方向」是相等的。

但是有些問題不適合使用第一級解決方法：反其道而行卻不見效，加強措施卻只讓事情更嚴重。在這種清況下，解決方法本身通常就是主要問題。

舉例來說[97]：

> 人們（比如說在美國）試著處理酒精中毒問題，透過限制消費（反其道而行），最後還完全禁止（加強措施）。「和要處理的病症相比，禁令這樣的『治療方法』被證明是更大的禍害」[98]：地下釀酒廠、不法的配銷組織、貪污、詐騙勒索、不純「劣酒」引起的健康損害。

憂傷的人悶悶不樂，戴著負面眼鏡只看見生活不好的一面。朋友與親戚試著「鼓舞」他，把生活最美好的面向呈現在他眼前（反其道而行）。如我們所知，要改變情緒，訴求是派不上用場的（參考第二六六頁）。憂傷的人會更難過，因為大家告訴他，他的反應多麼「不理性」。親朋好友更加倍他們的努力（加強措施），最後是從最初的傷心難過變成嚴重憂鬱症。

先生期待在婚姻中保有「自由」，偶爾一個人外出。太太因此感到不安，因此依照她的期待傳送訴求：責怪、建議、因為這個或那個理由留在家裡等等。先生因為壓力而視婚姻為枷鎖（或監獄）。太太對他逼迫越多，這種感覺就越強烈，對自由的嚮往也越大，他也越常出現「情緒爆發」——為了對自己（與太太）證明這種自由。

最後這個例子很明確，「加強措施」（責怪、試圖施加影響）會引起正好與期待相反的效果；唯一最有希望的解決方法（以太太的看法）在於「減輕措施」：如果她（從她整體的行為）發出訊號：「如果你要走沒問題！」那麼他的願望「從監獄逃脫」將視同作廢，因為監獄已經不存在了！

從目前為止的考量中可得出：有些問題用第一級解決方法不僅沒有幫助，反而造成問題尖銳化；方法本身變成真正問題所在。這樣的看法將我們引導到一種新的解決策略：如果你眼前出現問題，而且很明顯難以解決，那麼檢查一下，這個問題久治不癒是否是因為第一級方法造成的錯。如果是，就試著不要針對問題本身，而是針對這錯誤的解決方法。之後問題通常會和緩下來，而且會出人意外地全然解決。瓦茲拉威克等人稱此為第二級解決方法。這種解決方法最重要的特徵是：它不是針對困難本身，而是針對把單純困難變成「嚴重」問題的第一級解決方法。

4.3 症狀處方

我們看到反方向訴求的第二級解決方法。在心理治療實務中，這種矛盾訴求經常採用「症狀處方」的形式。案主不會被勸告訴說症狀，因為訴求對不受控制的反應不會起作用。案主反而會收到表現出症狀的指示！這裡有幾個例子：

某人很難入睡，他試著透過各種技巧促進睡眠（數羊、自我暗示等）。但是入睡必須自動產生，有意識的意志行為無法對其造成影響。是的，意志上的努力正好會阻礙入睡。所以原本的困難變成一個嚴肅問題（透過藥物變得更嚴重）。第二級解決方法乃針對錯誤的解決方法，它就在治療師的訴求裡：「張大你的眼睛，試著保持清醒，一直到睡眠把你擊敗，才可以把眼睛閉上！」這種反方向訴求會讓案主的（第一級）解決嘗試失敗。如此一來，自發入眠的最大障礙被排除了。

一對彼此無法再互相理解的夫妻，他們得到每天爭吵兩次的指示，把時間定在早上八點到八點十分以及晚上七點四十五分到七點五十五分之間，要用很激動、充滿敵意的方式爭吵。

一個有特定抽搐的病人得到指示，要以過度、刻意的方式抽搐。

為了了解是什麼原因讓症狀處方適合治療案主，我們必須看看，什麼是所謂「自發矛盾」的本質：

矛盾訴求能引發疾病，也能讓人健康

許多父母對小孩、老闆對員工、（夫妻）伴侶之間傳送的訴求都是矛盾的。一個男人對女友說：「不要老是這麼好說話，老是我說什麼，妳就做什麼！」這個要求的矛盾在於，女友只有不遵從他，才可能遵從這項訴求；如果她遵從他，那麼她又執行了他給的任務。如果她不想遵從這項訴求（表示自己獨立自主），她就得保留她舊有、非獨立自主的行為。這種矛盾訴求之所以弔詭，因為接收者不管做什麼只會輸，也就是說，他表現的行為會是發送者之後責備他的原因。

溝通研究者認為，他們已經發現精神分裂症者家庭裡充斥這種「自發性」矛盾；推測這類訴求應是嚴重的「疾病引發原因」，因為它們會讓（沒有能力做後設溝通的）接收者找不到出路。

相反的，矛盾的訴求也可以「讓人變健康」，用來針對症狀本質也是自發性的症狀，而且用過「處方」後不知為何，症狀變成「不可能」。「依照指示」吵架的夫妻會證實，照指示做不會成功。如果症狀沒有成功執行，那就是痊癒了（或至少是重要的第一步）。刻意抽搐也是類似的，這樣做可以讓抽搐喪失自發特性。案主將成為症狀的「主人」，不再任其擺布。

4.4 矛盾訴求是保證優勢的策略性手段

目前為止描述的考量，可以綜合起來用較簡單的方式表達：當行為符合訴求，這行為會改變心理品質。這情況可以當作策略使用，而且是在（我們已看到過）行動本質屬於自發性時。透過指示，它們將失去原有特性，或變成完全不可能。同樣方法也適用在證明自己的行動獨立不受左右。孩童與青少年的行為經常被這樣的動機左右，特別是當教育人員用明確的權威要求時。兩歲小孩被告知「留在上面繼續跳舞！」的當下，她的行動特性就改變了：直到剛才都還是大膽的示威「只要我喜歡有什麼不可以態度」，現在變成執行命令（這也會立刻被「拒絕」）。在教育上和人與人共同生活中，矛盾訴求是一把利劍，有時候會「非常成功」。

「用背道而馳的命令把孩子與成人帶往正確道路，往往不是那麼難。只是這樣做可能會損害到團體精神，並且無法促進自我判斷的能力，而且『負面依賴』是比服從還大的弊端。」[99]

可是在例外情況下，矛盾訴求可以當作保障優勢的緊急解決方法。我給一個很吵鬧的班級一個任務，他們應該盡量大吵大鬧。這麼做可以觀察到以下優點：一、我滿足這個班級（當下）明顯的需求。二、他們的反應符合訴求，至少服從了我的命令。我必須有最低限度的優勢，即使我正一步一步努力引入伙伴形式的互動。如果這個班級的反應違背訴求，我就得到我想要的，掌控局面會更容易。舉個例子：現在學生間打個不停會是經過老師的指令：「就在這裡打出結果。一個一個打下去，打一圈。誰要是覺得夠了可以來報告，然後就可以回家！現在開始！」[100]

5. 公開式訴求

隱藏與矛盾訴求是企圖把自己的意圖弄得模糊不清。如我們所見，為了達到效果，就會有好理由讓這件事發生。如果想要建立一個沒有操弄與技巧、一個清楚、誠實、沒有統治關係的世界，這世界就需要公開式訴求（直接表達願望與要求）做為溝通的支柱。在很多情況下，公開式訴求簡直是「病態」溝通的「良藥」（見第三〇七頁）。所以婚姻治療師知道，許多伴侶關係之所以有問題，是因為伴侶不告知或只用加密的方式告知願望。發送者因此為自己種下了失望的種子；願望沒實現只是因為很簡單的理由：接收者並沒有收到資訊。

有很多「好理由」會讓發送者在有意無意中避開直接公開的訴求；但更近一步檢視會發現，那是自己為獲得滿意的人際關係所築起的高牆。在探討配合公開式訴求的人際來往風格前，我們先看幾個常把發送者誘導到不直接與不清楚狀況的「好理由」。

5.1 人際來往中避免開放式訴求的原因

自我宣稱的焦慮

傳送訴求的人，也洩露出自己的利益與願望。因此每個訴求都有自我宣稱成分，這卻是發送者明顯想隱藏的（比較第一二六至一二七頁）。有些訴求包含請求幫助、希望與人接觸、「甚至」想要有「不正常」性行為。發送者若是用非常不直接的方式表達訴求，一方面他有機會讓接收者理解他的訊號，而且「自願」接受。發送者「可以忍受」這件事；他有他想要的，不用洩露需求而（有可能）使得聲望受損。另一方面，若是有人打探地問：「你是不是想要我……？」他可以否認他的訴求：「我從來沒要求你……」用來保護自己不被揭穿。

害怕被拒絕

每個訴求都有可能因為是無理要求而被接收者駁回。憂心自我價值的發送者會把「碰釘子」視為個人遭到拒絕。他用不直接且加密的方式提出訴求，給予接收者機會「不理會」訴求，藉此避免明白的拒絕。

「孩子有自己的意願……」

許多人在受教時學到不要流露自己的願望（有自己意願的孩子會受到懲罰！）。這種感覺成了一種持續煞車器：「我根本沒有權利表達和維護我的願望」。他們由於障礙與畏縮而去尋求心理治療，這件事也經常令他們痛苦。他們可以在自我肯定訓練（練習自我主張）中學習意識自己的興趣，並且清楚地維護自己的興趣。練習要按照等級順序，開始時要克服的任務很簡單（比如說向某人借火），然後隨著成功經驗逐漸增加，任務會越來越難（譬如在餐廳用餐，一道菜裡有不能接受的瑕疵，就要把它退回去）。

「無理要求」的範圍不清楚

發送者每次提出訴求前會評估許多狀況，若要接收者遵循他的願望，對他來說會不會是苛求？如果已經明白會被拒絕，仍然被表達出來的訴求可能會被理解為侵犯行為。通常訴求會在合理與不合理要求的邊緣游走，但也端賴接收者動機。一個不直接、曖昧模糊的訴求不會被當作侵犯行為而損害到關係。舉例來說：一起處理完公事後，甲與乙晚上要回家。乙開車。如果要求乙開車送他，會太過分嗎？因此甲試探地問：「我現在要怎麼回家？這附近有電車嗎？」

讓「自願」變成可能

如我們所見，行動若依照訴求而行，它的特性將會改變（第二九二頁）。行動常常因為訴求的緣故，引不起接收者的興趣。知道這點的發送者該怎麼做才會產生影響力？他可以試著以不直接的方式傳送訴求，讓接收者（表面上）「沒聽到」，接下來卻可以「自願地」依照訴求行動。如果主人說：「我們共度了一個美好的夜晚……」話裡的「了」讓人辨識到，現在該是結束的時候了，客人掩藏企圖一段時間後，「自動」提出要離開：「別生氣，但是我們現在得走了。」

擔心接收者沒有說「不」的勇氣

在許多情況下，發送者希望能在接收者也「樂意」去做的情況下實現願望，或至少是他「不太介意」的情況下。沒有什麼比用問題打探更容易摸清楚對方意願。但是有些接收者認為拒絕會傷害關係，用被人誤解的博愛履行訴求，內心卻又在嘶吼。發送者擔心的正是這點。他該怎麼辦？要不完全放棄表達自己的願望，不然就是採用微弱的暗示，讓他人可以含蓄拒絕「沒注意聽見的」訴求面向。

對「愛」的浪漫想像

如果完全沒有得到公開訴求的指示，卻成功從對方眼中讀出願望，有些人會把這視為真愛的證明。在他們眼中，明白說出的願望會貶低實現的價值。雖然不可否認，能從眼睛讀取願望乃是因為兩人心心相印，而且強化了連結。但是這裡有「匯流」的危險：本身的幻想與對方的願望交織在一起分辨不清。這裡舉個匯流的例子：先生問：「我們今天去看電影好嗎？」他的想法是，他應該再給太太些什麼。她答應了，只為了成全他。

逃避責任

一位部門主管在他的員工裡有這樣的名聲：從不說清楚他真正要什麼、他們該做什麼。一位員工說：「他請我去開會，解說卻冗長繁瑣（＝訊息的事實面向），而我一直在猜謎語，他到底要我做什麼（＝訊息裡面隱藏了什麼訴求）。有時候我預感到了，但是他從不肯確定！」這位部門主管很可能已經習慣了這種溝通方式，這麼做可以讓他避免以下兩難：他想發揮影響力，可是做的決定總有可能是錯的、把事情「搞砸」，或是這項決定對其他人沒有好處，這些人會與他「反目成仇」。對於這種情況，最好可以否認相關決定的發起人身分，必要時甚至演技精湛地「表示意外」。傳送出去的訴求雖然指示接收者一個方向，但是發送者在事後不會「抓緊不放」。這個策略（經常被無意採用）可以免去責任。這裡又是：去做，但是事後當作沒發生過。

5.2 公開式訴求是病態溝通的良藥

與公開式訴求（＝願望直接表達）相反的有：

◇戰略性的祕密通道（隱藏與矛盾的訴求）

◇匯流的交往風格：分不清願望是我的還是你的，提出的建議裡包含了臆想中他人的願望。

◇沒有說出來的願望：會變成毒，不少情況下會當作譴責（＝事後的願望）表達出來。

此外，公開的願望不同於

◇回顧往事的抱怨（如果你沒有……）。不是「在怒氣中回顧」，公開的願望是前瞻性的。

所以精神應該放在塑造未來上，不要太過抱怨過去發生的事。舉例來說（圖八十四）：

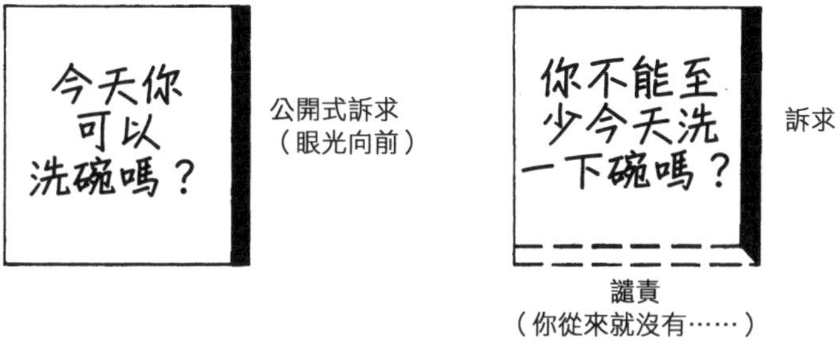

圖 84：沒有牽扯上關係之「毒」時，公開式訴求才會是「良藥」。

「今天你可以洗碗嗎？」會比「你不能至少今天洗一下碗嗎？」來得好。第二個版本用譴責做為制約的消息（比較第九〇至九一頁），不讓接收者用愉快的心情履行訴求——因為這樣做就像承認自己有錯一樣。

接收者常常樂意履行訴求，可是**一起發送出來的氣氛**破壞了他的心情。結果是：孩子不服從命令，伴侶固執倔強。

接收者這一方可以利用以下考量：遇上抱怨與控訴時，對訴求提出質疑：「我聽到很多怨言，您想要我們未來如何處理？」透過這小小轉折，可以讓談話走上全新的方向。

5.3 公開式訴求必要的基本態度

我推薦公開式訴求做為溝通心理學的藥方。推薦很容易，要訴諸行動很難。現在我想先談談與公開式訴求有關的先決條件和必要的基本態度，要不然會有新問題出現。

清楚了解自己

公開式訴求有個先決條件：發送者很清楚自己想要什麼。這個條件看上去理所當然，在現實裡卻常常不是這樣。因為比起加入自己的願望，服從別人所願（也許事後會抱怨）往往比較簡單。露絲．孔恩建議從小地方著手。她的練習叫做：「用十分鐘時間去做我想做的事——給心理治療師、病人與其他人的治療遊戲」。她還建議遊戲一開始要一個人在自己房間裡進行，有他人在場時會讓遊戲難度增加一級。

我們再度面對一項事實：好的溝通是以心中清楚明白為先決條件。但是，把自己不清楚的地方說出來，可以當作自我澄清的手段。

帶有資訊的訴求

為了讓互動有建樹，下面的基本態度必須與公開式訴求結合：

◇我說出我的願望讓你聽到。我說出來，是為了讓情況透明化，並不是為了讓願望一定要執行。同樣的，我想知道你想要什麼，但同樣不是要你投合我，而是為了有完整的資訊可以做決定。

在這前提下，公開說出的願望與利己主義無關。「妳已經修了十個學期的利己主義！」一位心理系女學生的朋友這麼抱怨——她在大學課程中學會清楚說出她想要什麼。這句話可能是個恰當的譴責，但若與上述基本態度擺在一起便不合理。清楚的願望並不代表一定得履行，事後「慷慨無私」往往不遲。

這裡建議的互動可用一個日常生活的小例子說明：一位主人對正打算去午睡的客人說：「我很想練一下笛子，這樣會吵到你們嗎？」

在聽客人怎麼回答之前，我們先明白，這種公開訴求並不尋常。百分之九十九的主人不會說出以下想法：「我雖然現在想練笛子，但是我不能對這樣對待我的客人，這麼做一定會打擾他們。如果我問了，他們一定會回答：『不會，不會，不會打擾到我們！』只因為他們不想造成我的不便。」

所以，百分之九十九的客人都按捺他們的願望，開始覺得受束縛，親身體驗此生活格言：「客人就像魚，三天就發臭。」

客人如何回答？

「會，那會干擾到我。」

帶有資訊的訴求（那並不表示你不該練習！）也一樣。百分之九十九的客人都會「無私地」回答：「怎麼會呢！儘管練吧！不要因為我而受限！」心中卻可能在想：「他一定得在中午時間練嗎？」

現在公開表示願望後，就可以來找解決方法。但是我主張：不管解決方法是什麼（練習、不練習、晚一點練習、練習一下、到其他地方練習）都一樣，最重要的解決方法已經找到了：他們在溝通，客人與主人互相接觸，覺得可以自由表達願望。在這樣的「氣氛」裡可以呼吸，魚就不會那麼快發臭了。

訊息接收者的責任

訴求公開說出來以後，接收者可能有兩種反應：接受或不接受。有一點很重要：如果他遵循了訴求（接受），他也就接下了這項行動的自我責任，事後不會說：「是你想要這樣的，我沒辦法！」如果我在權力平等關係中可以自由決定要不要遵從訴求，那麼符合訴求的行為就以我的決定為根據，我也是發起者。承擔符合訴求行動的責任——這是成年人的重要學習目標。（認為服從是義務的）孩子沒學到的，長大必須學習。

如果被拒絕：就此處所建議的互動而言，如果接收者不想遵循訴求，他會找到清楚「說不」的勇氣。只有清楚、直接「說不」，才有可能讓發送者做出公開訴求，這聽起來很矛盾。因為身為發送者，我通常只在我確定對方說「好」、他也真的覺得「好」的時候，才會「冒險」做公開訴求。

因此發送者應該重視對方清楚說的「不」，即使他會對回答失望。我可以同時（對內容）失望且（對過程）高興嗎？是，可以。

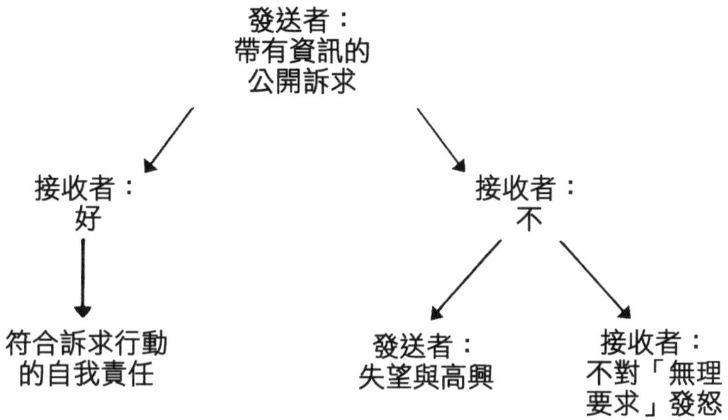

圖 85：發送者與接收者對公開訴求互動方式的必要基本態度。

同等地，接收者在說了不以後，不該再對訴求的「無理要求」記恨，而是要懷有這種態度：「即使我不想遵從這項訴求（拒絕內容），但我覺得你能說出你的願望很好。」（肯定過程）。

這裡說的訴求互動方式可以用以下簡短話語說明：

發送者允許清楚說出願望，而且符合期望；接收者允許有時候不遵從訴求，而且也符合期望。

圖八十五把必須具備的基本態度再次整理在一起。這些態度要靠學習才能獲得，我們很少原本就會。這種互動方式不保證和諧，卻更能讓我們看見衝突。這樣互動能幫助人找到清楚的解決方法，並且找到讓人呼吸與生活的「清朗空氣」。

後記　給心理學家的話（也給所有接觸心理學的人）

1.「心理學式」溝通的機會與危險

今日在地球的生活如此危險，是因為在科技進步與人際關係無能中間存有巨大的裂痕。（如果尚未太晚）應該緊急彌補人類的理解能力。這本書談的是人際溝通的方向指標與使用工具。

可以從哪裡著手？我們可以期待科學上有益的啟發，或冒著危險，在人際來往的科學化裡推動新的疏離行為？有時候我很憂心，因為我看到新的行為模式普及發展，卻沒有拿出新態度來，僅與心理學蜻蜓點水式地交會。我曾把這擔憂發表在一九八〇年的《今日心理學》（第九期）上，用嘲諷的方式表達。為了讓大家清楚，不會對我本書的定位有所誤解，我將那篇嘲諷文章收錄在此。文章還涉及到一個我經常自問的問題：「您身為一個心理學家究竟還能否從本能，也就是以一個普通人來反應？」

這問題裡有敬佩、猜疑，還有一點害怕。敬佩在於心理學家（想像中）在人際方面如此有把握，能把一切看在眼裡。同時也害怕，「不管我說什麼，他都會馬上把我看透」。還有猜疑：與心理學家無法建立正常的人際關係，在我們碰到的人之中，通常只有心理學家的行為較少反應出最深處的人性核心，他的行為只遵循科學準則。他不再懷疑人本身，而是懷疑他的科學工具。

這問題我已在後設溝通的章節中提過一次，現在想要深入探討。首先是那篇嘲諷文章：

2.「心理學家先生，請當個人好嗎！」

啊，我是多麼高興，透過自我經驗、會心團體和主題互動，透過溝通訓練、靜坐，而且謝天謝地還有完形治療，讓我找到更能了解自己與周遭人的方法。過去我只是得過且過，不太聽其他人在說什麼，表現像個正常人，卻沒有真正面對我自己與其他人！

我卻也不想掩飾以下實情：自從我走上這條路，有時候會覺得，我的個人成長、人格上的進步都遠遠超越周遭人。

我最近在與瑪莉亞約會，她真是個好女孩，舉止態度十分自然。我們坐在小酒館裡喝啤酒，她很高興地聊這聊那，然而都是別人的事，無關自我。我傾聽自己內在的聲音，感覺到我被她的活潑吸引，更甚於她說的內容，因此我決定給她一個回饋。

大家都知道，要給好的回饋需要一些本領。以前我很可能沒什麼開場白就開始談另一個主題，或許我曾經用一個「你的消息」對她蓋上一個戳記，讓我和我的感覺置身事外。現在我腦中有個回饋的規則（該是描述而不是評價，再者要盡可能具體，能立即實行，最重要要以自述形式來表達）。

我當然把這些規則很大程度地整合到我的人格裡，因此在我給回饋之前，不需要將它們逐一背誦出來。這自然對我的自發本能有些阻礙。我很快就表達出我的說法：

「我非常欣賞妳活潑的態度，但是對於風帆俱樂部和其他種種，我真的沒什麼興趣。」

就在句子以它原始形式從我嘴邊溜出來之際，謝天謝地，我在最後一刻察覺到，回饋的句子轉折是由「但是」連結，因此第一句通常會被視為有貶意。遵照佩爾斯的完形規則，我在最後一刻把「但是」用「還有」來取代。所以我是這樣說的：

「我非常欣賞妳活潑的態度，還有，風帆俱樂部和其他種種，我真的沒什麼興趣。」

在說第一句（我非常欣賞妳活潑的態度）的時候，我還透過輕微的肢體接觸，用非語言方式強調感覺上的親近。

當然，她有些困惑地望著我。我知道，我也預期沒做過自我經驗和受過訓練的人會產生這樣的反應。我當然很能了解，她沒預期別人會這麼直接地對她說話；而且身體接觸對這些人而言還是很大的禁忌。因此，不對他們有過分要求異常地重要。

我不能期待她現在同樣也按照這個形式的規則給我回饋。為了促進真正的交流，我允許自己打個岔，問道：

「妳現在怎麼想？」她有點惱怒地說：「你到底對什麼有興趣？我是說，人總不能老是只談深刻思想吧！」

這就是了！這念頭在我心中閃過，這就是了，這個匿名的「人」，個人的經驗與感覺全都隱藏在他背後。就像她在談其他人的事一樣，我們在這裡發現到相同傾向，也就是讓自己置身事外。我決定用積極傾聽幫她一個小忙，幫她把隱藏在匿名「人」身後的「我的消息」一個個揭露出來，最後發現，隱藏在「人不可以怎麼樣」的背後，通常是一個強烈感覺：「我不想要！」

我首先想說：「說些妳私人而且是較深入的事情，妳覺得困難嗎？」當我已經開始說的時候，我追隨一個靈感，不讓事情如此露骨地表達，而是用上一些緩和技巧，讓她不輕易做防衛性爭辯：

「是不是有點這樣，談論一些跟妳不太有關，而且不完全涉及妳私人的事，妳覺得比較容易些？」

她皺起了眉頭，問道：「你說說看，那到底是什麼意思？」

這次我馬上就回答：「妳想想看那會是什麼意思，而且是妳一下子想不出來的？」

瑪莉亞挪開她的身體，同時把她原本放在我手下的手抽出，從我說到「我非常欣賞妳活潑的態度」時所做的身體接觸掙脫。我自己對我們雙手的位置已經有段時間覺得有點僵硬和「凍住」，不再像握住手的那一刻那麼協調，卻一直沒找到機會把我的手移開，是為了不讓她留下我在拒絕她的錯誤印象。

她說：「有時候你真的有點誇張！」

這純粹是防衛，而且是以「你的消息」形式。但我們必須時時記住，瑪莉亞對表達個人情緒（也許還有不愉快的經驗）並不熟練。因此在這想像的危急情況下出現防衛性行為很容易理解。我也意識到，我最後的那句話有同理心，也許有點「治療」的味道，她可能覺得自己在關係層面上被當成病人看待。

現在我面臨抉擇：我該用後設溝通來討論障礙，並且努力澄清關係？還是我該貢獻一點自己的經驗，也就是完全以一個人的方式來談我自己，以自己做範例，讓她覺得談一談自己不是那麼難？

我決定採用後者。僅僅是因為，完全做我自己讓我覺得最舒服。

所以我說：「妳知道嗎，有時候我也是這樣，說了所有可說的話，一些浮面、和我自己毫不相干的東西。也許是因為我害怕說太多個人的事，我可能會被排拒。」

因為她沒說話，我便繼續說，把接續的話加上驚嘆號：「……或者是我排拒我自己！」

雖然我不由自主做出十分嚴肅的表情，而且我的表達意味深長，瑪莉亞只是聳聳肩地說：「那很正常啊。還要一杯啤酒嗎？我也快要走了。」

我覺得我沒有被接受，而且她對我的自我宣稱也不表感謝。我畢竟透露出許多我自己的事。因為這種感覺，而且對我而言，她已經不像我一開始喜歡她那樣活潑了，我認為現在該是用後設溝通來處理障礙的時候了：

「妳知道，現在我要說的對我而言並不那麼容易，而我發現，我得提起一點勁來。我想談的是，我對我們在這裡交談有什麼感覺：我總覺得妳我之間有一道無形的牆，我總是撞到牆上，無法真正碰到妳，妳懂嗎？我雖然耳朵聽到妳說什麼，但我無法真正感受到妳的……」

這時候發生一件無法置信的事。瑪莉亞無預警地抓起酒杯，將整杯啤酒使勁潑到我的襯衫上。然後她笑得有點蠢，並且說：「這樣你感受到我了吧？哈哈！」

然後她站起來準備要離開。

在我生命中從來沒有一個時刻像現在一樣，如此努力責怪我的行為。過去我可能會大叫，吼出「妳這噁心的母豬！」這種粗魯的「你的消息」。當然今天我知道，這種行為只會說出貶低她的話，而我究竟想做什麼，依然完全不清楚。

我完全沒心情用後設溝通和理解力，我想著那噁心的濕襯衫黏在皮膚上，而且此時此刻，我也想以心理學家的身分捍衛我的感覺，我決定馬上誠實面對，一時衝動地放大音量，而且臉上沒有絲毫笑容地說：「我現在非常生氣，瑪莉亞！」

瑪莉亞一言不發地走了（當人覺得難以忍受時，攻擊與逃離是典型反應），我沒辦法再提我的困擾，沒辦法再關心她。我覺得我們之間還有事情沒有解決，下一次必須要處理這件事。我也打算要在我督導的團體中報告這件事，弄清楚我在整個事件中的貢獻（她是不是讓我想起了我的母親？）

無論如何，這個故事清楚表達出，跟一個沒打算要溝通的人溝通有多困難，他尚缺乏與人真正交流的心態。

3. 專業的變形？

我不想讓這篇諷刺文章被誤解。我不反對，甚至贊成：接觸心理學能促進人格形成。心理學家有各式各樣的科學知識與方法，卻在面對自己與他人時跟他的案主一樣無助，這樣他有什麼用處呢？我們要思考我們專業的特性，傳授心理學也特別要透過與人接觸來完成，而且**傳授者的人格是他的主要消息與工具**。如果我們想要案主擴展自我認同與人際交往能力，就必須確實地從自己做起。

我並不樂見這個過程沒有其他選擇，因而讓人走上歧路。這篇諷刺故事裡的主角穿著偽專業的威風白長袍，白袍後面卻藏著對人的無能，而且不敢表達出來。除了他的日常外表，我們還發現了心理學家的門面。

我用這個故事來談心理學家「專業的變形」，談一種職業條件所產生的怪癖。然而露絲・孔恩曾指出，事實上它是一種（經常出現的）「變形的不專業」，也就是心理學的誤解乃因為專業訓練不足所致。她在給我的私人信件中寫道：「你的主角欠缺同理心、選擇性說謊和腦袋的專業教育（除此之外都好！）」。

到底什麼地方出了問題，現在來逐一研究。

4. 心理學行話

我看到的第一個危險在於，特定的行為方式在一開始被理解為基本態度，它卻與基本態度疏遠，成為新的「心理學行為準則」，其正確履行表現在能夠完美掌控陳腔濫調的心理學行話，而這又常常造成優越感。新的心理學風格（比如毫無缺點地表述我的消息、積極傾聽、後設溝通、對「自己的部分」熟練地收放自如等等）就像裝飾華麗的車綁在一頭老馬後面：人格的馱馬，總是朝老方向跑去，致力於取得優越與遮掩不安。

「我的消息」概念（比較第一〇二至一〇三頁）背後的想法可以擴展人格，有益於人際關係，此乃毋庸置疑。此想法是：我知覺與評價周遭環境與人的方式，會強烈反映出我的內心狀態。投射測驗不只測出我看世界的方式，也會看見鏡中的自己。因此，「我心中有什麼，讓我對你或對這或那做出這樣的反應？」此核心問題肯定適合用來認識自己，讓理解周遭人變得更容易。符合這個基本想法而且可操作且可訓練的行為方式——「發送我的消息」——卻有危險：以專業方式取代人與人之間最自然原始的傳達方式，情緒表達也流於例行模式。「傳送我的消息」的人變成了「溝通專家」，而且往往與最早相關的人沾不上邊。因此有時候，溝通心理學唾棄的你的消息（像是讓人惱怒的「你是個可怕的討厭鬼！」）會真實供出心中的惱怒，而不是依據概念所陳述的我的消息（此刻我想自己一個人待著，我覺得你嚴重干擾到我！）。當然，如果發送者準備好且有能力在需要時於事後說明他的內心狀況。那也是我們所樂見。

第二個例子：與我的消息類似，有一種心理學行為也遭受命運威脅，與基本態度疏遠，藉由技巧取得獨立：積極傾聽（比較第七十五頁），「用言語表達心路歷程」，讓同理心變成可能，並且以進入別人的世界為目標。毋庸置疑，這樣的同理心是治療的根本，而且對人際關係很重要[101]，而且，透過心理學擴展自己同理心能力的人，邁出了很重要的一步。要是同理心來自於行為訓練的結果，表現成一面自動反應的刻板「鏡子」，這將導致人際溝通裡的同情價值越來越低廉。真正的同理心可以用各種方式表達，並不需要刻板的言語。如果同理心與心理學家的內在感受不一致，也與對他人的關係、情境特徵不一致，卻還是得「使用」，原本寶貴的態度會變成無藥可救的怪癖，或變成暗地的手段。

◇「一致性優先！」這個最高指導原則（比較第一五一頁）應該列為每個心理學訓練的第一課，把心理學家的行為練熟。

5. 治療是操弄與抗爭的手段

當「心理學的」行為疏遠了它的基本態度，而且自動演變成只有心理學行話的時候，溝通的多樣可能會越來越貧乏，無助於個性擴展，卻導致行為單一化。這很可惜，但還不是十分危險。當這些行為不只疏遠了基本態度，還為完全另一種顛倒態度所用，情況會更不一樣。

每個訊息（如第二五九至二六〇頁所示）都有表達與效果的觀點。「我渴了」表達出一種現存狀態，同時也在試圖製造出所期待的狀態（訴求觀點：「給我東西喝！」）。日常生活中常見的溝通技巧（正向的自我表達、禮貌的語調等等）都在強調效果：給別人留下深刻印象、保持好心情等等。相對於這些常見的「假面」，人本主義心理學中的真實性原則強調了表達觀點：我心中想什麼就表達出來，盡量縮小對效果的控制。

而現在（不只在諷刺故事裡）出現了以下狀況：一個行為透過表型（Phenotype）表現它的表達取向（譬如我的消息）其實是基因決定的，從意圖來看是效果取向（讓她覺得談一談自己不是那麼難……）。舊有且常見的「假面」反而較真實，因為它不會（以後設溝通來看）假意做出別的行為，而且每個人都可以接受。

因此，基本想法是表達取向、想要促成存在層面且不受控制的對話與交流——這種行為變成了新的操弄工具，並且成為保證占上風的技巧：老謀深算的狼披著一張人本主義治療的羊皮。

6. 心理學行為方式的雙重特徵

我們先記住：可操作與可訓練的心理學行為具有雙重特徵：就看它們被套在什麼車子前面，可用在人與人理解，或自我表現、操弄和貫徹利益上。

彥斯・哈格（Jens Hager）既是我的朋友也是同事，在他夢裡出現的雙重特徵令人印象深刻：

> 我在街上被一群搖滾人士攔截和押解。他們帶我到一棟建築物裡，我受他們支配。他們指控我做了糟糕的事。因為我只能聽任他們擺布，我感受到死亡的威脅。我並沒有辯解或捍衛自己，我反而積極傾聽。這樣做救了我。他們最後放我自由。

沒有例子能比這更能表達積極傾聽的的雙重特徵：用來貫徹自己的利益，在這例子裡甚至解救了個人性命：我們眼前有個心理學家，他透過他「巧妙」的行為，達到他想達到的。這是一方面。另一方面：試圖感同身受了解他人世界，不就是讓兩個敵對的人建立起理解橋梁的唯一機會嗎？試圖理解他人的動機與不滿，不就是避免暴力與殺人的唯一可能嗎？

7.「捏造的」原始狀態

這個問題還有另一種觀點。人本主義心理學對此的解釋令人印象深刻：顏面與操控技巧不會促進人與人交流，反而是發現真正自我，以及發現原始、真實的真正自我，才能擴展人格並促進人際關係。

但現在出現以下狀況：人類表達這形式，且發生地被視為有益之後，這類形式就變成了努力的目標。我們從克萊斯特的《木偶劇》知道，人們刻意努力，其結果卻不會再跟原先一樣。因此，即使我有善意的意圖「我現在要誠實！」，「真誠」也會變成不可能。同樣的，治療師或訓練人員是否將自己帶入，或是他「實現了自我帶入」（因為這樣對研究有利），那也不會是相同的。「單純的人性」在這裡變成了專業工具。

我並不反對專業工具，那些是必要的。只有當它們表現不專業，事情才會失敗。

自從我們心理學家永遠被逐出第一個天真浪漫樂園，就一直在尋找第二個。心理學曾是解放舊有鎖鏈的幫手，如今卻被脅迫成為束縛。卡琳・凡德・拉安（Karin van der Laan）寫給我的信讓我印象深刻：

我希望能建立一個有生命力的連結，好讓我忘掉所有溝通規則。

在另一個地方：

不真實也折磨著我，如果在治療團體要練習的是「真實與感覺」……「我現在非常生氣」的說法……就是不真實，與它本身不一致。尤其嚴重的是，這裡有個由誠實淬煉出的幌子，還用天真浪漫偽裝。要對抗這種現象並不容易，謊言根本很難揭穿。它會讓人感到無奈。

通往第二個天真浪漫的路很長。當我們在半路上（但願只是過度現象）冒出各種怪癖，希望周遭的人、我們身邊的瑪莉亞都能原諒我們！

心理學能對人際溝通改善有貢獻嗎？我堅信可以，它甚至非常重要。更確切地說，如果心理學清楚表明它做的關乎**態度**，尤其跟行為無關（當然完全不會是措辭）。接收者在字裡行間會讀出這些態度，讓他們的心靈受益。所以溝通與人格形成是一體兩面。

注釋

1. Watzlawick, P., Beaven, J.H.: Jackson von Huber, D.D.: Menschliche Kommunikation, Bern-Stuttgart 1969.
2. Bühler, K.: Sprachtheorie. Jena 1934.
3. Schulz von Thun, F.: Psychologische Vorgänge in der zwischenmenschlichen Kommunikation, in: Fittkau, B., Müller-Wolff, H.-M. und Schulz von Thun, F. (Hrsg.): Kommunizieren lernen (und umlernen). Braunschweig 1977, ab 5. Aufl. 1987 Hahner Verlagsgesellschaft.
4. Mandel, A., Mandel, K.H., Stadter, E., und Zimmer, D.: Einübung in Partnerschaft durch Kommunikationstherapie und Verhaltenstherapie. München 1971, S. 62.
5. 請比較Richter, H.E.: Patient Familie. Reinbeck 1970.
6. Bandler, R., Grinder, J., und Satir, V.: Mit Familien reden – Gesprächsmuster und therapeutische Veränderung. München 1978.
7. Brunner, E.J.: Rauschenbach, T., und Steinbilber, H.: Gestörte Kommunikation in der Schuler – Analyse und Konzept eines Interaktionstrainings. München 1978; Redlich, A. und Schley, W.: Kooperative Verhaltensmodifikation. München 1979.
8. Schulz von Thun, F.: Kommunikation, innerbetriebliche. Enzyklopädisches Stichwort in: Personal-Enzyklopädie Bd. 2. München 1978.
9. 比較Tillmann, K.-J.: Unterricht als soziales Erfarungsfeld. Frankfurt/M. 1976; Brunner u.a. 1978.
10. Schulz von Thun, F.: Ist Humanistische Psychologie unpolitisch? In: Völker, U.(Hg.): Humanistische Psychologie. Weinheim und Basel 1980.
11. 布勒見注2；瓦茲拉威克見注1。
12. 出自Dr. Frauke Teegen與Dr. Dorothee Wienand-Kranz的研究計畫。
13. 同注1。
14. Haley, J.: Gemeinsamer Nenner Interaktion. München 1978.
15. Halpern, H.: Abschied von den Eltern. Hamburg 1978.
16. 同上，第十四頁。
17. Perls, F: Gestalttherapie in Aktion. Stuttgart 1974.

18. Rogers, 參閱Tausch, R.: Gesprächspsychotherapie. Göttingen 1979 (7).
19. Gordon, T.: Familienkonferenz. Hamburg 1972.
20. Peick, P.: Das 4-Seiten-Modell der Kommunikation als Instrument der Supersivion im therapeutischen Gespräch. Unveröffentl. Diplomarbeit. Hamburg 1979.
21. Minsel, W.-R.: Praxis der Gesprächspsychotherapie. Graz 1974.
22. Ellis, A.: Die rational-emotive Therapie – das innere Selbstgespräch bei seelischen Problemen und seine Veränderung. München 1977.
23. 同上。
24. Kraußlach, J., Düwer, F.W., und Fellberg, G.: Aggressive Jugendliche. München 1976.
25. Miller, S., Nunnallz, E.W. und Wackman, D.B.: Alive und Aware. Minneapolis 1975.
26. 同注19。
27. Dörner, K., und Plog, U.: Irren ist menschlich oder Lerhbuch der Psychiatrie / Psychotherapie. Wunstorf 1978.
28. 參較 Selvini-Palazzoli, M. u.a. : Der entzauberte Magier. Stuttgart 1978.
29. 見注5。
30. 同注1。
31. 同注7，第五十二頁。
32. 同注28，第六十四頁。
33. 同注28，第六二一頁。
34. 每個訊息中本來都隱藏了後設溝通成分，其中「這就是真正要說的部分」就是明確的後設溝通。接下來要談的都是明確的後設溝通。
35. 同注1，第五十六頁。
36. 同注4，第一二七頁。
37. 同上，第二十六頁。
38. 同注7，自第六十三頁起。
39. Richter, H.E.: Lernziel Solidarität. Reinbek 1974, S.80.
40. Duhm, D.: Angst im Kapitalismus, Lambertsheim 1972, S. 22.
41. Adler, A.: Menschenkenntnis. Frankfurt/M, 1966, S.71.
42. Jacobi, H.: Alfred Adlers Individualpsychologie und dialektische

Charakterkunde. Frankfurt/M. 1974, S. 54.
43. 同注40，第五十頁。
44. Tausch, R., und Tausch, A.-M.: Erziehungspsychologie. Göttingen 1977(8), S. 214.
45. 同注39。
46. Schwäbisch, L., und Siems, M.: Selbstentfaltung durch Meditation. Reinbek 1976.
47. Miller, A.: Am Anfang war Erziehung. Frankfurt/M. 1980.
48. 同注19，也可參閱本書第一〇二頁。
49. Dreikurs, K.: Psychologie im Klassenzimmer. Stuttgart 1971(5), S. 49.
50. Cohn, R.: Von der Psychoanalyse zur Themenzentrierten Interaktion. Stuttgart 1975, S. 123.
51. 參考注39。
52. Thomann, C.: Meine Lehrzeit bei Ruth Cohn. Z.f. Humanistische Psychol., 1980, 4, S. 47-51.
53. Schumacher, E.F.: Rat für die Ratlosen – vom sinnerfüllten Leben. Reinbek 1977, S. 91-94.
54. Petzold, H.: Gestalttherapie und "direkte Kommunikation" in der Arbeit mit Elterngruppen. In Petzold, H.: Kreativität und Konflikte. Paderborn 1973, S. 276.
55. Zorn, F.: Mars. Frankfurt/M. 1979, S. 132.
56. 同注50。
57. Satir, V.: Selbstwert und Kommunikation, München 1975.
58. Jacobsgaard, C.: Bedarfsanalyse bei Hauptschülern der 9. Klasse über Veränderungswünsche im Kommunikaitonsbereich. Unveröfffentl. Diplomarbeit. Hamburg 1977.
59. 同注10。
60. Yalom, I. D.: Gruppenpsychotherapie. München 1974.
61. 同注50，第一二八頁。
62. 同注50，第一二二、一八四頁。
63. Portele, G.: Lob der dritten Sache (oder das wir von Brecht und was wir von den Alternativlern lernen können), Gruppendynamik im Bildungsbereich,

1978, 3, S. 2-9.

64. Langer, I., und Schulz von Thun, F.: Sich verständlich ausdrücken. München 1981 (2. Überarb. Auflage).
65. Rogers, C.R.: Entwicklung der Persönlichkeit. Stuttgart 1979, S. 133.
66. 同注50，第97頁起。
67. Flesch, R.A.: The Art of Readable Writing. New York 1949.
68. Langer, I., und Schulz von Thun, F.: Messung komplexer Merkmale in Psychologie und Pädagogik. München 1974.
69. 同注4，第一二四頁。
70. Fürstenau, P.: Zur Psychoanalyse der Schule als Institution. In: Fürstenau, P. u.a.: Zur Theorie der Schule. Weinheim und Basel 1969.
71. Bernfeld, S.: Sisyphus oder die Grenzen der Erziehung. Frankfurt/M. 1967 (1925).
72. Singer, R.: Verhaltenstraining für Lehrer. Weinheim und Basel 1977.
73. Harris, T.A.: Ich bin o.k. – du bist o.k. Reinbek 1975; Petzold und Paula (Hg.): Transaktionale Analyse und Skriptanalyse (Aufsätze und Vorträge von Fanita English). Hamburg 1976; Rogoll, R.: Nimm dich, wie du bist. Freiburg i.Br. 1976.
74. Hager, J., und Laan, K.v.d.,: Transaktionale Analyse. Unveröffentl. Seminarpapier. Berlin 1979.
75. 同注14，自第一一三頁起。
76. 同注9。
77. 文獻裡使用的「關係消息」或是「關係定義」概念，對溝通心理學來說並不很精確：指的不僅是單純的關係消息（我認為你就是這樣）也是訴求（你該這樣，你要做這個！）。本章只談單純的關係消息。
78. 出自一九七七年七月十五日的《時代》週報（Die Zeit）。
79. Brusten, M., und Hurrelmann, K.: Abweichendes Verhalten in der Schule. München 1973.
80. 同注79，第三十二頁。
81. Redlich, A., und Ott, C: Veränderung der Interaktion in Schulklassen statt Stigmatisierung durch Einzelbehandlung. Die Detusche Schule, 1980, 6, S. 379-388.

82. Heckhausen, H.: Lehrer-Schüler-Interaktion. In: Weiner, F.E. u.a.: Funkkolleg Pädagogische Psychologie 1. Frankfurt/M. 1974.
83. 同注65。
84. Birkenbihl, M.: Kleines Arbeitshandbuch für Ausbilder und Dozenten – Train the Trainer. München 1973.
85. 同上，自第三十三頁起。
86. Watzlawick, P., Weakland, J.H., und Fisch, R.: Lösungen. Bern-Stuttgart-Wien 1974.
87. Beier, E.G.: The Silent Language of Psychotherapy. Chicago 1966.
88. Schulte, B., und Thomas, B.: Verhaltensanalyse und Therapieplanung bei einer Patientin mit muliplen Ängsten. In: Schulte, B. (Hg.): Diagnostik in der Verhaltenstherapie. München 1974.
89. 同注87，第二八〇頁。
90. 同注49。
91. Sperber, M.: Individuum und Gemeinschaft. Frankfurt/M. 1978.
92. Schulz von Thun, F.: Verständlich informieren. Psychologie heute, 1975, 5, S. 42-51.
93. 同上。
94. Adler, A.: Individualpsychologie in der Schule, Frankfurt/M. 1973.
95. 同上，第四十四頁。
96. Adler, A.: Zur Erziehung der Eltern. In: Adler, A.: Heilen und Bilden. Frankfurt/M. 1973, S. 144.
97. Watzlawick, P., Weakland, J.H., und Fisch, R.: Lösungen. Bern-Stuttgart-Wien 1974.
98. 同上。
99. 同注96，第二二〇頁。
100. Röhm, H.: Kindliche Aggressivität. Starnberg 1972, S. 128.
101. Rogers, C.R.: Empathie – eine unterschätzte Seinsweise, In: Rogers, C.R. und Rosenberg R.L.: Die Person als Mittelpunkt der Wirklichkeit. Stuttgart 1980.

國家圖書館出版品預行編目資料

談話聖經/費德曼.舒茲.馮.圖恩(Friedemann Schulz von Thun)作；江雯娟譯. -- 二版. -- 臺北市：商周出版，城邦文化事業股份有限公司出版：英屬蓋曼群島商家庭傳媒股份有限公司城邦分公司發行，2023.01
面； 公分
譯自：Miteinander Reden. 1 : Störungen und Klärungen. Allgemeine Psychologie der Kommunikation

ISBN 978-626-318-553-1(平裝)

1.溝通 2.傳播心理學

177.1 111021525

談話聖經

Miteinander Reden 1: Störungen und Klärungen. Allgemeine Psychologie der Kommunikation

作　　者／費德曼．舒茲．馮．圖恩（Friedemann Schulz von Thun）
譯　　者／江雯娟
企劃選書／程鳳儀
責任編輯／余筱嵐

版　　權／江欣瑜、林易萱、吳亭儀
行銷業務／林秀津、黃崇華、周佑潔
總 編 輯／程鳳儀
總 經 理／彭之琬
事業群總經理／黃淑貞
發 行 人／何飛鵬
法律顧問／元禾法律事務所 王子文律師
出　　版／商周出版
台北市 104 民生東路二段 141 號 9 樓
電話：(02) 25007008　傳眞：(02)25007759
E-mail：bwp.service@cite.com.tw
Blog：http://bwp25007008.pixnet.net/blog
發　　行／英屬蓋曼群島商家庭傳媒股份有限公司城邦分公司
台北市中山區民生東路二段 141 號 2 樓
書虫客服服務專線：(02)25007718；(02)25007719
服務時間：週一至週五上午 09:30-12:00；下午 13:30-17:00
24 小時傳眞專線：(02)25001990；(02)25001991
劃撥帳號：19863813；戶名：書虫股份有限公司
讀者服務信箱：service@readingclub.com.tw
城邦讀書花園：www.cite.com.tw
香港發行所／城邦（香港）出版集團有限公司
香港灣仔駱克道 193 號東超商業中心 1 樓
E-mail：hkcite@biznetvigator.com
電話：(852) 25086231 傳眞：(852) 25789337
馬新發行所／城邦（馬新）出版集團【Cite (M) Sdn. Bhd.】
41, Jalan Radin Anum, Bandar Baru Sri Petaling,
57000 Kuala Lumpur, Malaysia.
Tel: (603) 90563833 Fax: (603) 90576622
Email: services@cite.my

封面設計／徐璽工作室
排　　版／極翔企業有限公司
印　　刷／韋懋實業有限公司
經 銷 商／聯合發行股份有限公司
電話：(02) 2917-8022 Fax: (02) 2911-0053
地址：新北市 231 新店區寶橋路 235 巷 6 弄 6 號 2 樓

■ 2016 年 10 月 13 日初版
■ 2023 年 01 月二版
定價 450 元

Printed in Taiwan

Title: MITEINANDER REDEN 1. STÖRUNGEN UND KLÄRUNGEN. ALLGEMEINE PSYCHOLOGIE DER KOMMUNIKATION
Author: Friedemann Schulz von Thun
 ISBN 978-626-318-553-1

商周出版

廣	告	回	函
北區郵政管理登記證			
北臺字第000791號			
郵資已付，免貼郵票			

104　台北市民生東路二段141號2樓

英屬蓋曼群島商家庭傳媒股份有限公司城邦分公司　收

請沿虛線對摺，謝謝！

商周出版

書號：BH6022X　書名：談話聖經　編碼：

請於此處用膠水黏貼

商周出版

讀者回函卡

感謝您購買我們出版的書籍！請費心填寫此回函卡，我們將不定期寄上城邦集團最新的出版訊息。

不定期好禮相贈！
立即加入：商周出版
Facebook 粉絲團

姓名：＿＿＿＿＿＿＿＿＿＿＿＿＿＿＿＿＿＿ 性別：☐男 ☐女

生日：西元＿＿＿＿＿＿年＿＿＿＿＿＿月＿＿＿＿＿＿日

地址：＿＿＿＿＿＿＿＿＿＿＿＿＿＿＿＿＿＿＿＿＿＿＿＿

聯絡電話：＿＿＿＿＿＿＿＿＿＿ 傳真：＿＿＿＿＿＿＿＿＿＿

E-mail ：

學歷：☐ 1. 小學 ☐ 2. 國中 ☐ 3. 高中 ☐ 4. 大學 ☐ 5. 研究所以上

職業：☐ 1. 學生 ☐ 2. 軍公教 ☐ 3. 服務 ☐ 4. 金融 ☐ 5. 製造 ☐ 6. 資訊
☐ 7. 傳播 ☐ 8. 自由業 ☐ 9. 農漁牧 ☐ 10. 家管 ☐ 11. 退休
☐ 12. 其他＿＿＿＿＿＿＿＿＿＿＿＿＿＿＿＿＿＿

您從何種方式得知本書消息？

☐ 1. 書店 ☐ 2. 網路 ☐ 3. 報紙 ☐ 4. 雜誌 ☐ 5. 廣播 ☐ 6. 電視
☐ 7. 親友推薦 ☐ 8. 其他＿＿＿＿＿＿＿＿＿＿＿＿

您通常以何種方式購書？

☐ 1. 書店 ☐ 2. 網路 ☐ 3. 傳真訂購 ☐ 4. 郵局劃撥 ☐ 5. 其他＿＿＿＿

您喜歡閱讀那些類別的書籍？

☐ 1. 財經商業 ☐ 2. 自然科學 ☐ 3. 歷史 ☐ 4. 法律 ☐ 5. 文學
☐ 6. 休閒旅遊 ☐ 7. 小說 ☐ 8. 人物傳記 ☐ 9. 生活、勵志 ☐ 10. 其他

對我們的建議：＿＿＿＿＿＿＿＿＿＿＿＿＿＿＿＿＿＿＿＿＿＿
＿＿＿＿＿＿＿＿＿＿＿＿＿＿＿＿＿＿＿＿＿＿＿＿＿＿＿＿＿
＿＿＿＿＿＿＿＿＿＿＿＿＿＿＿＿＿＿＿＿＿＿＿＿＿＿＿＿＿

請於此處用膠水黏貼